그대, 내일의 리더에게

그대,
내일의
리더에게

서경석 지음

샘터

장자 지신인용엄(將者 智信仁勇嚴)

한국은 36년간의 일본 식민 통치와 3년간의 6·25 전쟁을 치르면서 지독한 가난을 경험했고 자원이라고는 사람밖에 없는 세계 유일의 분단국가가 되었다. 유일한 자원인 한국 사람들은 총명하고 부지런하고 열정적이다.

내가 1968년 베트남에 파월할 당시의 우리나라 국민소득은 100달러도 안 되는 가난한 나라였다. 1963년부터 서독 간호사와 광부가 파견되었고 그 후 베트남전 파병, 중동 산업 현장으로 파견된 인력들이 국내로 송금하는 돈으로 경제개발을 추진하면서 나라가 발전하여 지금은 선진국 문턱인 1인당 연간 소득 3만 달러 시대에 들어섰다.

우리나라 사람들의 성격과 기질은 남다르다. 나라 안에서는 서로 헐뜯고 다투고 험담을 하지만 밖으로 나가면 자신들이 가지고 있는 능력과 열정으로 빠른 기간에 목표를 달성한다. 한국 사람의 부지런함은 이미 세계가 인정하고 있다. 힘든 민주화 운동을 거치면서도 나라의 산업화와 과학기술을 꾸준히 발전시켜 이제는 전자 산업, 조선업, 자동차, 제철, 원자력 기술에 이어 세계 일류 수준인 IT 강국이 되었다.

그러나 여기서 한 단계 올라서야 한다. 여기서 멈춰 서면 우리는 선진국 문턱을 넘지 못하고 중진국에서 주저앉고 만다. 한국 사람의 총명함, 부지런함, 열정이 나라 안에서도 발휘되도록 이끌어주는 지도력만 갖추어진다면 한국은 무한히 발전할 것이다.

경제력만 갖추었다고 선진국 국민이 되는 것은 아니다. 남을 포용하고 배려하고 공감할 줄 알아야 선진국 국민이 되는 것이다. 그리고 나이가 들면서 자연스레 사회의 존경받는 지도자가 되고 어른이 된다. 특히 나라를 이끌어가는 사람들, 그리고 많은 부하 장병들을 거느린 군의 간부들은 부하들을 정성으로 보살피는 자세가 있어야 선진국답게 조국을 이끌 수 있다. 애국심이 투철하지 못한 지도자가 탄생하여 남을 헐뜯고 비방하고 자기 패거리 이익을 위해 선동한다면 나라가 혼란해지는 것은 자명한 일이다.

선진국으로 가는 대한민국의 내일을 짊어질 유능한 리더, 능력 있는 지도자의 탄생을 고대하는 간절한 마음을 이 책에 담았다.

여기 소개되는 많은 글은 그간 선후배님과 제자들에게 보낸 글과 여러 언론 매체의 칼럼과 기고문 중에서 고른 귀한 글들이다.

그리고 손자(孫子)가 정리한 '장자 지신인용엄(將者 智信仁勇嚴)', 즉 윗사람은 지혜가 있어야 하고 믿음이 있어야 하고 어질어야 하고 용기가 있어야 하고 엄격해야 한다는 가르침을 바탕으로 '그대, 내일의 리더에게'라는 제목을 붙였다.

나는 2001년부터 2010년까지 10년간 모교인 고려대학교에서 '지도자론과 전쟁과 국가' 강의를 했다. 많은 학생들이 관련해서 더욱 심도 있는 이야기를 듣고 싶어 해서 메일로 이야기를 주고받다가 동티모르 대사로 한국을 떠나면서 블로그에 글을 올려 왔다.

2011년부터 시작한 블로그의 글 중에서 선진국 국민이 갖추어야 할 덕목을 골랐으니 부디 우리 후손들이 선진국으로 나아가는 데 도움이 되기를 진심으로 바란다.

서경석 드림

차례

제1장

지혜란 무엇인가

제1장

지혜란

무엇인가

조지 볼트, 호텔 사장이 되다

—

비바람이 거세게 부는 어느 날, 미국 필라델피아의 작은 호텔에
노부부가 찾아들어 왔다.

"예약은 안 했는데 혹시 빈방이 있습니까?"

노부부를 맞아들인 사람은 '조지 볼트'라는 호텔 지배인이었다.
그는 호텔에 빈방이 없어서 다른 호텔에 알아보았으나 역시 방이
없었다.

지배인은 노부부에게 말했다.

"객실은 없습니다만, 너무 늦은 시간에 비까지 내리고 있으니
차마 나가시라고 할 수가 없군요. 실례가 안 된다면 누추하지만 제
방을 쓰시는 것은 어떨까요?"

노부부는 감사하게 생각하며 그의 친절을 받아들였다. 깨끗하
게 정리된 청년의 방에서 그의 성실함을 읽었다.

다음 날 아침, 노신사가 말했다.

"당신은 미국에서 제일 좋은 호텔의 사장이 되어야 할 것 같군
요. 내가 청년을 위해 큰 호텔 하나 지어드리리다."

지배인은 듣기 좋은 인사려니 하고 웃어넘겼다.

그로부터 2년이 지난 어느 날, 그 노신사는 지배인에게 뉴욕행

비행기 표와 '시간을 내어 방문해 달라'는 내용의 편지를 보냈다.

조지 볼트가 뉴욕에 도착하자 노신사는 그를 뉴욕 중심가로 데려가서 궁전 같은 호텔을 가리키며 말했다.

"이 호텔은 내가 지은 것입니다. 당신이 경영을 하시오."

시골 청년 조지 볼트가 객실이 1,442개인 미국의 최고급 호텔 월도프 애스토리아(Waldorf Astoria) 호텔의 사장이 되는 순간이었다.

그날 지배인 조지 볼트가 만일 빈방이 없다고 노부부를 홀대하여 내보냈다면 어찌 되었을까? 자신은 사무실 의자에서 밤을 보내고 노부부를 자기 방에서 쉬게 한 친절이 그를 큰 사람으로 만들었다.

자기 일에 우직하고 충실하게 최선을 다해야 한다. 사람은 혼자 살지 않고 더불어 산다. 누군가는 '내가 어떻게 하나' 늘 관심 있게 보고 있다. 나를 선택하는 것은 항상 남이다. 남이 나를 선택하도록 늘 잘해야 한다. 자기 위치에서 지켜야 할 원칙을 철저히 지키면서 남을 배려하고 최선을 다하는 것이 선택과 탈락, 성공과 실패의 결정 요소다.

그대는 현재 위치에서 최선을 다하고 있는가?

지혜는 기본과 원칙을 준수하는 것

—

가정이나 직장은 물론 정치, 경제, 사회, 교육 등 모든 분야에서 기본과 원칙을 지켜야 한다. 또한 규정을 준수하고 맡은 바 역할에 충실해야 튼튼한 조직으로 승리한다. 원칙과 기본을 멀리하고 편법을 선택하면 잠시는 좋을지 몰라도 그 잔꾀에 스스로가 위험에 빠지게 된다.

내가 베트남에서 소대장을 할 때였다. 우리 중대는 푸캇산이라는 큰 산을 포위하고 사단작전에 참여했다. 약 50미터 고지의 가시나무가 무성한 야산에 월맹 정규군이 있다는 첩보를 받아 논밭의 둑을 따라 적을 포위하였다.

산에 오르려면 약 300~400미터의 물이 질퍽한 논을 통과해야 했다. 좌측의 소대장은 베트남전 고참으로 "저런 작은 야산에 무슨 월맹 정규군이 있나? 포로의 엉터리 진술을 믿고 출동했다"라고 투덜댔다. 그리고는 논의 작은 둑을 따라 분대별로 산을 향해 걸어갔다.

나는 적들이 산 밑에 호를 파고 숨어 있다가 기습사격을 하면 많은 희생자가 생길 것이라고 판단하여 우리 소대는 분대별로 각개전투하듯 전진하였다. 옆 소대가 우리보다 먼저 전방에 도착했고 우리는 좀 더 높은 지대의 고구마밭에 기관총을 거치하고, 사격 시 먼지로 기능 고장이 나지 않도록 야전잠바를 벗어 총 밑에 깔았다. 그리고 적이 숨어 있을 곳으로 여기는 곳에 기관총 사수로 하여금 연습사격까지 시켰다. 이 연습이 나중에 우리를 살릴 것이라고는 전혀 예상하지 못했다. 단지 전술책에 있는 그대로 했을 뿐이었다.

우리 소대가 논을 반쯤 통과했을 때였다. 각 분대별로 각개전투 태세로 접근하는 우리 소대가 좌측 소대보다 늦었다. 먼저 산 밑에 도착한 옆 소대가 적의 기습사격을 받았다. 적은 잠복해 있다가 20~30미터 전방까지 유인한 뒤 기습사격을 했다. 옆 소대 소대장은 적이 조준한 총탄을 맞아 좌측 어깨에 중상을 입었고 전사자도 발생했다.

좌측 소대 전면에 적이 사격을 하자 즉시 우리 소대는 논둑에 엎드렸고, 바로 우리를 향해 총알이 날아왔다. 불과 2~4초 사이, 옆 소대의 총소리에 놀란 병사들은 모두 논둑에 엎드려서 적탄을 피했다.

전투가 끝난 뒤 확인하니 우리 소대에서는 한 사람도 다치거나 전사자가 발생하지 않았다. 노출된 상태에서 사격을 받았는데 도저히 믿기지 않았다. 반면에, 고구마밭에 있던 기관총 사수가 총소리를 듣고 거총을 하니 연습사격을 한 곳에서 적이 쏘는 총의 섬광이 보여 그것을 보고 정확하게 사격을 하였기 때문에 호에서 나와 도망치려던 적들이 엉덩이에 총을 맞고 네 명이나 사살되었다. 참고로 게릴라는 결정적인 전투를 하지 않는다. 아군이 접근하면 적은 도망간다.

그렇다. 언제 어디서나 지켜야 할 기본과 원칙을 잘 지켜야 한다. 그 원칙이 우리의 목숨을 지켜준다. 그것이 지혜다.

나를 낮추어라

—

칭기즈 칸(Genghis Khan)은 자신을 낮추고 상대방의 말을 늘 경청했다. 그는 이렇게 말했다.

"남의 말을 잘 들으면 아는 것이 많아지고 현명해진다. 어린애의 말도 소홀히 듣지 마라. 자기를 낮춘다고 해서 약해지거나, 자기를 높인다고 강해지는 것은 아니다."

평원을 떠돌던 칭기즈 칸과 그 유목민족이 어떻게 해서 유라시아 대륙을 정복하고 150년이나 지배할 수 있었을까? 칭기즈 칸은 명령은 철저히 했지만 평소에는 사람들의 말에 귀 기울였다. 칭기즈 칸은 자식들이나 장수들에게 수시로 말했다.

"남의 말속에는 내가 모르는 것과 내가 생각하지 못한 것들이 많이 있다. 남의 말을 정중히 잘 들으면 스스로 현명해지고 유능해져서 성공 가능성이 높아진다."

그는 부하들에게 자신을 칸(수령)으로 부르도록 명령했다. 황제나 대왕 같은 존칭을 불편해했다.

"나를 낮추고 남을 높여라. 체면이나 위신은 남이 나를 무시하고 밀어낼 때 낮아지는 것이지 스스로 낮춘다고 낮아지는 것이 아니다."

이것이 부하들의 진정한 존경심과 충성, 복종을 얻게 했다.

들어야 이긴다

—

마키아벨리(Machiavelli)의 《군주론》에는 이렇게 쓰여 있다.

"군주가 신중하지 않고 부하를 잘못 선택하면 아첨꾼에게 둘러싸이게 되고 자기기만에 빠지게 되고 경멸당하게 된다."

이를 피하는 방법은 무엇일까?

"아첨꾼에게서 군주를 보호하는 유일한 방법은 사람들이 진실을 말할 때 기분 나빠하지 말아야 한다는 것을 알게 하는 것이다."

현명한 부하가 진실을 말할 때 물어가며 경청해야 한다. 듣기 싫은 이야기를 들을 줄 아는 사람은 실수를 하지 않는다. 사람의 말에 경청해야 진실을 듣는다. 듣지 않으면 편견과 아집에 사로잡힌다. 편견과 아집은 사람을 망친다.

우리는 살면서 아주 쉬운 '듣는 것'을 하지 못한다. 자만 때문이다. 자만은 자부심과 다르다. 들을 줄 알면 자부심이고 듣지 않으면 자만이다. 자만은 스스로를 망가뜨린다.

공자의 오경(五經) 중에 하나인 《예기(禮記)》에서는 '세 번 간(懇)해서 말을 듣지 않으면 도망가라'고 했다. 옳은 것을 군주나 상사에게 세 번이나 건의했는데도 불구하고 듣지 않으면 망가질 것이 확실하니 함께 일하지 말고 떠나라는 뜻이다.

나무로 만든 목계

—

제나라의 선왕(宣王)은 닭싸움을 좋아했다. 그는 싸움닭을 잘 훈련시키는 기성자(紀誠子)에게 닭 한 마리를 훈련시키게 했다.

열흘이 지나서 왕이 기성자에게 물었다.

"닭이 훈련은 많이 되었는가?"

"예, 경적(輕敵)입니다. 자기 힘만 믿고 상대를 우습게 보고 마구 덤벼듭니다. 아직 모자랍니다."

다시 열흘이 지나 왕이 기성자에게 물었다.

"닭이 훈련은 다 되었는가?"

닭싸움을 보고 싶어 재촉하는 왕에게 기성자는 말했다.

"예, 맹공(猛攻)입니다. 상대가 어떤지도 모르고 자기 힘만 믿고 맹렬히 공격하려고 합니다. 이 닭은 다른 닭의 울음소리나 날갯짓하는 소리만 들어도 싸우려고 덤빕니다. 아직은 아니 되겠습니다."

다시 열흘이 지나 왕이 기성자에게 물었다.

"닭이 훈련은 다 되었는가?"

"예, 목계(木鷄)입니다. 나무로 만든 닭과 같습니다. 아무리 상대가 공격하려고 해도 침착하고 냉정하며 적을 노려보면서 적의 허점을 찾아 공격하려고 합니다. 이 기세에 눌린 상대 닭이 함부로 덤비지 못하고 도망갑니다. 멀리서 바라보면 흡사 그 모습이 나무로 만들어 놓은 닭 같습니다. 다른 닭이 감히 덤비지도 못하고 도망가 버립니다. 이제 싸움닭이 되었습니다."

삼성의 고(故) 이병철 회장은 사무실에 '목계'를 걸어놓고 그 의미를 음미하였다고 한다. 아무리 약한 상대를 만나도 경시하지 않는다. 시련이나 비난에 동요되지 않고 자신의 길, 정도의 길을 간다.

지혜는 솔선수범과 기강이다

—

한 나라의 국가조직은 물론 사회 각 분야의 첫 번째는 기강 확립이다. 기강은 조직의 기본 정신이므로 지혜롭게 이루어져야 하고 확신으로 유지되어야 조직이 튼튼하다.

중국 한나라의 장수 조조가 대군을 이끌고 장수를 치기 위해 보리가 익는 4월에 출정했다. 조조는 때가 농사철이라 민간인의 재산을 건드리지 말고 특히 보리밭을 상하게 하지 말라는 엄명을 내렸다.

그런데 보리밭에서 별안간 비둘기가 날자 조조의 말이 놀라서 뛰는 바람에 밭을 상하게 했다. 조조는 법을 관장하는 행군주부를 불러 "내가 군령을 내려 보리밭을 밟은 자를 참수하라 했으니 내 죄를 판가름하라"라고 지시했다. 참모가 망설이자 조조는 "내 입으로 군령을 내렸다" 하면서 칼을 목에 댔다.

장수들이 놀라 "《춘추(春秋)》라는 책에 법불가우존(法不加于尊)이라고 했습니다. 높은 사람에게는 법을 적용하지 못한다는 뜻이니 어찌 목숨을 끊으려 하십니까?"라고 아뢰었다. 그러자 조조는 "그러면 내 목숨은 구했구나. 그래도 이대로 용서할 수 없으니 내 머리털을 잘라 참수에 대신하라"고 하였다.

24

조조의 머리털을 잘라 전군에 보내니, 그 후 군인들이 백성의 재산을 탐내지 않고 보리밭을 밟지 않았다고 한다. 기발한 조조의 잔꾀이나 조직의 기강이 얼마나 중요한지를 알려주는 예이다.

우리는 1인당 GDP 4만 달러의 선진국을 향해 전진하고 있다. 선진국은 돈으로 가는 것이 아니고 강한 준법정신이 우선이다. '악법도 법이다'라는 교훈을 남기고 주위의 탈옥 권유를 뿌리치고 독배를 마신 아테네의 철학자 소크라테스의 가르침을 따르지 않으면 선진국 반열에 오를 수 없다. 독배를 마시는 각오로 준법정신에 투철해야 한다.

고정관념과 경직된 사고를 버려라

—

1943년 제2차 세계대전이 한창 치열하던 때, 북아프리카에서 로멜군을 격파한 연합군은 이탈리아 본토를 공격하기 위하여 시칠리아섬에 상륙작전을 계획하고 있었다. 독일군을 기만하기 위하여 계획을 수립하던 몬테규 소령은 기발한 착상으로 독일군의 경직된 사고를 이용하기로 했다.

독일군은 그들의 군 교육기관에서 배운 그대로 계획을 수립하는 전통이 있어서 정형화된 작전을 하고 있었다. 연합군은 실제 작전은 시칠리아섬으로 하면서 사르데냐와 코르시카섬을 통해 공격하는 것으로 계획을 세워 독일군을 속이기로 결정했다.

2급 비밀의 작전명령을 소지한 연합군 장교가 비행기 사고로 익사한 것으로 가장하여 독일군 수뇌부로 가짜 작전명령이 흘러들어 가도록 했다. 연합군은 민간인 시체를 구하여 윌리엄 마틴 연합군 소령으로 위장했다. 약혼녀와 아버지의 편지, 약혼반지 보증서, 런던 소재 은행의 가불 증서, 개인 편지와 어음, 사진 속의 여인을 약혼녀로 하여 격에 맞게 준비했다. 그리고 마틴 소령이 출발 전에 런던에 있었던 것으로 위장했다.

문서 연락을 담당하는 실존 인물로 위장하고, 비행 시 갖추어야 할 필요한 제반 서류를 완벽하게 준비했다. 두 통의 서류, 즉 가짜인 코르시카섬으로 향하는 작전명령서와 영국 정부의 신임장이 든 가방에는 기타 중요한 정보와 서류 뭉치를 지참시켰고, 영국 잠수함은 스페인의 오리후엘라 해안에 대기시켰다.

당시 스페인에는 독일의 첩보기관이 집중되어 있었다. 시체를 거두어간 독일군은 위장한 영국군 소령의 복장과 서류를 보고 그대로 믿었다. 그래서 미군이 계획한 실제 상륙 지역인 시칠리아섬에는 병력을 경미하게 배치하고 위장 작전 지역인 코르시카섬에 병력을 집중 배치했다.

연합군은 큰 피해 없이 단숨에 시칠리아섬을 장악하였다. 당시 독일군은 기밀문서가 조작될 수 있다는 것을 예측하지 못했다. 그들은 정형화된 사고의 틀을 벗어나지 못하는 과오를 저질렀다.

전승불복(戰勝不復), 즉 한번 승리한 방법은 다시 사용하지 말라는 손자의 말이다. 여건과 상황에 맞게 유연하게 대처해야 한다는 뜻이다. 판에 박힌 관점이나 분석은 사람을 기계적으로 움직이게 하고 경직되게 한다. 자유롭고 유연한 사고를 할 수 있도록 조직을 키워야 하고, 나 자신도 그렇게 하도록 노력해야 한다.

외나무다리를 건너는 양

—

우리는 양 치는 사람을 목자(牧者)라 하고, 이들은 양과 같이 살면서 풀을 찾아 양 떼를 몰고 다닌다. 그런데 이 양을 몰고 다니는 것은 사람이 아니라 개들이다.

수천 마리의 양이 풀을 뜯다가 맑은 물이 흐르는 시냇가에 이르렀다. 해는 이미 서산에 기우는데, 목자는 양 떼를 데리고 외나무다리를 건너야만 했다. 그러나 두려움과 위험을 느낀 양들이 건너려고 하지 않았다. 목자는 양 떼를 바라보면서 큰 시름에 빠졌다.

이때 개의 행동이 재미있었다. 개가 꼬리를 치면서 주인의 얼굴을 쳐다보며 낑낑대더니 주인의 마음을 알아차렸다는 듯이 외나무다리로 달려갔다. 그리고 몇 번이고 다리를 건너갔다 왔다를 반복하면서 안심하고 다리를 건너라는 신호를 양들에게 보냈다. 그러나 양들은 멀거니 개의 모습을 바라볼 뿐이었다.

몇 마리의 개가 모이더니 어린양 한 마리를 강제로 몰아서 외나무다리를 건너가게 하였다. 어린양은 외나무다리를 무사히 건너가 시냇물 건너에서 부드러운 풀을 뜯어먹기 시작했다. 몇 마리의 양들이 똑같은 방법으로 개들에 의해 외나무다리를 건넜다. 시냇물을 건너간 양들은 풀밭에서 배불리 풀을 뜯어먹었고, 이것을 본 다른 양들이 그제야 다리를 건너기 시작했다. 많은 양들이 외나무다리를 모두 건넜다.

한 마을의 지도자나 나라를 이끄는 위정자는 양 떼의 이야기를 큰 교훈으로 삼아야 한다. 양 떼를 모두 한 번에 외나무다리를 건너게 했더라면 건너지 못했을 것이다. 처음 한두 마리의 양을 쉽게 몰아서 건너가게 한 후, 그것을 본 많은 양이 스스로 안심하고 외나무다리를 건너게 한 것이다. 어느 나라 국민이든 그 심리는 이 양 떼와 다를 바가 없다는 것을 지도자는 잘 알아야 한다.

○《인간발견》(유달영, 어문각)

브루스 대왕과 거미

—

로버트 브루스(Robert the Bruce)라는 스코틀랜드 왕이 있었다. 그 시대는 세상이 거칠고 어수선했기 때문에 브루스 왕에게는 용기와 지혜가 필요했다.

영국의 왕 에드워드 2세는 브루스 왕을 몰아내기 위하여 대군을 이끌고 왔다. 전투는 계속되었다. 브루스 왕은 여섯 번이나 작은 병력을 이끌고 싸웠으나 여섯 번 다 지고 말았다. 마침내 그의 군대는 다 흩어지고, 자신은 산속에 숨어서 외롭게 지내야만 했다.

비 오는 어느 날, 브루스 왕은 산속의 허름한 오두막 바닥에 누워서 지붕 위로 후드득 떨어지는 빗물 소리를 듣고 있었다. 그는 피곤하고 마음이 병들어 모든 희망을 포기하려는 참이었다. 무엇을 시도한다는 것이 그에게는 아무 소용없어 보였다.

그런 생각을 할 때 그의 머리 위에 거미 한 마리가 거미집을 짓고 있었다. 왕은 천천히 그리고 아주 조심스럽게 일하는 거미를 지켜보았다. 거미는 여섯 번이나 엷은 거미줄로 한쪽 기둥에서 다른 기둥으로 거미줄을 연결하려고 했으나 여섯 번 모두 실패하였다.

"불쌍한 것!"

브루스 왕이 말했다.

"너도 알 거다. 실패란 무엇인가를."

그러나 그 거미는 여섯 번의 실패에도 포기하지 않고 더 신중하게 일곱 번째 시도를 하고 있었다. 브루스 왕은 그 거미가 가느다란 줄에 매달려서 그네처럼 흔드는 것을 보느라 자신의 어려움을 거의 잊고 있었다.

거미는 또다시 실패했을까? 아니다. 거미는 안전하게 다른 기둥까지 거미줄을 연결하였다. 그것을 본 브루스 왕이 외쳤다.

"나도 일곱 번째 시도를 해야 한다."

왕은 일어나 부하들을 불러 모았다. 그리고 자신의 계획을 말했고 실망하는 백성들에게 희망의 소식을 전해주었다. 곧 그의 주위에는 용감한 스코틀랜드 병사들이 모여들었다.

일곱 번째 전투가 벌어졌고 그 전투에 참패한 에드워드 2세는 영국으로 돌아갔다. 그 후 브루스라는 이름을 가진 사람은 거미를 해치려들지 않았다. 하잘것없어 보이는 생물이 왕에게 가르쳐준 교훈을 결코 잊지 않았다.

위대한 바보

—

대한민국이 배출한 국보급 인물인 장기려 박사가 제자들에게 농담 삼아 훈수를 했다.

"바보 소리 들으면 성공한 거지. 바보 소리 듣기가 얼마나 어려운지 아나?"

그렇다. 바보 소리를 들으면 내 주변에 사람이 모인다. 바보같이 한곳에 집중하면 성공한다. 그런 뜻이 담긴 보배 같은 덕담이다. 김수환 추기경이 당신의 자화상에 붙인 이름이 '나는 바보야'였다. 2007년 추기경께서 동성중·고등학교 개교 100주년 기념전에서 자화상을 언론에 공개해 신선한 충격을 주었다. 기자들이 자화상 밑에서 의아해하는 표정으로 추기경에게 물었다.

"왜 자화상 밑에 '바보야'를 쓰셨습니까?"

"바보 같지 않나요? 인간으로 제가 잘났으면 얼마나 잘났고 크면 얼마나 크고 알면 얼마나 알겠습니까? 안다고 나대고 어디 가서 대접받기를 바라는 것이 바보지."

바보란 얼마나 깊이 있는 말인가! 일본에서는 CEO에게 바보가 되어야 한다고 주창한다. '전문 바보'를 뜻하는 '센몬빠가'라는 말을 통해 바보의 장점을 이용한 직장인 리더십과 직장 문화를 독려

32

하고 있다.

센몬빠가는 한 분야에 바보스럽게 몰입하는 사람을 의미한다. 바보이어야 몰입이 가능하다는 말이다. 이 바보 정신이 장인 문화에 몰입되고 기초과학에 열중하여 센몬빠가들이 받은 노벨상은 물리학상 12명, 화학상 8명, 생리의학상 5명이다.

바보에게는 특별한 무엇이 있다. 바로 몰입이다. 그 몰입이 문제를 풀어준다. 아메리카 신대륙을 발견한 것도 바보의 몰입 덕분이다. 바보 특유의 우둔함이 어떤 포격에도 끄떡없는 방어벽을 구축한다.

까닭 없이 함박웃음을 터트리는 단순 바보의 천성이 지복(至福)의 경지를 편다. 노자는 '큰 지혜는 바보 같다'라고 말했다. 동서고금의 지혜를 다 털어보면 그 지혜는 바보다.

미시간대학 총장 앙겔

—

1871~1909년까지 38년 동안 미시간대학 총장을 역임한 제임스 B. 앙겔(James B. Angell)은 은퇴할 즈음 기자로부터 질문을 받았다.

"오랫동안 총장을 할 수 있었던 비결은 무엇입니까?"

"말하는 것보다 안테나를 높이고 들었습니다."

실제로 그는 늘 자신이 먼저 나서서 말하기보다 사람들의 말을 충분히 경청한 뒤에 말하기 시작했다고 한다.

왕의 귀로 듣고 열 개의 눈으로 보고 하나의 마음으로 대하고 하나의 입으로 말하라.

앙겔이 38년간 대학 총장을 할 수 있었던 비결이다.

눈높이

—

프랑스의 페르디낭 포슈(Ferdinand Foch) 장군은 제1차 세계대전 때 유럽에서 독일과 싸운 연합군 최고사령관이었다. 그는 정직하고 고매한 인격을 가졌으며 그의 덕망은 널리 알려졌다. 또한 군사적인 감각도 뛰어나 연합군을 잘 이끌어 전쟁에서도 승리했다. 전쟁이 끝나자 그는 전 세계의 영웅으로 우뚝 섰다.

그는 독일의 항복문서에 서명을 하고 "각하, 제가 할 일은 이제 끝났습니다. 다음은 각하를 포함한 정치가가 이 나라를 잘 이끌어 가시기 바랍니다"라는 말을 남기고 떠났다. 그리고 다시는 영광스러운 자리로 돌아오지 않고 초야에서 여생을 보냈다.

그의 인기와 덕망으로는 대통령도 가능했으나 장군은 전사자의 명복과 그 가족을 위로하며 생을 마감했다. 있을 때와 떠날 때를 분명히 알았다.

포드 대통령과 희극배우

—

미국의 제38대 제럴드 R. 포드(Gerald R. Ford) 대통령은 예일대학 법대를 3등으로 졸업한 수재이자 미식축구 선수로 건강하고 판단 능력이 빠르고 결단력이 뛰어났다.

체비 체이스(Chevy Chase)라는 코미디언은 포드 대통령을 희화하여, 발을 헛디디고 연단에 부딪치고 연설문을 떨어트리고 호주머니에서 뭔가를 찾는 바보스러운 사람으로 흉내 내는 연기로 유명했다.

어느 날, 워싱턴에서 개최하는 연말 방송인 대회에 포드 대통령이 초대되어 축사를 하기로 예정되어 있었는데 그날 체이스도 함께 초대되었다. 대통령이 참석한 자리에서 체이스가 바보스러운 대통령 연기를 하도록 계획되어 있는 것을 참모들이 알고는 어찌할 바를 몰랐다. 그러나 포드 대통령은 축사 차례에 그 연기를 자기가 하려고 사전에 연습까지 했다.

그는 자신이 먼저 선수를 치는 전략이 위기를 잘 넘기는 적극적인 방법이라고 판단했다. 그 계획은 완전히 적중했고, 성공했다. 대통령의 축사 차례가 오자 포드는 연습한 그대로 체이스의 행동을 똑같이 흉내 냈다. 그 모습을 본 초청 인사들은 모두 어안이 벙

벙했다.

그런 후 포드 대통령은 "난 링컨이 아닙니다, 난 포드입니다(I am not Lincoln, I am Ford)"라고 말했다. 나는 고급차 링컨 캐딜락이 아니라 대중차 포드입니다. 조금 뒤 체이스의 공연을 보고 사람들은 폭소를 터트렸다.

자기를 조롱하는 희극배우를 포용할 줄 아는 너그러움을 보여 주었던 포드 대통령에게 그들은 우레와 같은 박수갈채를 보냈다. 그 후 포드 대통령은 재선되었다.

사람을 연구해라

—

제2차 세계대전 당시 미 육군참모총장인 조지 C. 마셜(George C. Marshall) 장군은 노르망디 상륙작전을 지휘하기를 간절히 원했다. '위대한 성전'은 장군이라면 누구나 지휘하고 싶어 한다. 그러나 그 임무가 그에게 돌아가지 않고 후배이자 부하인 드와이트 D. 아이젠하워(Dwight D. Eisenhower) 장군에게 돌아갔다.

마셜 장군이 그 임무를 간절히 원하는 것을 잘 알고 있던 루스벨트 대통령은 그 문제를 그와 논의했다. 대화를 마치고 떠나려는 마셜에게 루스벨트는 간곡히 말했다.

"장군이 워싱턴에 없다면 마음 놓고 잠을 잘 수가 없습니다."

위대한 사나이 마셜은 자신의 위치를 알았다. 필리핀에서 상륙정을 뛰쳐나가 파도를 뚫고 공격하거나 노르망디 해안에서 공격을 지휘하는 것은 맥아더와 아이젠하워가 해낼 수 있다는 것을 마셜은 알았다.

제2차 세계대전 당시 마셜 미 육군참모총장은 미 육군의 영관 장교 이상의 개인 기록카드를 연구하였고 각 개인의 특성을 연구하여 적재적소에 필요한 사람을 투입하도록 많은 노력을 했다. 제2차 세계대전 후, 국무장관이 된 마셜은 폐허가 된 유럽 대륙을 복구하는 마셜플랜(Marshall plan)의 노력으로 1953년 노벨 평화상을 받았다.

전쟁도 전투도 다 사람이 한다. 그렇기에 누가 지휘를 할지, 누가 지휘관을 도와 잘 보좌할 수 있는지 결정하는 게 중요하다. 마셜은 그 지휘관과 참모를 찾는 데 많은 시간을 보냈다. 그는 사람을 연구했다.

내 의견에 반대해라

—

미군 합참의장으로 걸프전을 지휘했던 콜린 파월(Colin Powell)
은 부하들에게 다음과 같이 이야기했다.

만약 여러분이 옳고 내가 엉뚱한 길로 가려고 한다면 적극적으
로 나를 설득하라. 여러분은 그래야 할 의무가 있고 그 의무가 여
기에 있는 이유다. 그리고 나와 논쟁을 하더라도 겁내지 마라. 여
러분의 의견을 충분히 듣고 나서 내가 결정을 내린다. 바로 그 순
간 여러분 모두는 내가 내린 결정을 마치 자신의 생각인 것처럼
실행에 옮겨주기 바란다.

내 결정을 존중하는 척하지 말고 불평도 하지 마라. 우리는 모
두 함께 움직여 해내야만 한다. 그리고 새로운 정보가 생겼거나
내가 실수했다는 것을 깨닫고 여러분에게 다시 의견을 구하기 전
까지 더는 이의를 제기하지 말고 실행을 계속해라. 충성은 강하게
이의를 제기하는 것이고 또한 충실히 이행하는 것이다. 결정을 내
린다는 것은 나나 여러분 자존심에 관한 것이 아니다. 그것은 모
든 정보를 수집하고 분석하고 제대로 된 답을 알아내는 것이다.
나는 여러분을 여전히 사랑한다.

콜린 파월은 투덜대지 않고 들었기 때문에 선택받았다. 상대의

입장을 고려하는 것은 윗사람의 기본 덕목이다. 나이가 들고 윗사람이 되거든 아랫사람 입장에서 생각하는 습관을 가져야 한다. 그것이 제일의 리더십이다.

군복무를 하면서 종종 맘에 들지 않는 일을 맡게 되거나 계급이나 능력을 넘어서는 상황에 처할 때도 더러 있었다. 능력 밖의 일로 힘들 때 나는 최선을 다하려고 애썼다.

베트남에 파병되어 있는 23 보병사단의 보병대대 부대대장으로 보직이 결정되었을 때 나는 무척 기뻤다. 당시 나는 캔자스주에 있는 지휘참모대학을 막 우등으로 졸업한 때였다. 나는 5명의 우등 졸업자 중의 한 사람이었고 그 사진이 《육군 타임스(Army Times)》에 실렸다. 그 사진을 본 사단장이 나를 사단사령부 작전장교로 발탁했다. 경험 많은 중령이 맡아야 할 직책을 소령인 내가 맡은 것이었다. 대대에 남고 싶었지만 선택권이 없었다. 새로 맡은 일은 무척 힘들었지만 내 경력의 큰 전환점이 되었다.

늘 누군가가 나를 지켜보고 있다. 남이 나를 선택한다. 늘 묵묵히 최선을 다하라. 사람과 일에 최선을 다하라. 성공할 수도 있고, 실패할 수도 있다. 사람에겐 실망할 수도 있고 보상이 따르지 않을 수도 있다. 그런 것에 연연하지 말고 그냥 최선을 다하라.

"투덜대지 마라. 누군가가 너를 보고 있다."

최고의 지혜다.

ㅇ《콜린 파월의 실전 리더십》(콜린 파월·토니 콜츠, 샘터사)

감사의 표시

—

　미국의 한 시골 학교 선생님이 학생들의 음악교육을 위해 피아노 한 대가 필요했다. 그래서 당시 갑부였던 포드 자동차 회사의 포드 회장에게 편지를 보냈다.

　"회장님, 학교에 피아노 한 대가 필요합니다. 도와주시기 바랍니다."

　얼마 후 답장이 왔는데 열어보니 단돈 100달러가 들어 있었다. 그러나 선생님은 실망하지 않고 100달러로 땅콩을 샀다.

　대부분의 사람은 "부자가 피아노를 살 수 있는 돈을 주어야지 장난도 아니고 이게 뭐야"라며 불평했을 것이다. 그러나 이 선생님은 사온 땅콩을 학교 부지에 심었다. 그리고 그해에 땅콩을 수확하여 팔았다. 몇 년을 그렇게 했더니 피아노를 살 수 있는 돈이 모아졌다. 선생님은 포드 회장에게 감사의 편지를 썼다.

　"회장님의 도움으로 피아노 살 돈이 모아졌습니다. 감사합니다."

　그러자 포드 회장으로부터 답장과 함께 1만 달러가 송금되어 왔다. 답장에는 이렇게 적혀 있었다.

　"선생님 같은 분이 미국에 있다는 것이 자랑스럽습니다. 선생님 같은 분은 처음입니다. 많은 사람이 도움을 요청했지만 기부금을 주면 작다고 투덜대거나 모르는 척 해버렸습니다. 그런데 선생님은 작은 기부금에 감사하고 이익까지 내시니 제가 감격하였습니다. 여기 1만 달러를 보내니 피아노를 사시기 바랍니다. 앞으로 도움을 청하시면 액수와 상관없이 책임지겠습니다."

감사하지 못하고 받기에만 익숙해 있거나 자신의 기대에 못 미친다고 다른 사람의 도움을 불평한다면 그 영혼에 있는 감사의 샘물은 말라버릴 것이다.

내 영혼에 감사의 샘물이 여전히 솟고 있는가를 점검해보자.

내 친구 이경원 박사는 토박이 동두천 출신으로 양정고, 서울대를 졸업하고 미국으로 건너가 일리노이대학에서 경제학 박사학위를 취득했다. 일리노이대학 교수와 고향 대진대학에서 교수로 활동하다가 퇴임하고, 'People to People' 한국 총재를 지냈다. ROTC 3기 동기생으로 3사단에서 GP 소대장을 했다.

나는 육군 대위 때, 베트남에서 중대장을 마치고 귀국한 다음 동두천에 위치한 미 2사단에 연락장교로 1년 반 근무했었다. 참 살기가 어려웠던 그때 동두천은 시골이어서 대부분의 집이 허술해 거주할 만한 셋집이 없었다.

동두천에서 '턱거리'라는 산골 마을로 넘어가는 입구의 좌측 산밑에 하얀 양옥집이 있어서 무조건 들어갔다. 집터가 넓어 대문에서 집 안까지는 꽤 멀었다. 초인종을 누르니 건장한 아저씨가 나와서 문을 열어주었다. 찾아온 이유를 설명하니 내 명찰을 보고는, 어디 '서'가냐고 물었다. 나는 '달성 서'라고 답했다. 아저씨는 다시 '석' 자 돌림이냐고 물었고 6·25 전쟁 때 양주군수를 하신 분과는 어떤 사이냐고 물었다. 내 할아버지이며 내가 장손이라고 했더니 별안간 나를 끌어안고 "어렸을 때 할아버지 사무실 앞에서 서성이다가 사탕값을 얻어가던 그 꼬마가 자네인가?"라고 하셨다.

내가 예닐곱 살쯤에 양주군청 사무실 아래에서 서성이면 할아버지는 나를 사무실로 불러 업어주며 무척 좋아하셨다. 그때 이 박사 부친께서는 내 할아버지를 근접에서 보좌하던 분이었다.

아저씨는 "저 이 층에 아들이 살던 방에서 살게"라고 하면서 그 아들은 서울대를 나온 ROTC 3기라고 일러주셨다. 그래서 그 친구가 미국 유학을 떠나기 전에 살았던 방으로 이사를 하게 되었다. 나와 이 박사와의 인연이다.

세월이 흘러 옛날의 그 대위가 육군 중장으로 진급하고 6군단장이 되어 별 셋을 달고 이 박사 부친을 찾아가 큰절을 올렸다. 그때 하셨던 말씀이 잊히지 않는다.

"자네 방에 밤늦게까지 불이 켜져 있어서 올라가 보면 책상에 앉아 공부를 하고 있더군. 요새 군인은 공부를 하나? 그때 서 대위가 장군이 될 줄 알았어."

대위에서 바라본 육군 중장은 태산이다. 그러나 '태산이 아무리

높다 해도 오르고 또 오르면 못 오를 리 없다'는 옛 학자의 글을 항상 마음속에 새기며 노력했다.

○〈이경원 박사의 글〉

노태우 중령님과의 만남

—

내가 맹호부대 1연대에서 근무할 때 1969년 4월 1일부로 임시 대위 진급명령이 내려왔다.

원래 중위를 달고 3년이 되어야 대위 진급의 첫 기회가 주어지는데, 베트남전으로 인해 대위 계급 장교들이 많이 필요하게 되자 중위 2년을 달고, 크게 문제가 없으면 대위로 진급시켰다. 임시 대위 제도였다.

대위가 되면 중대장을 할 수 있었고 나는 이왕 베트남에 왔으니 중대장 직책을 마치고 전투 경험을 넉넉히 쌓은 뒤에 귀국해야겠다고 마음먹었다. 중대장을 잘하면 장군도 될 수 있다고들 하여 욕심을 부렸다.

ROTC 출신인 나는 베트남 소대장, 중대장의 임무가 장래 나의 군 생활에 결정적인 경력도 되고 좋은 전투 경험도 될 것이라 확신했다. 당시 중대장 자리가 비어 있는 곳이 재구대대 11중대장 자리였다.

연대 인사주임에게 그 자리를 간청하였으나 현지 대대장이 나보다 2년 선배를 내정하였으니 '포기하라'고 하였다. 그래도 포기하지 않고 여러 번 간청을 드렸더니 인사주임의 말이 "밑져야 본전이니 대대장님을 직접 찾아가 네 의사를 말해보라"라고 했다.

나는 노태우 대대장님을 찾아가서 이렇게 내 의견을 말씀드렸다.

"1연대 위관장교들은 대대장님의 리더십을 존경합니다. 저도 그 리더십을 배우고 싶으니 기회를 주십시오. 베트남에는 ROTC 출신 소총 중대장이 한 사람도 없는데 제가 최초의 ROTC 소총 중대장이 되도록 해주십시오."

내 말을 들은 대대장님은 "내가 자네를 전혀 모르니 좀 알아보고 결정하겠네. 가서 기다려보게"라고 하셨다. 중대장 시켜달라고 억지 쓰는 나를 돌려보내려고 대대장님이 좋은 말로 달래시는구나 하고 나는 생각했다.

당시 나는 연대 수색중대 소대장으로, 위문품과 PX를 관리하고 있었다. 연대 원호장교는 대부분 위관장교들이 무척 선호하는 인기가 높은 직책이었다. 그러나 나는 베트남까지 왔으면 전투 경험을 충분히 익혀야지, PX에서 물건이나 팔고 위문품이나 관리하는 것은 나의 군 생활에 조금도 도움이 되지 않는다고 생각했다. 그로부터 3개월 뒤 임시대위로 발령받을 때는 어떻게 해서든지 중대장을 해야겠다고 결심했다.

그래서 재구대대로 알려진 3대대장이신 노태우 중령님을 찾아가 억지를 썼다. 그날 오후 연대 인사주임님이 나를 호출했다. 사무실로 찾아가니 인사주임님이 "노태우 대대장님이 서경석 중위,

자네를 중대장으로 받기로 결심하셨네. 1969년 4월 5일부로 부임할 준비를 하게"라고 말했다.

36년간의 군 생활을 돌이켜보면 그 순간이 내 일생을 결정지은 큰 전환점이었다. 사람에게는 꼭 운명적으로 만나게 되는 인연이 있다. 한번 맺은 인연을 소중하게 잘 관리하면 그 인연은 불가능을 가능하게 만들기도 한다.

중대장을 마치고 1970년 5월에 귀국하기까지 노태우 대대장님 밑에서 약 9개월 넘게, 또 그 후임으로 오신 박희도 중령님 밑에서 약 5개월간 중대장을 했다. 그때 노태우 대대장님이 나를 중대장으로 받지 않겠다고 하셔서 불평이나 하며 시간을 보냈다면 나의 군 생활은 전혀 다른 방향으로 전개되었을 것이다.

세월이 흘러 내가 대령에서 장군으로 진급하는 해가 되었을 때 베트남에서 중대장으로 받아주셨던 분이 대통령 당선자가 되었고 후임 대대장님은 당시 현직 육군참모총장이었다.

노태우 대통령의 회고록 상권(162쪽)에는 나에 관한 이야기가 나온다.

"지금도 베트남 전투를 생각하면 고락을 함께 나눈 중대장과 참모, 부하들의 면면이 많이 떠오른다. 그들은 모두 나무랄 데가 없는 용사들이다. 그들을 한 사람 한 사람 소개하지 못하는 것이 안타깝다. 그중에서 잊히지 않는 사람을 꼭 소개하고 싶다.

연대 PX장교를 하던 서경석(徐慶錫) 중위는 고려대 ROTC 출신이다. 대위 진급을 앞둔 그는 전투중대에서 근무하기를 희망했으나 기회가 없었다. 하루는 나를 찾아와 '대대장님 밑에서 근무하고 싶습니다. 소대장이라도 좋으니 꼭 시켜주십시오'라고 졸라댔다. 모습은 무뚝뚝해도 군인답게 생겼기에 '대위를 달게 되면 소대장은 안 되고 중대장을 해야 하는데 지금은 자리가 없으니 기다려보게. 기억하겠네' 하고 돌려보냈다.

그리고 얼마 지나지 않아 우리 대대의 11중대장이 귀국하게 되어 후임으로 서 중위를 요청했다. 그는 무척 기뻐했다. 1969년 4월 5일 중대장으로 부임한 지 한 달쯤 지났을까, 야간 매복에서 전과를 올리기 시작하는데, 흔한 말로 '겁나게' 잘했다. 부하들을 무척 아끼는 그는 적들에게도 소문이 날 정도로 무서운 장교였다.

내가 대대장을 그만둘 때까지 대대 전과(戰果)의 반 이상을 서 중위가 이끄는 중대에서 올렸다."

평소 전투를 잘하는 군인으로 평가해주시고 각별한 사랑을 주셨던 큰 은혜에 감사를 드린다.

○ 《노태우 회고록(상)》(노태우, 조선뉴스프레스)

공칠과삼

—

"공이 칠이고 과오가 삼이다."

중국의 최고 실력자가 된 덩샤오핑이 사망한 마오쩌둥의 격하 운동이 한창일 때 그를 보호하기 위해서 한 말이다.

중국을 여행할 때마다 그들의 대륙적인 기질과 넓은 도량에 배울 것이 많다는 생각을 했다. 군을 전역한 후 모교로 돌아가 《손자병법》을 강의하면서 B.C. 500년에 어떻게 이런 글을 쓸 수 있었을까 하고 감탄을 했다. 140여 개의 크고 작은 제후국들이 약육강식의 시기에 멸망하지 않고 살아남기 위해 어떻게 했는지 그 지혜를 정리한 것을 보고 큰 감명을 받았다. 베이징 천안문에 걸려 있는 마오쩌둥의 대형 초상화 앞에서는 중국인들의 기질과 금도(襟度, 남을 헤아리는 도량)를 우리 현대사와 비교하면서 느끼는 바가 컸다.

마오쩌둥이 사망하자 '문화혁명'과 '대약진 운동' 등의 실패를 들고 나와 마오쩌둥에 대한 비판과 격하 운동이 고개를 들기 시작했다. 이때 그 문화혁명의 최대 피해자였던 덩샤오핑이 공칠과삼 (功七過三), 즉 과오보다는 공이 많다는 논리를 내세워서 "마오쩌둥의 과오에는 내 과오도 있다. 그 과오는 내가 앞장서서 바로잡아 나가겠다"라며 마오쩌둥을 감싸며 마오쩌둥 격하 운동으로 중국 전역이 혼란에 빠지는 것을 막았다.

그 격하 운동으로 밑뿌리부터 흔들리는 중국 공산당의 정체성과 중화인민공화국의 정통성이 흔들리는 것을 막을 수 있었고 중국의 안정을 유지하고 덩샤오핑식 발전을 이룰 수 있었다.

사람은 누구에게나 단점과 약점 그리고 공도 있고 과오도 있다. 공인의 경우 이 공과(功過)를 분명히 가려서 공정한 평가를 내려 후세에 전하는 것이 역사적인 사명이요, 나라의 발전을 위해서도 바람직한 일이다.

마오쩌둥의 실패작인 문화혁명은 완전한 공산주의 국가를 건설하기 위한 명분으로 실제로는 정적을 제거하기 위한 수단이었다. 그리고 완전한 중국식 공산주의를 건설하기 위해 지난날의 가치를 부정한 것이었다.

책을 불사르고 중국의 큰 가치였던 공자를 무너트리기 위해 그의 묘를 파헤치는 등 이런 어리석은 행태가 중국의 발전을 30년 뒤떨어지게 했다는 평가를 받았다. 덩샤오핑은 그 과오를 끌어안았다. 마오쩌둥의 과오는 자신이 지고 가겠다고 말이다. 나는 이것이 중국인들의 대륙 기질이라는 생각이 들자 부끄러웠다. 왜 우리는 저렇게 안 될까.

초대 대통령 이승만 박사를 이야기해 보자. 한마디로 역사의식과 시대 판단이 뛰어난 지도자였다. 4·19 혁명 당시 한 치의 망설임도 없이 대통령 자리를 떠나 망명길에 오르셨다. 그 길에 이승만 박사는 다음과 같이 이야기했다.

"젊은 학생들이 불의를 보고 항거하는 것은 당연하다. 나더러 대통령직에서 물러나라고 하면 기꺼이 그리하겠다."

1950년대 이승만 대통령이 필리핀 대통령에게 "나는 필리핀 경제를 따라잡는 것이 목표입니다"라고 말한 적이 있다. 그 당시에 동남아 나라들이 우리보다 잘 살았다. 우리의 국민소득이 고작 90달러인 시대에 북한은 350달러였다.

'이식위국(以食爲天, 사람은 먹는 것이 하늘이다)'이라고 했다. 모진 가난을 이겨내고 4만 달러 시대가 오고 있다. 독재라는 평가도 받지만 박정희 대통령의 지도력 덕도 있다.

이승만, 박정희 두 분 다 검소했고 가족과 친인척의 부정부패가 거의 없었고 돌아가신 후 개인 재산도 전혀 없었다. 평가는 당연히 있어야 하고 과오는 고치고 잘한 것은 알려야 하고 계승해야 한다. 공과 과를 품어 안으려는 그릇이 우리에게는 절대적으로 필요하다.

중국의 덩샤오핑 같은 공칠과삼의 너그러운 지도력이 이 땅에 뿌리내리기를 기대한다.

○ 〈홍일식 선생님의 글〉

사람이 기본이다

—

일은 사람이 한다. 제도, 규정, 방침은 일하는 사람을 도와주는 보조 역할이다. 누구도 완벽한 사람은 없다. 나의 부족함을 알고 그 부족함을 다른 사람의 힘을 빌려서 채우는 사람이 세상을 변화시키고 세상을 이끌어간다.

삼성을 창업한 이병철 회장님은 우리가 다 아는 바와 같이 '사람이 기업을 움직인다'는 점을 알고 인재를 찾아 훈련을 시키는 데 온 정성을 쏟았다. 그 결과 수많은 인재들이 모여들었고 그 인재들이 오늘날의 삼성을 키웠고 기업의 경쟁력을 갖추는 초석이 되었다. 그분이 한 세미나에서 하신 말씀이다.

"나는 그동안 내 손으로 직접 수표나 전표에 도장을 찍거나 물건을 산 적이 없습니다. 다만 도장을 찍고 비즈니스를 할 사람을 찾고 기르는 것이 나의 할 일이라고 생각했습니다. 1년의 계(計)는 곡물을 심는 데 있고 10년의 계는 나무를 심는 데 있고, 백년대계 (百年大計)는 사람을 심는 데 있습니다. 이렇듯 나의 일생의 80퍼센트는 인재를 모으고 교육시키는 데 보냈습니다."

이 회장님은 우리나라 최초로 공개채용 제도를 도입했고 이런 말씀을 하셨다.

"의심이 가는 사람은 쓰지를 말고 일단 쓰는 사람은 의심하지 마라."

○《어려울수록 기본에 미쳐라》(강상구, 원앤원북스)

링컨의 유머와 위트

—

에이브러햄 링컨(Abraham Lincoln)은 미국 대통령, 통나무 집, 가난한 어린 시절, 독학, 변호사, 정치, 미국의 남북 전쟁, 게티즈버그 연설 등으로 친숙하고 잘 알려진 분이다.

그분이 얼마나 위트 있고 유머와 멋이 있는지는 대중적으로 잘 알려져 있지 않다. 그는 어려서 어머니를 잃고 누나마저 잃은 슬픔 속에서 일만 하는 아버지 밑에서 허리가 휠 정도로 일을 했고, 결혼마저도 행복하지 않았지만, 온갖 고난을 극복하고 성공할 수 있었던 이유는 그의 풍부한 유머와 위트였다. 유머와 위트는 항상 우리 모두를 너그럽고 넉넉하고 여유롭게 만든다.

대통령 시절, 미국이 남북전쟁에 휘말려 괴로울 때 그는 유머로 어려운 시기를 이겨냈다고 한다. 사람들이 "이 어려운 시기에 어떻게 농담을 할 수 있는가?" 하고 물으니 이렇게 대답했다.

"나는 울어서는 안 되기 때문에 웃습니다(I laugh because I must not cry)."

더글라스 상원의원과 대결한 선거운동 기간에 더글라스는 링컨에게 두 개의 얼굴(Two-faced man)을 가진 사람이라고 하면서 "멀리 아프리카에서 큰 원숭이 하나가 와 있다"라고 공격했다.

링컨은 이에 대해 이렇게 답했다.

"저는 청중 여러분에게 이 질문에 대한 판단을 맡기겠습니다. 내가 만약에 또 다른 얼굴을 가졌다면 이렇게 못난 얼굴을 가지고 나왔겠습니까?(I leave it to my audience. If I had another face, do you think I would wear this one?)"

그는 이 위트 있는 유머로 상대의 야비한 비난 공격을 피할 수 있었을 뿐만 아니라 상대와 그 반대자들을 너그럽게 자기 품에 안음으로써 오히려 많은 청중을 감동시켜 지지자로 만들었다.

배려와 유머는 상대를 품어 안는 그릇이다. 그릇이 클수록 인품이 돋보인다. 지도자가 되려면 갖추어야 할 덕목이다.

○ 《웃기는 미국, 덩달아 영어》(이경원, 합동국제문화센터)

힘이란 무엇인가

—

일본을 통일시킨 전국시대의 영웅 오다 노부나가(織田 信長), 도요토미 히데요시(豊臣秀吉), 도쿠가와 이에야스(德川家康) 이야기다. 이들에게 물었다.

"울지 않는 두견새가 있는데 어떻게 하겠는가?"

"울지 않는 새는 죽여 버려라."

성격이 급하고 강한 의지를 가진 힘의 신봉자 오다 노부나가의 말이다.

"어떻게 해서든지 울게 만들어라."

임진왜란의 주범 전략가이며 노력가인 도요토미 히데요시의 말이다.

"울 때까지 기다려라."

정세 판단의 능력이 탁월한 도쿠가와 이에야스의 인내심과 때를 기다릴 줄 아는 사람의 말이다.

도쿠가와는 인내하는 동안 덕을 쌓으려고 노력했다. 민심이 천심이 되어 자기에게로 돌아올 때까지 긴 시간이 필요했고 그 시간을 기다렸다. 후세 사람들은 전투에서 승리하는 것도 중요하지만, 대세를 내다보고 천하를 읽는 달인이라고 그를 평가했다. 그래서 그는 오다 노부나가와 도요토미 히데요시를 넘어서 마지막 전국 시대의 권력자가 될 수 있었다.

도쿠가와 이에야스가 말하기를,

"힘이란? 인내 더하기 덕(德) 더하기 '기다림'이다."

울지 않는 두견새의 비유를 한국인의 성격에 비유한 것이 있다.

"울지 않으면 그래도 상관없어."

좋게 말하면 대범하고 나쁘게 말하면 무책임한 것이다.

"울지 않으면 울게 해라."

이는 다른 사람에 의지하는 의타심을 나타내는 것이다. 울지 않는 것이 당신 탓이라며 책임을 전가하는 것이다.

"울지 않으면 내다 버려라."

집착하지 않고 간단히 포기하는 것으로, 공격에 강하고 수비에 약한 것이다.

교훈은 한 사람의 인생을 좌우한다

—

50여 년 전 내가 육군 대위 시절이다. 베트남에서 중대장을 마치고 귀국하여 전방에서 근무할 때 팀스피릿(Team Spirit) 한미연합 훈련에 참가하게 되었다. 나는 미 2사단 요원으로 미군에게서 명령문을 받아 한국어로 번역하여 전달하는 임무를 맡았다. 작전의 성공, 아군의 실수를 방지하는 것이었고 적의 움직임, 우군 인접 부대의 변동 사항 등을 양측에 전달하는 일이었다.

훈련이 진행되면서 명령문이 하나 도착했다. 지금은 그 명령문 전부가 기억나지 않는데 한국군 보병부대가 고지로 헬기를 이용하여 이동 전개하는 상황이었다.

'Helicopters left on the ground'라는 문장을 번역하면서 나는 'Left'를 'Leave(떠나다)' 동사의 과거로 이해하고 아무런 의심 없이 'Helicopters left'를 '떠난 헬리콥터'로 번역했다.

그때는 비행기가 '떠난다'는 'Take off', 'Took off'를 쓰고 'Left' 라는 단어가 '남아 있는'으로 해석하는 것을 전혀 몰랐다. 즉, 'Helicopters left on the ground'는 지상에 '남아 있는' 비행기로 번역을 해야 하는데 '떠난' 헬기로 했으니 잘못된 번역으로 헬기를 타고 간 병력이 정해진 목적지에 내리지 못하고 다른 곳에 착륙하는 큰 사고를 내게 되었다.

훈련 도중이라 큰 질책 없이 마무리되었지만, 'left'라는 단어를 '이륙한, 떠난'의 뜻으로 번역한 나는 매우 창피했다. 미군 파트너에게도 단어를 잘못 이해했다고 사과했다. 그는 "언어의 장벽으로 작전 수행 중에 문제가 많이 발생하는데 그런 문제점을 찾아내고 더 긴밀한 협조하에 작전을 수행하기 위해서 이런 훈련을 하는 것 아니겠느냐"라는 말로 오히려 나를 위로해 주었다.

훈련과 강평이 끝난 뒤, 나는 한국군 기동부대 지휘관이셨던 연대장님(훗날 국방부 장관을 역임)을 찾아가서 훈련 당시 잘못된 번역으로 문제를 일으킨 것을 사과했다. 전방 사무실로 찾아간 나를 반갑게 맞이해준 연대장님이 자리에 앉자마자 'left'란 단어에 '남아 있는'이라는 뜻이 있는 것을 전혀 몰랐다고 말씀드리고 영어 공부 열심히 하겠다고 했다. 그때 그분이 하신 말씀이 내 평생의 교훈으로 남았다.

"육군 대위의 실수는 실수가 아니야."

이 한마디가 내 가슴을 쳤다. 나이 어린 까만 후배가 찾아온 이유를 다 이해하시고 내게 용기를 주신 이 한마디. 훈련의 중대성을 감안하면 번역의 잘못으로 훈련에 큰 차질을 빚었는데 나를 징계위원회에 회부하지 않으시고, 용서라는 큰 가르침으로 용기를 주신 윗사람으로서의 큰 사랑과 가르침을 그때 배웠다.

그리고 나는 군생활을 30여 년 가까이 더 하면서 고려대학교 객원교수 10년, 그리고 대사 3년 동안 그 연대장님의 지도자로서의 가르침을 본받으려고 많이 노력했다. 80살이 넘은 지금도 외국어는 지름길이 없다는 것을 알기에 영어 공부를 게을리하지 않는다.

장제스 총통과 화장실

—

　오래전에 일본의 어느 학교에서 있었던 일이다. 그 학교에서
는 유학을 온 나라별로 화장실을 지정해주고 매주 한 번씩 검사를
했다. 그때마다 중국인이 사용하는 화장실이 꼴찌를 했다. 그런
데 1907년부터 중국 화장실이 검열에서 늘 일등을 했다. 어느 날
총장이 밤늦은 취침 시간인데도 불 켜진 방을 발견하고 그쪽으로
갔다. 그런데 복도에서 큰 물통과 빗자루를 들고 가는 학생을 만
났다.

　총장이 그 학생에게 물었다.

　"자네 들고 있는 것이 무엇인가."

　"예, 물통과 빗자루입니다."

　"어디를 가는가?"

　"예, 화장실 청소하러 갑니다."

　"왜 이 밤중에 혼자 가는가?"

　"남이 볼까 봐 밤중에 혼자 갑니다."

　"자네 중국 사람인가?"

　"예, 그렇습니다."

　"이름이 무엇인가?"

"예, 장제스입니다."

그가 대만 총통을 지낸 장제스이다.

나라의 명예를 존중하는 사람이 그 나라의 지도자가 된다.

○ 〈김진협 군의 글〉

유방이 천하를 얻은 비결

—

중국 역사를 보면 탁월한 능력을 가졌으면서도 패배한 사람이 있고, 별로 능력도 없으면서 마지막에 승리하는 사람이 있다. 그 대표적인 인물이 한고조 유방(劉邦)이다. 라이벌 항우보다 실력이 뛰어나지 않았던 유방이 항우를 물리치고 황제가 되었던 결정적인 이유가 무엇이었을까?

유방은 자기가 승리할 수 있었던 이유를 이렇게 말했다.

"군막 속에서 계책을 만들고 천리 밖에서 승리를 하는 것은 내가 장량(張良)만 못하오."

"백성들을 위로하고 양식을 공급하고 운송 도로를 끊이지 않게 하는 것은 내가 소하(蕭何)만 못하오."

"백만 대군을 통솔해 싸우면 반드시 이기고, 공격하면 틀림없이 빼앗는 것은 내가 한신(韓信)만 못하오."

"내가 적을 이기고 천하를 얻을 수 있었던 것은 빼어난 인재들을 중용할 수 있었기 때문이요. 항우는 걸출한 인재인 범증(范增)이 있었음에도 그를 중용하지 않았기 때문에 내게 사로잡힌 것이요."

유방의 이 말은 자기의 능력보다는 사람을 볼 줄 아는 통찰력을 통해 천하를 통일할 수 있었다는 자기 고백이다. 그의 성공은 장량, 소하, 한신과 같은 인재가 있었기 때문이다. 어떻게 그런 인재들을 옆에 둘 수 있었을까? 그에게는 세 가지 장점이 있었다.

첫째, 능력 있는 사람을 볼 줄 아는 안목이 있었다. 그 능력에 따라 적재적소에 인재를 쓸 줄 알았다. 그는 장량과 소화, 한신의 장점을 파악하고 장량을 작전참모로, 소하를 행정참모로, 한신을 장군으로 해서 그들이 충분한 능력을 발휘할 수 있도록 했다.

둘째, 유방은 늘 다른 사람의 말을 경청했다. 책사 장량이 태공병법(太公兵法)을 통달하고 자기와 뜻을 같이할 왕을 찾아다닐 때, 다른 사람들은 그를 무시했지만 유방은 경청하고 장량을 책사로 등용했다. 그리고 천하를 얻었다.

셋째, 자신을 내려놓고 간언(諫言)을 잘 받아들였다. 항우보다 먼저 진나라 수도 함양에 들어선 유방은 유혹이 많았다. 투항해 온 진나라 왕 자영을 죽이고 그 궁전에 살며 여자와 재물을 차지하라는 아부가 쏟아졌다. 번쾌는 유방에게 궁 밖으로 나갈 것을 종용했지만 유혹에 눈이 어두워진 유방이 듣지 않자 장량이 나섰다.

"충성스러운 말은 귀에 거슬리지만 행동하면 이롭고 좋은 약은 입에 쓰지만 몸에는 이롭다고 합니다."

그제야 유방은 마음을 추스르고 번쾌와 장량의 간언을 받아들여 진나라의 보물과 재화 창고를 봉하고 회군하여 돌아왔다. 그

덕분에 진나라 사람들의 마음을 사로잡을 수 있었다.

유비는 주위 사람들에게 "자기 스스로 존중받고 있다는 느낌이 들 수 있도록 평소 남을 배려해라"라고 말했다.

사람은 자기를 알아주고 인정해 주는 사람에게 충성하고 목숨을 바친다. 이것이 천하를 얻은 비결이다.

○《국방일보》

희망은 절망을 몰아낸다

—

런던 시내의 길 한 모퉁이에서 매일 구두를 닦는 소년이 있었다. 빚 때문에 감옥에 갇힌 아버지를 대신하여 집안 살림을 꾸려가던 소년은 아침부터 저녁 늦게까지 행인들의 구두를 닦았는데 한번도 얼굴을 찌푸리지 않고 늘 노래를 흥얼거리며 밝게 웃는 모습이었다. 사람들이 그에게 물었다.

"구두를 닦는 일이 그렇게 좋으냐?"

그때마다 소년의 답은 한결같았다.

"당연히 즐겁습니다. 저는 이 구두를 닦아 집안의 빵을 해결할 수 있어 즐겁고 구두 닦는 것이 아니라 희망을 닦고 있기 때문입니다."

이 소년이 바로 《올리버 트위스트》를 쓴 세계적인 작가 영국의 찰스 디킨스(Charles Dickens)이다. 소년 디킨스가 다른 사람들의 눈에는 불우 소년이었지만 콧노래를 부르면서 구두를 닦을 수 있었던 것은 그의 가슴에는 항상 긍정과 희망으로 가득 찼기 때문이었다. 그것이 훗날 디킨스가 《올리버 트위스트》라는 희망의 아이콘으로 세계적인 작가가 되었던 이유다.

호찌민과 마오쩌둥이 이긴 이유

—

베트남을 무력으로 통일했다고 하지만 무력이 전부는 아니었다. 왜냐하면 호찌민(胡志明)의 도덕성이 베트남의 부패한 정권과 추락한 도덕성보다 훨씬 더 베트남 사람들의 마음을 움직였기 때문이다. 호찌민의 개인 재산은 다 떨어진 구두와 가방, 대나무로 만든 야전침대 그리고 야전전화기와 햇빛을 가리는 모자가 전부였다.

그 당시 베트남 고위 지도자 및 정부는 썩을 대로 썩어 있었다. 대통령 친인척이 양주, 마약 등을 밀수입해서 큰돈을 챙겼고 사단장, 군단장이 이권 청탁으로 돈을 받았고 한때 베트남공화국 수도였던 호찌민의 경찰서장 보직에는 몇만 달러의 뇌물이 오고 갔다. 사단장이 무전기와 소총을 적에게 팔아먹고 행정기관의 모든 문제가 돈으로 해결되었다. 베트남이 전쟁에서 패하고 나라가 망한 것은 미군 철수나 군사 작전의 중단이 아니라 위정자의 부정과 부패였다.

민심이 천심이다. 중국의 국공 내전 때 장제스가 엄청난 병력과 화력, 재력을 가지고도 마오쩌둥의 거지 군대에게 4년 만에 전 국토를 다 빼앗기고 대만으로 쫓겨 간 것은 장제스 군대 내의 부패와 타락 때문이었다. 즉, 도덕성이 문제였다.

당시 장제스 군대는 마을에 진입하면 총대를 마구 휘두르며 물건을 약탈하고 젊은 여자들을 겁탈하는 등 그야말로 무법천지였다. 아무리 재력이 튼튼하고 병력과 화력이 막강해도 사람들의 마음을 얻지 못하면 이길 수 없다. 사령부에 있는 장제스는 예하 부대가 돌아가는 상황을 잘 몰랐고 알았어도 후속 조치를 빨리 취하지 않아 언제나 늦었다.

그러나 마오쩌둥의 군대는 헐벗고 굶주리고 형편없는 거지 군대인데도 엄한 군기가 살아 있었고 동네에 들어가면 먼저 마을을 깨끗하게 청소를 했다. 그리고 제일 계급이 높은 장교가 마을 어른을 찾아뵙고 예의를 갖추고는 정중히 양해를 구했다.

"앞으로 얼마 동안 신세를 지게 되었습니다. 군량미가 모자라니 양식을 좀 나누어 주십시오."

마을 사람들은 총을 가진 놈이 그냥 뺏어가도 불평 한마디 못하는 처지인데 겸손한 태도를 보이니 흔쾌히 내주었다. 그리고 마오쩌둥의 군대는 양식과 가축을 가져갈 때도 그냥 가져가는 법이 없었다. 반드시 차용증을 쓰고 가져갔는데 그것도 시가의 두 배 이상으로 썼다.

사람에게는 기대심리라는 것이 있어서 마오쩌둥 정부가 들어서면 시가의 두 배 이상으로 보상을 한다고 하니 속는 한이 있더라도 사람들 마음이 떠나거나 다치는 일은 없었다.

그래서 마오쩌둥 군대가 들어온다는 소문이 돌면 산이나 들에 숨었던 사람들이 나와서 군대를 반겨 맞이했다. 결국, 사람의 마음을 얻은 마오쩌둥이 승리했다.

통일을 앞둔 우리에게 무엇보다 절실한 것은 지도자와 국민의 도덕성이다. 도덕성을 명심해야 한다. 그리고 치졸한 정치 보복도 없어져야 하고 깨끗한 모습을 보여야 한다. 지도자의 무능은 죄악이고 범죄행위다. 나만 깨끗하면 된다는 생각은 버려야 한다. 아랫사람인 부하나 심복이 잘못했을 때는 그 책임을 지도자가 져야 한다.

조직을 성공적으로 지도하고 관리하는 것이 지도자의 책무이다. 국가 감사기관과 정보기관을 이용하여 나라를 위해서 잘하는지 또는 잘못하는지를 철저하게 파악해야 한다. 그리고 국가조직 내에서 잘하면 격려하고 잘못하면 바로 고쳐야 한다. 지도자가 이것에 실패하면 책임을 져야 한다.

○《문화대국으로 가는 길》(홍일식, 범우)

작은 것을 줘야 큰 것을 얻는다

—

미국의 남북전쟁은 112만의 희생자를 냈는데 그중에 나라를 건설할 청년 62만 명이 죽었다. 당시 전투는 들판에서 양쪽 집단이 죽이기 시합을 해서 승패를 갈랐기 때문에 전사자가 많았다.

남북전쟁 시 남부의 로버트 E. 리(Robert E. Lee) 장군은 북부의 율리시스 S. 그랜트(Ulysses S. Grant) 사령관의 미 육사 14년 선배였다. 선후배의 싸움이었다. 4년 동안 계속된 싸움에서 하루는 리 장군이 후배 그랜트 장군을 찾아가서 만났다.

"위대한 미국을 만들기 위해서 우리가 서로 싸우는데 청년들이 너무 많이 죽고 다친다. 그만 싸우자."

"네, 선배님. 그럼 어떻게 할까요?"

"내가 졌다. 그만 싸우자. 이제부터는 북군이 미국을 주도하고 남부 군인들은 다 집으로 돌려보내겠다."

그랜트 장군은 링컨 대통령을 설득해서 남부 군인들을 모두 집으로 돌려보냈다. 그때 리 장군이 한 말은 "나의 잘못이다, 전적으로 나의 잘못이다(It is my fault, entirely my fault)"였다.

링컨 대통령은 4년 동안 싸운 적군의 리 장군을 워싱턴대학 총장으로 임명했다. 남부와 북부 미국의 전역에서 청년들이 몰려와 외쳤다.

"위대한 미국을 위하여!"

링컨이나 그랜트 사령관이 리 장군의 종전 제안을 받아들이지 않았다면 오늘의 미국은 없었을 것이다. 남부 대통령을 포함해서 관용과 포용으로 다 품어 안아 위대한 미국을 건설했다. 우리에게도 그런 포용의 날이 기다려진다.

남아프리카 백인 정권의 인종차별에 맞서 투쟁을 하다가 1962년 반역죄로 체포되어 27년 동안 감옥살이를 했던 넬슨 만델라 (Nelson Mandela)가 1994년 남아프리카 최초의 흑백 평등 선거에서 62퍼센트의 지지를 얻어 최초의 흑인 대통령이 되었다. 이때 그는 용서와 화해와 관용을 강조하고 잔악한 행위를 한 자는 잘못을 인정하면 무조건 용서했다.

당시 남아프리카 공화국은 흑인 80퍼센트, 백인 8퍼센트, 기타 12퍼센트로 구성되어 있었고 백인 정치가 300년 이상 계속되었다. 만델라는 백인의 보복으로 27년간 옥살이를 했지만 자신을 학대한 사람들과 화해하고 용서와 관용으로 전임 대통령과 함께 노벨평화상을 받았다. 보복은 또 다른 보복을 낳는 악순환을 가져오지만 그는 자신의 정적과 화해하고 국민 통합으로 분위기를 전환시켰다. 위대한 만델라는 2013년 95세에 전 세계인의 존경을 받으며 하늘나라로 갔다.

용서와 포용이 큰 인물을 만들고 나라도 부강하게 만든다.

융통성

—

원칙을 지키며 사는 것은 중요한 사회 기강이다. 그런데 가끔 융통성이 없고 앞뒤가 꽉 막힌 사람이 있어 불편할 때가 많다. 일을 능숙하게 처리하면 융통성 있는 사람으로 대접받고, 재주와 능력이 부족하면 융통성 없는 사람으로 평가받으며 사회생활이 어렵고 대우를 못 받는다.

융통성이 없는 사람은 자기주장이 강하고 다른 것은 무시해 버리는 경향이 강하기 때문에 서로 소통이 안 되어 일 처리가 어려워진다.

반면에 융통성이 지나치면 부정부패가 생기고 부실 공사, 안전 불감증, 사고 유발 등의 병폐가 발생한다. 사전에 충분히 검토하고 다른 사람 또는 경험자와 의논해야 이것을 막을 수 있다. 그래서 사전 검토를 충분히 하고 서로 이해를 하여 피해가 가지 않도록 문제를 풀어가는 능력, 즉 융통성이 필요하다.

학자의 연구에는 학문을 위해 아집이나 고집이 필요할 수도 있다. 그러나 조직 관리나 사람 사는 세상에서는 그런 아집은 버려야 하고 융통성이 필요하다.

과거에 발이 묶이면 전진을 못한다

—

나는 1999년 35년간 몸담았던 군을 떠나 고려대학교 객원교수가 되어 10년 동안 지도자론을 강의했다. 교수 시절, 서울대학교 출신인 ROTC 1년 선배 한명희 선배님의 요청으로 베트남에서 전사한 피아 전사자를 위한 위령제에 동참하게 되었다. 시인 고 김지하 선생님과 한풀이 춤으로 유명한 서울대학교의 고 이애주 교수님이 동행했다.

일행이 베트남에 도착하여 하노이에 있는 대우호텔에서 양국 인사들을 소개하는 시간을 가졌는데 베트남 측에서는 정신문화원장이 참석하였다. 그분은 내가 베트남전에서 중대장을 할 때, 월맹군 사단장을 하신 분이었다.

참가자 소개 시간에 내 차례가 왔다. 베트남전 당시 맹호부대에서 중대장으로 월맹군과 싸운 군인이었고 삼성장군으로 전역하여 현재는 대학교수라고 소개했다. 나는 일어나서 인사를 하다가 깜짝 놀랐다. 그 정신문화원장의 매서운 눈초리가 두려울 정도로 나를 뚫어지게 응시하고 있었다. 나는 그의 매서운 눈초리를 의식하며 자리에 앉았다.

오찬을 마치고 일어서는데 정신문화원장이 일행과 함께 나한테

와서 인사를 나눌 준비도 되어 있지 않은 내 몸을 끌어안고 손을 잡으면서 말했다.

"서 장군. 우리들의 과거가 우리의 발목을 묶고 있으면 우리는 발전할 수 없습니다. 우린 더 이상 적이 아니고 같이 발전해 나아가야 할 친구입니다(General Seo, If our past bind our ankles, we can not develop. We are no more enemies, we are just friends to develop)."

나는 그때 큰 충격을 받았고 귀를 의심했다. 그날 놀란 눈으로 나를 쳐다보았던 그 매서운 눈초리를 나는 지금도 기억한다. 그때 확신했다. '저런 정신이라면 베트남이 머지않아 부강한 나라가 될 것이다.'

베트남의 국부로 추앙받던 호찌민은 1969년 9월 2일, 갑작스러운 심장 발작으로 79세를 일기로 돌아가셨다. 그는 정원사가 살던 초라한 집에서 검소하게 살았다. 그는 죽기 전에 이런 말을 남겼다.

"주변국과 절대로 적을 만들지 마라. 전쟁이 없어야만 베트남을 잘 사는 나라로 만들 수 있다."

지금 베트남은 그동안 싸웠던 프랑스와도, 미국과도, 중국과도, 한국과도 적대적인 감정 없이 친밀하게 지내며 잘 살아보려고 무척 노력한다. 호찌민의 유언과 가르침이 옳았다.

베트남에 진출한 우리 기업은 4,800개가 넘고 호찌민시 근처에만 2천 개나 된다. 고려 때 베트남 왕자들이 우리나라로 망명하여

'정선 이 씨'와 '화산 이 씨' 시조가 된 이후 양국 교류사는 900년이 넘는다.

베트남에 외국인 투자 규모 1위가 한국이고 베트남에 사는 교민이 15만이 넘는다. 한국 사람과 결혼하여 이주한 베트남 여성이 6만 5천 명에 이른다. 베트남 총리가 한국을 사돈의 나라라고 말한다. 베트남 고등학교에 제1 외국어로 한국어가 채택될 가능성도 높고, 이미 15개 대학에 한국학 전공이 개설되었고 한국에서는 4천여 명의 베트남 유학생이 공부를 하고 있다.

한국은 1965년 최초로 파월하여 1975년 4월 30일 남베트남이 패망할 때까지 약 32만여 명이 참전하여 5천여 명이 전사하고 1만 1232명이 부상당했다. 우리와 싸운 월맹군과 베트콩, 민간인도 수만 명이 죽고 부상을 당했다. 분명히 적대적인 감정이 남아 있을 것이다. 그러나 베트남 사람들은 우리를 적대시하지 않는다. 한국과 베트남 두 나라는 친밀하고 우호적인 관계를 계속 이어나갈 것이다.

과거에 발이 묶이면 발전을 못 한다. 우리는 이제 적이 아니고 함께 전진해야 할 친구이다.

후천적 재능 발견하기

—

　미국 뉴저지의 어느 작은 학교에 스물여섯 명의 학생들이 교실에 앉아 있었다. 그 아이들은 저마다 그 나이 또래에서 찾아보기 힘든 전적을 가지고 있었다.

　어떤 아이는 마약을 상습적으로 복용했고 어떤 아이는 소년원을 제집처럼 드나들었다. 심지어 어떤 아이는 어린 나이에 세 번이나 낙태를 경험한 소녀도 있었다. 이 교실에 모인 아이들은 하나같이 부모와 선생님들이 교육을 포기한 아이들로, 말 그대로 문제아들이었다.

　잠시 후 문을 열고 한 여자가 들어왔다. 그녀는 앞으로 이 반을 맡게 될 베라 선생님이었다. 수업 첫날, 그녀는 다른 선생님처럼 학교 규칙을 지키라고 강요하거나 잔소리를 하지 않았다. 그녀는 웃으며 다음과 같은 문제를 냈다. 세 사람 가운데 가장 훌륭한 사람을 뽑으라고 말이다.

　A는 부패한 정치인과 결탁하고 점성술을 믿으며 두 명의 부인이 있고 줄담배와 폭음을 즐긴다.

　B는 두 번이나 회사에서 해고된 적이 있고 정오까지 잠을 자고 아편을 복용한 적이 있다.

C는 전쟁 영웅으로 채식주의자이며 담배도 안 피우고 가끔 맥주만 즐긴다. 법을 위반하거나 불륜 관계를 가진 적이 없다.

선생님의 질문에 학생들은 의심의 여지없이 만장일치로 C를 선택했다. 하지만 선생님의 답변은 뜻밖이었다.

"절대적 잣대는 기준이 없어요. 여러분이 옳다고 믿는 것이 때로는 잘못된 선택이 될 수 있으니까요. 이 세 사람은 우리가 이미 알고 있는 인물이에요.

A는 우리가 잘 아는 미국 대통령이었던 프랭클린 D. 루스벨트이고, B는 영국의 윈스턴 처칠 수상이고, C는 수천만 명의 목숨을 앗아간 나치의 지도자 아돌프 히틀러에요."

순간 교실에는 알 수 없는 침묵이 흘렀다. 베라 선생님이 다시 말을 했다.

"여러분의 인생은 이제부터가 시작이라는 걸 기억하세요. 과거에 어떤 일이 있었는지는 중요하지 않아요. 그 사람을 판단해 주는 건 그 사람의 과거가 아니라 미래니까요. 이제 어둠 속에서 나와 자신이 가장 하고 싶은 일을 찾아보세요. 여러분은 모두 소중한 존재이고 얼마든지 성공할 수 있답니다."

선생님의 말씀은 아이들의 마음속에 남아 그들의 운명을 조금씩 변화시키기 시작했다. 그리고 그 아이들은 훗날 사회 각 분야에서 전문가로 활동하며 미래를 창조해 나갔다.

어떤 아이는 심리학 의사가 되었고 어떤 아이는 법관도 되고 비행사가 되었다. 그중 반에서 가장 키가 작고 개구쟁이였던 로버트 해리슨(Robert Harrison)은 금융가의 중심인 미국의 월 스트리트에서 촉망받는 경영인이 되었다.

과거의 실수와 잘못이 그 사람의 미래까지 결정할 수는 없다. 한 번의 실수는 그저 실수일 뿐이다. 평생을 따라다니는 오점이 되어서는 안 된다. 이제 어제의 짐을 내려놓고 새로운 내일을 계획해 보면 어떨까.

영화 〈포레스트 검프〉에는 이런 대사가 나온다.

"과거는 과거로 남겨 두지 않으면 앞으로 나갈 수 없다."

아무리 가난하고 의지가 약한 사람도 하나쯤은 누군가의 부러움을 받을 만한 장점이 있다. 중요한 것은 타고난 재능이 아니라 자신의 후천적인 재능을 발견할 수 있는 안목이다.

○ 〈황영자 선생님의 글〉

제2장

신뢰란

무엇인가

부하의 신뢰를 얻는 방법

—

신뢰란 보이지 않는 것에 대한 막연한 믿음이다. '인간의 모든 것은 믿음에서 시작된다'는 것을 이해해야 한다. 세상의 모든 것을 주도하는 것은 사람이다. 법, 제도, 방침, 기계보다는 세상 모두의 출발점은 사람의 마음이다.

《육도삼략(六韜三略)》이라는 고전이 있다. B.C. 1100년 경, 주(周)나라 문왕이 나라를 창건할 때 문왕을 도와 태공망 선생이 국가 경영 원리를 정리한 고전이다. 이 책은 장수가 갖추어야 할 덕목을 아래와 같이 정리했다.

병사들이 자리에 앉기 전에 너 먼저 앉지를 마라.
병사들이 식사를 하기 전에 너 먼저 먹지를 마라.
샘이 다 바닥이 나기 전에 목이 마르다 하지를 마라.
막사가 다 되기 전에 피로하다고 하지를 마라.
식사가 다 되기도 전에 배고프다 하지를 마라.
병사 막사에 불이 켜지기 전에 네 막사에 먼저 불 켜지 마라.
겨울에 외투를 입지 말고, 여름에 부채를 쓰지 마라.
비가 올 때 우의를 입지 마라.

그리하면 병사는 전력을 다해 너를 위해 싸운다.

월맹의 영웅 호찌민은 사망한 후 개인 통장이 없었고 프랑스 식민지 시절, 정원사가 자던 방에서 집무를 보고 야전전화기, 대나무 침대, 때 묻은 가방, 헌 구두가 전 재산이었다. 백성을 '자식 대하듯이 한 호찌민의 정치철학'이 백성들의 절대적인 신뢰를 받았다. 그 신뢰가 미국을 이겼다.

不爲利誘 不爲威屈 守之道也 불위이유 불위위굴 수지도야
雖上士督之 有所不受 수상사독지 유소불수

'이익에 유혹되지 않고 위협에 굴복하지 않는 것이 법을 지키는 도리다. 비록 상관이 독촉하더라도 받아들일 수 없는 것이 있다'는 뜻이다. 《손자병법》에서는 '군명유소불수(君命有所不受)'라고 했다. '군주의 명령이 있어도 받아들이지 못할 경우가 있다'는 뜻이다. 감사가 나오더라도 꼭 마패(馬牌)대로 말을 지급했다. 북쪽 국경 지역은 한양과 거리가 멀어 감찰 나온 감사가 규정된 말보다 더 달라고 하여 마찰이 자주 생겼다. 감사의 요구를 조정에 문의했더니 감사의 잘못이라고 훈령이 내려져서 폐단은 고쳐졌다.

○《육도삼략》(태공망, 범우)

신뢰가 깨진 전함 비스마르크의 최후

—

　상하 간 또는 인접 부서와의 갈등과 불화 및 분쟁은 대원 간에 악영향을 미쳐서 서로 의심하고 자신감을 상실해서 전체를 망가트린다.

　비스마르크는 제2차 세계대전 당시 나치 독일 해군 최대의 전함이었다. 이 비스마르크호가 전쟁 중에 북대서양을 단독으로 순항하는 동안 전함 내의 승무원 사이에 갈등과 마찰로 동요가 생겨 침몰하였음이 생존자들에 의해 밝혀졌다.

　처음에 승무원들은 그들의 전함이 불침함이라는 자부심과 승리에 대한 확신을 가지고 출항했다. 첫 해전에서 영국의 전함 프린스 오브 웨일스를 격퇴하고 후드호를 격침함으로써 사기를 충천하고 승리감에 전투 의지가 최고조에 달했다.

　그러나 그 후 뤼첸스 제독과 린데만 함장 사이에 있었던 맹렬한 의견 충돌과 마찰로 승무원까지도 두 패로 갈라졌다. 승무원의 사기는 급격히 저하되었고 서로 불신감이 팽배해졌다. 양쪽으로 갈라진 승무원의 마음은 단결을 잃었고 서로를 의심하고 우왕좌왕하면서 전투력은 무너지고 말았다.

　전투 중에 해군의 생존 지역은 전함 내부뿐이다. 그러나 전투

의지를 상실한 승무원들과 포수가 자기 위치를 떠나 살길을 찾으려고 도망가기도 했다. 이를 막으려고 장교들이 권총으로 포수를 위협하는 일까지 일어났다.

"자기가 미워하고 싫어하는 사람을 위해서, 또는 자신을 인정해 주지 않고 구박하는 사람을 위해서는 죽을 각오로 싸우지 않는다."

이런 분위기가 장병들 사이에 퍼졌고 아주 기본적인 리더십 발휘마저 무너지고 말았다. 전투 시 전우들 사이에서 신뢰가 무너졌을 때, 우선 나부터 살고 보자는 자기방어 중심으로 되는 것이 인간의 본성이고, 싸워야 한다는 전투 의지는 사라져버린다.

'침몰하지 않는 전함'이라는 별명을 가졌던 비스마르크호는 1941년 5월 27일, 전투력이 훨씬 약한 로드니호와 킹 조지 5세호의 공격으로 완전히 침몰하고 말았다.

사람은 자기가 신뢰를 받는 만큼 움직이는 본성을 가지고 있다. 자발적 참여와 의욕이 상실되지 않도록 화합하고 서로 격려해야 한다. 서로 싸우지 말고 격려해야 대한민국호는 침몰하지 않는다.

이스라엘이 아랍과 싸워서 이긴 이유

—

이스라엘이 아랍 국가와 싸워서 연전연승한 데는 그들의 역사가 온 국민의 정신 속에 살아남아 정신적 지주 역할을 하고 있음은 물론 조국에 대한 절대적 믿음이 승리의 원동력이었다.

한쪽은 지중해로 바다를 끼고 있고 삼면이 레바논, 시리아, 요르단, 이집트 등의 아랍 국가에 포위 되어 있는 이스라엘이 40년 넘게 아랍 국가와 싸우면서 항상 승리하는 이유는 무엇일까?

A.D. 66년 로마군의 공격으로 멸망한 예루살렘에서 960명의 유대인이 마사다(Masada) 요새에 숨어들었다. 요새가 로마군에게 포위당하자 2년여의 항쟁 끝에 리더격인 에리아잘이 최후 연설을 하고 전원이 자결하기로 결정했다.

"치욕당하기 전에 우리의 아내를, 노예 노릇을 하기 전에 우리의 자식을 죽이자. 식량은 남겨두고 죽자. 왜냐하면 식량이 없어서 죽은 것이 아니라 우리의 결의에 의해서 노예보다는 죽음을 택했음을 증명해 주어야 하기 때문이다."

남자들은 아내와 자식을 죽였고, 그들은 제비뽑기를 하여 그중에서 열 명을 뽑아 그들이 전부를 죽이고 열 명은 다시 한 명을 뽑아 그가 전부를 죽이고 마지막에 자살했다. 예루살렘과 더불어 2

대 성지가 된 마사다에서 매년 이스라엘 신임장교들이 민족 앞에
임관선서를 하며 국가에 충성할 것을 맹세한다.

용서가 신뢰로

—

1977년, 임진강이 군사분계선과 만나는 전방 사단의 고왕산에서 내가 대대장을 할 때이다. 어느 날 밤 12시경 남방 한계선에서 근무하는 병사들을 확인하러 무전병과 순찰을 돌고 있었다.

한곳에 이르니 초소에 병사 두 명이 보초를 서야 하는데 한 병사만 근무를 하면서 그도 깊은 잠에 곯아떨어져 있었다. 얼굴을 보니 상등병으로 그 소대에서 아주 모범적인 병사였다. 나는 그 병사가 동계 월동준비를 하면서 열심히 일하는 모습을 본 적이 있다. 군사분계선 근무는 야간을 위해서 오후에는 다 잠을 자도록 규정되어 있는데, 그 병사는 잠도 자지 않고 월동준비를 하였다.

나는 그 병사가 깨어나기를 기다렸다. 부스럭 소리에 잠을 깬 병사가 앞에 대대장이 있는 것을 보고 놀라서 무릎 꿇고 용서해 달라고 빌었다. 원래 방책선 근무를 하다가 잠을 자거나 이탈을 하면 군법회의 감이었다. 대대장인 나로서는 고민이 되었다. 군법회의나 징계를 하자니 병사가 걱정이고 용서를 하자니 철책선 근무규정을 위반하는 것이었다. 군대는 옛날이나 지금이나 군율 위반을 엄하게 다스린다.

그런데 그 순간 육군대학에서 읽었던 나폴레옹 일화가 생각났다. 나폴레옹 군대가 알프스산을 넘을 때 지친 병사가 야간 근무를 하면서 잠이 들었다. 나폴레옹 장군이 부관을 대동하고 순찰을 돌다가 자는 병사를 보았다.

그때 나폴레옹이 이렇게 말했다.

"이 병사를 깨우지 마라. 부관이 이 병사가 깰 때까지 대신 근무를 서라. 이 병사가 자는 것은 병사의 잘못이 아니라 강행군을 시킨 내 잘못이다."

병사는 곧 깨어났다. 나폴레옹의 말을 전해 들은 병사는 동료들에게 이야기하고 그 소문이 전 부대에 퍼지면서 나폴레옹에 대한 믿음과 존경이 전투력 발휘에 큰 영향을 끼쳤다.

그 글이 생각났던 나는 병사와 약속을 했다.

"첫째는 매일 아침 일어나 내무반 복도 청소를 해라. 둘째는 매일 아침 식사 후 이등병 식기를 닦아주어라."

당시 철책선 근무는 소대 단위로 분산되어 있어서 갓 임관한 신임 소위 소대장이 장악하고 있는 곳이 많아 열악한 분위기로, 고참이 신병을 챙기는 소대 분위기가 되면 사기가 올라가고 근무할 의욕이 생겨나는 참으로 중요한 요소였다.

한 달 넘게 지나면서 그 일을 잊고 있었는데 중대장이 보고했다.

"대대장님, 저희 중대 한 소대에 매일 아침 내무반 청소를 하고 이등병 식기를 닦아주는 고참이 있어서 소대 분위기가 확 달라졌습니다."

　그제서야 나는 지난 사연을 이야기했다. 약속한 대로 아무에게
도 말을 하지 않은 것이다.

　그런 후 사단에서 대전차화기인 3.5인치 로켓포 사격대회가 있
었다. 그 병사를 포함해서 소대장을 책임자로 임명하고 대대본
부에 20여 명의 로켓포 사수를 모아 집체교육을 했다. 그들은 잠
을 잘 때도 포를 몸에 묶고 자면서 포와 호흡을 같이 하며 훈련을
했다. 사격대회 날 사격장에 함께 참석했다. 각 부대에서 사수들
이 사선에 올라 사격이 시작되었다.

　전 대대장이 긴장하고 초탄이 날아가 우리 대대는 명중했다. 전
체적으로 명중률이 약 50퍼센트 정도로 낮았다. 3.5인치 로켓포
는 명중시키기가 어려웠다. 오랜 훈련이 필요한 화기였다. 2탄, 3
탄이 넘어가고 우리 대대는 100퍼센트 명중했다. 유일한 100퍼센
트 명중 대대가 되었다. 사단장님으로부터 칭찬을 받고 우수대대
상을 받았다.

　소대장, 지휘관, 리더, 지도자 윗사람 등이 부하와 아랫사람을
대하는 지극한 정성은 생각할 수 없는 엄청난 힘을 발휘한다. 마
키아벨리의 리더십에 따르면, "아랫사람의 충성을 확보하려면 먼
저 부하를 아끼고 대우하라. 자신의 실수를 포용해 준 상관에게
충성한다"라고 했다.

　내가 사단장을 하던 1991년 즈음에는 군대에서 자살자가 일 년

에 500명이 넘었다. 이 자살자를 줄이기 위해 모두가 최선의 노력을 했다. 사단장인 나는 아침 일찍 일어나 차를 타고 또는 500MD 헬기를 타고 대대별로 주둔지가 있는 곳을 찾아가 대대 장병들과 아침 식사를 같이하고 약 30분 정도 장병들에게 호소했다.

"세계는 넓고 할 일도 많은데…… 그게 여러분 꿈이다."

병사들에게 꿈을 심어주려고 애썼다. 고향에 두고 온 여자 친구가 고무신 돌려 신었다고 자살한 병사도 있어서 솔직하게 여자 문제도 이야기했다.

그러는 와중에 사단 사령부 정비대에서 '줄빳따' 사건이 터졌다. 즉 병장이 상병을, 상병이 일병을, 일병이 이병을, 야구방망이로 두들겨 패는 폐습이다. 또한 고참이 전역을 할 때 전역비, 축하비를 거두어주는 폐습으로 당시 군에서 강력하게 금지를 했다.

관련자 20여 명이 사단 헌병대에 잡혀 와서 조사를 받았다. 이것이 밖으로 새어나가서 사단장인 나의 지인들을 통해 연락이 많이 왔다. 잘 선처해 달라고 말이다. 하지만 군율로 엄하게 다스려야 할 사건이고 군에서 철저하게 뿌리를 뽑으려고 강력하게 지시가 내려와서 잘못을 저지른 병사 전부를 군법회의로 회부해야만 했다.

그러던 어느 날, 사단 정문에 할머니와 젊은 여자 두 분이 사단장인 나를 면회 왔다는 연락이 와서 내 방으로 모셔오라고 했다. 그런데 사단장실 문 앞에서 들어오지는 않고 무릎을 꿇고 울었다.

"내 손자를 용서해 주세요."

할머니는 영창에서 조사받는 병사 중에 주모자로 지목되는 손자가 있고 그 병사의 아버지는 맹호부대로 파월하여 통신병으로 근무하다가 1968년 9월에 전사를 했다고 말했다.

할머니 이야기를 들어보니 그 병사의 아버지는 인접중대 통신병으로, 그가 전사한 상황을 나는 정확하게 기억하고 있었다. '고보이'라는 평야 지역에서 적과 교전 중에 중대장 무전병이었던 그가 무전기 안테나로 위치가 노출되어 교전 중에 전사한 사실은 40여 년이 지난 지금도 기억에 생생했다.

베트남에서 전사한 그 병사가 할머니 아들이고 지금 헌병대 영창에서 조사받고 있는 병사는 유복자인 손자였다. 그리고 그 병사의 어머니는 대구의 명문 여학교의 수학 선생님이었고 재혼도 하지 않고 시어머니를 모시며 유복자 아들을 키워냈다. 할머니와 부인에게 그 병사가 전사한 전투 상황을 이야기해 주었더니 많은 눈물을 흘렸다.

접견실로 두 여자 분을 보내고 나는 헌병대장과 법무참모를 불렀다. 대략 이야기를 하고, 할머니를 만나보라고 했다. 헌병과 법무참모가 돌아와서 법무참모는 전부 용서하자고 건의를 했고 헌병은 원칙대로 처벌을 하자고 했다.

나는 법무참모 의견을 따랐다. 나는 조사받는 병사들 전부를 사무실로 불러 베트남에서 전사한 병사의 아버지 이야기를 했다. 아들을 베트남에서 잃은 할머니 이야기와 재혼도 하지 않고 유복자를 키운 어머니 이야기도 했다.

20명이 넘는 병사들을 군법회의로 보내 죄인으로 만들면 그 기록이 평생 따라다니며 취직할 때와 결혼할 때 걸림돌이 되는 것을 아는 나는 전사한 옛 베트남전 전우 생각, 손자를 키우는 할머니, 시어머니를 모시고 그 유복자 아들을 키우는 어머니 생각 등으로 많이 혼란스러웠다.

병사의 장래를 생각하면 죄인을 만든다는 것이 무척 안타까웠다. 철없는 나이에 저지른 과오를 사단장인 내가 어떻게 해줘야 할지 고민되었다. 나는 군법재판으로 보내는 것보다 그들이 스스로 반성하는 기회를 갖기를 진심으로 바랐다. 그러나 기강을 잡아야 하는 사단장으로서 어떻게 처리해야 할지 그들에게 나의 고충을 솔직하게 고백했다.

다행스럽게도 헌병대장과 법무참모가 사단장 뜻을 이해하고 뒷처리를 잘해주기로 해서 그것으로 좋게 끝을 냈다. 법무참모는 지금 평택에서 변호사로 일을 하고 있고, 검찰부장은 현재 현직 검사로 있으며 헌병대 실무 준위는 지금도 연락을 하며 산다. 그들에게 감사하다. 그리고 그 병사들도 잘 살기를 바란다.

윗사람의 기본은 사람을 볼 줄 아는 안목

—

  미국의 남북전쟁이 한창일 때, 링컨 대통령은 북군 총사령관에
그랜트 장군을 임명하려고 하였다. 많은 장군들이 술꾼에 줄담배
를 피우고 매너도 없고 싸움꾼인 그랜트 장군을 총사령관에 임명
하는 것을 반대했다.

  당시 미국은 유럽의 영향을 받아 저명인사가 되려면 사교계에
서 평판이 좋아야 하는데 여자들의 치맛바람이 설치는 보수적인
사교계에서 그의 야생마 같은 기질은 좋을 리가 없었다.

  그는 육사를 졸업한 후에 멕시코와의 전쟁에서 공을 세워 훈장
을 받았으나 그 후 동기생과의 경쟁에서 적응하지 못하고 전역
했다. 전역 후 여러 가지 일을 했으나 실패했다. 39살이 된 그랜트
는 네 명의 자녀를 둔 가장으로, 간단한 식사로 빵도 해결을 못 하
는 가난뱅이가 되었다.

  미국의 남부 연맹이 홀로 독립을 선언하고 1861년 4월 섬터 요
새(Fort Sumter)를 공격하자 북부는 의용군 모집을 하여 의용대장에
과거 멕시코 전쟁에서 공이 많았던 그랜트를 임명했다. 그 임명이
그의 인생을 바꾸어놓았다. 그는 전투에서 패배는 생각하지 않고
이길 궁리만 하는 지독한 고집쟁이로, 총알이 날아오는 것을 두려

위 않고 부하와 함께 싸웠다.

링컨 대통령은 불평만 하는 많은 장군들의 반대를 물리치고 그 랜트를 북군 총사령관에 임명하면서 이런 말을 했다.

"그랜트는 전투를 할 줄 안다. 그래서 나는 그랜트가 필요하다."

그랜트는 겸손하고 거짓 없는 성품과 전장에서는 승리를 위해 몸을 아끼지 않는 불굴의 정신으로 의용군 대장에서 3년 만에 북 군 총사령관에 임명되었고 7년 뒤 미국의 18대 대통령에 당선되 었다.

제2차 세계대전 때, 아이젠하워 대장이 노르망디 상륙작전을 한 후 유럽 심장부로 공격할 제3 야전군 사령관을 임명할 때 거칠고 매너가 좋지 않고 건방지다는 평이 있는 패튼 장군을 임명하려고 하자 많은 장군들이 반대를 하였다. 이때 아이젠하워 대장은 이런 말을 했다.

"링컨 대통령이 그랜트를 택했듯이 나는 패튼을 택한다."

결국 패튼을 대장으로 진급시켜 제3군 사령관에 임명했다. 그 는 파죽지세로 유럽 심장부로 쳐들어갔다. 지금은 전 세계에서 그 를 최고의 전투형 지휘관으로 평가하고 있다.

지도자는 능력에 따라 적재적소에 사람을 선택해야 한다. 사람 선택의 기준은 능력이다.

지도자와 리더의 그릇

—

지도자의 그릇에는 포용(包容)이 들어 있어야 한다. 미국 남북전쟁 때, 북군의 그랜트 장군과 서먼(Sherman) 장군은 1865년 봄 남군의 수도 버지니아의 리치먼드를 공략하기 시작하였다. 그해 4월 2일, 남군이 리치먼드를 포기하고 후퇴하자 그랜트 장군은 퇴로를 차단하고 남부군을 포위한 후에 리 장군에게 항복을 권유하는 정중한 서신을 보냈다.

남군의 리 장군은 더 이상의 항전은 무의미하다고 판단하고 장병들의 희생을 막고자 항복을 결심했다. 남북이 싸우는 것은 위대한 미국을 건설하기 위해서인데 너무 많은 청년들이 죽거나 부상을 당하고 있었으니 이 전쟁을 종식시켜야겠다고 생각했다.

1865년 4월 9일, 아포메톡스 군청 옆 농가에서 그랜트 장군과 리 장군은 회담을 가졌다. 미 육사 14년 선후배가 만났다. 선배인 남군의 리 장군은 수려한 몸매에 잿빛의 남부군 정장과 버지니아 군도를 차고 위용을 갖추어 참석했고 반면에 그랜트 장군은 꾸깃꾸깃한 작업복 차림이었다. 그랜트 장군은 선배에 대한 예를 갖추어 옛날 같이 참전했던 멕시코와의 전쟁을 이야기하면서 분위기를 부드럽게 하고 그 자리에서 바로 항복문서를 썼다.

항복 조건은 매우 관대했고 남군과 남부 주민의 위상을 고려하고 미국 전체의 화합을 위해 전쟁에 대한 책임이나 남군에 대한 전범 처리에 대해서는 어떤 문구도 넣지 않았다. 항복문서의 내용에는 상대를 인정하고 배려하며 이해와 용서를 위한 내용이 포함되어 있다. 전 세계에서 일어난 수많은 전쟁에서 이처럼 치열하게 싸웠던 적을 서로 배려하고 용서한 전례는 없다.

"남군의 장교와 병사들은 항복 서명을 한 후 즉시 고향으로 간다. 무기와 병기는 북군에게 인계한다. 장교는 허리에 찬 무기를 그대로 휴대해도 좋다. 말을 필요로 하는 장병은 지금까지 타고 다니던 말을 가져도 좋다(먼 길을 가고 농사에 필요하기 때문이다)."

패한 리 장군은 항복 조건에 사의를 표하면서 그랜트 장군에게 부하들이 그동안 너무 굶주렸으므로 식량 지원을 요청했다. 그랜트 장군은 북군에게도 부족한 식량이지만 남군 2만 5천 명의 식량을 즉각 지원했다.

리 장군은 항복문서에 서명을 하고 애마를 타고 남군 진영으로 돌아갔다. 남군, 북군 다 함께 모자를 던지고 대포를 쏘며 환호했다. 패장에 대한 예우였다.

그랜트 장군은 '이제 전쟁은 끝났다. 남군도 이제 우리 국민이다'라는 연설을 하고 모두를 포용했다. 패장 리 장군은 '전쟁에 패한 것은 내 잘못이다'는 연설을 남부군과 남부 국민들에게 했다. 전쟁에 패한 것은 내 잘못이니, 우리는 위대한 미국을 건설하자는 호소문이었다.

남부 군인과 국민들의 자존심과 명예를 지켜주고 남부의 대통령이었던 제퍼슨 데이비스도 체포되지 않고 사면되었으며 패장인 리 장군은 워싱턴대학교 총장으로 임명되어 '위대한 미국을 건설'하는 청년들을 가르쳤다.

포로가 없는 전쟁으로 미국의 미래를 위해 화해와 포용을 선택했다. 국가 이익과 발전을 먼저 생각하고 결심한 북군의 그랜트 장군과 링컨 대통령의 결단이 오늘날 세계 제일의 강대국이라는 미국을 탄생시키는 정신적인 지주가 되었다.

지도자는 나라의 이익과 발전을 먼저 생각하는 애국정신이 있어야 한다. 내부적인 갈등과 마찰 그리고 국가 발전을 저해하는 반대를 위한 반대는 이제는 접어야 한다. 국가의 이익이 항상 먼저이기 때문이다. 세계를 지배하는 초강대국 미국의 저력이 그때부터 시작되었다고 할 수 있다. 지도자와 리더의 애국정신이 후손들에게 자신들의 조국이 초강대국이 될 수 있다는 자부심을 심어준 포용을 선택했다. 우리 대한민국도 머지않아 그런 날이 올 수 있도록 지도자와 리더의 포용을 기대해 본다.

○《미국 역사》(조흥래)

웰링턴 공작과 소년

—

1815년 워털루 전투에서 나폴레옹 군을 패배시킨 웰링턴 공작이 노년에 백여 명의 귀족과 여우 사냥을 떠났다. 당시 여우 사냥이란 잡은 여우를 풀어주고 다시 잡는 일종의 스포츠였다.

공작 일행이 풀어준 여우가 목장 울타리를 빠져나가 민간인 목장으로 뛰어들어 갔다. 이 목장의 문을 지키고 있던 소년이 아버지의 지시라면서 '웰링턴 공작 일행'의 통과를 거부했다. 함께한 귀족들이 채찍으로 위협도 하고, 금전으로 유혹도 하고 웰링턴 공작의 명성을 대고 위협했으나 그 소년은 아버지의 지시라면서 공작 일행의 통과를 거부했다.

한참 동안 이 광경을 지켜보던 웰링턴 공작은 얼굴에 웃음을 지으며 소년을 칭찬하고 발길을 돌렸다.

"여러분, 이 소년을 더 이상 윽박지르지 마세요. 이 소년과 같이 채찍의 위협, 금전의 유혹, 그리고 나의 권위에도 굴하지 않고 아버지의 말씀을 따라 자기 일을 완수하려는 소년이 있어야 조국은 번영하며 영국군은 세계 최강을 유지할 것입니다."

영국이 선진국으로서 세계 최강의 군대를 키워나가는 힘은 물질에서 나오는 것이 아니다. 사회의 지도자들, 사회 저명인사가 스스로 법을 지키고 다른 사람의 의견을 철저히 존중해 주는 사고를 바탕으로 상호 간에 신뢰가 형성되고 나라의 위상도 높아진다.

자기의 임무와 책임을 완수하려는 강한 자발적인 힘이 바로 기강이고 국력의 기본이며 선진국의 필수 요건이다. 국민 모두는 법을 지키고 지도자는 지켜야 할 원칙에 먼저 솔선수범하는 자세로 순응해야 한다. 그렇지 못하면 선진국으로 가는 길은 멀다.

○〈군 지휘통솔〉

아! 이순신 장군

—

"나를 한국의 이순신 제독에 비교하지 마라. 그분은 전쟁에 관한 한 신의 경지에 오른 분이다. 이순신 제독은 국가의 지원도 제대로 받지 못하고 아주 나쁜 상황에서 매번 승리를 이끌어냈다. 전쟁의 신이자 바다의 신이신 이순신 장군과 나를 비유하는 것은 신에 대한 모독이다."

러일전쟁 당시 일본군 함대 총사령관은 도고 헤이하치로(東鄕平八郞) 장군이었다. 그는 러시아의 발틱 함대와 해전이 개시된 지 불과 한 시간여 만에 발틱 함대 38척 중에 19척을 침몰시키고 사령관 로제스트벤스키를 포함하여 6,100명을 포로로 잡은 큰 전과를 올렸다. 승리 축하연에서 자기를 세계 최고의 해군 명장인 영국의 넬슨 제독과 이순신 장군과 비교하며 추켜세우는 말을 듣고 위와 같이 말했다.

이순신 장군의 위대함은 재론의 여지가 없다. 임진왜란 당시, 충무공은 열세한 전투력으로 이길 수 있는 싸움만 했다. 질 싸움은 하지 않았다. 전체적으로는 전투력이 우세할지라도 적을 분산시키고 적을 해협의 물살이 센 곳으로, 이길 수 있는 곳으로 유인하여 싸워서 이겼다. 이것이 충무공의 위대함이다.

명량해전은 조선 수군이 12척의 배와 120명의 수군으로 왜 함선 133척을 쳐부순 대첩이었다. 명량의 좁은 해협 울돌목으로 적을 유인하였다. 왜선이 조류가 빠르고 좁은 곳에서 자유롭게 움직이지 못하는 틈을 이용하여 12척의 배로 하나하나씩 각개격파를 하여 완승하였다.

　필사즉생 필생즉사(必死卽生 必生卽死), 즉 죽기를 각오하고 싸우면 살아남고 살겠다고 발버둥 치면 죽는다. 이순신 장군의 말씀이다.

　이순신 장군이 임금의 출동 명령을 거절한 예가 있다. 조정에서는 해전에서 연전연승하는 충무공에게 부산포를 공격하여 적장 가토 기요마사(加藤 淸正)를 잡아오라는 명령을 내렸다. 스스로 적의 포위망 안으로 들어가는 것을 잘 알고 있던 이순신 장군은 이 명령을 거절했다.

　이것이 장군의 위대함이다. 싸움을 검토해 보고 반드시 승리한다고 생각되면 군주가 싸우지 말라고 해도 나가 싸워야 하고 싸움에 이길 수 없다고 판단되면 군주가 싸우라고 해도 싸우지 말아야 한다. 나아가되 명예를 구하지 않고 후퇴하더라도 죄를 피하려 하지 않는다. 이것이 위대한 장군의 정신이고, 이런 장군이 나라의 보배다.

언론과 공포

—

1944년 6월 6일 프랑스 북부 해안 노르망디에 연합군의 대규모 부대가 상륙하면서 독일 본토에 대한 위협이 커지자 6월 13일, 독일은 영불 해협 쪽 비밀기지 54개의 발사대에서 500여 발의 미사일을 준비하였으나 열 발만 발사에 성공하였다. 그중에서 다섯 발은 영국까지 날아갔고, 한 발이 런던 시가지에 명중했다.

파괴력만큼 시민들에게 큰 충격을 주었다. BBC 방송을 비롯한 각 언론이 사건의 전모를 추적 보도하면서 독일을 비난하고 폭발 현장의 위치 사진을 포함하여 위력 등을 생생하게 보도했다. 독일은 이 보도를 보고 미사일 탄도를 수정했다.

이틀 후, 엄청난 불행이 런던을 덮쳤다. 영국 방송에서 중계해 준 미사일의 탄착 현황으로 독일군이 탄도를 수정해서 발사했는데 140여 발이 영국으로 날아가 73발이 런던 시내에 명중하였다.

런던은 아비규환 속에서 도시의 절반이 잿더미로 변했다. 영국 BBC 방송은 조국과 국민들에게 씻을 수 없는 실수를 했다. 언론 본연의 의무인 정확한 보도도 중요하지만 그 보도가 적에게 이용되고 이익이 되는 결과를 가져오는 것은 조심해야 한다.

여론은 국가 권력의 중심이 되었다. 자유 진영의 나라들이 두려

위하는 것은 적국보다도 자국 내 여론이다. 미국은 자유롭게 취재하도록 법이 보장하고 있다. 지금의 여론은 TV가 만든다. 베트남전 이전에는 라디오가 전달했다. 그러나 TV는 생생한 현장을 안방으로 전달한다. 적보다 무서운 여론이 여기서 형성된다.

전쟁 자체가 살생이고 파괴다. 전투 현장은 비참하고 끔찍하다. 네이팜탄의 불길을 뒤집어쓴 어린 소녀의 모습이 온 가족이 저녁 식사를 하고 거실에 앉아 담소하는 시간에 TV 뉴스로 방영되었다. 많은 국민이 같은 시간에 이런 잔인한 모습을 보면 어떻게 될까? 할아버지 할머니는 자기 손녀가 울부짖는 것으로 착각하게 된다. TV는 진실을 알린다고 하면서 국민들이 혐오감을 느끼게 한다. 이것이 반전으로 발전하고 결과적으로는 적에게 이적 행위를 한 결과를 가져왔다.

미국의 베트남전쟁이 부도덕한 전쟁, 해서는 안 되는 전쟁으로 평가받는 데 TV가 앞장선 셈이다. 라디오 시절에는 전혀 예측할 수 없었던 현장 모습들이 생생하게 보도되어 TV가 힘의 중심이 되어 버렸다. 국민의 여론을 좌지우지했다.

베트남전이 한창일 때 미국의 일부 대학교수, 주교, 목사, 수녀 등의 종교인과 지식인, 입대를 기피한 일부 학생들의 베트남전을 종식시키자는 호소문인 〈목사의 편지〉가 TV를 통해 전국에 방영되자 힘의 중심이 된 여론이 점차 반전 분위기로 바뀌면서 서둘러 베트남전을 종식시키는 결과를 가져왔다.

어떤 리더십

—

6·25 전쟁 때, 1951년 5월 한국군 제3군단(3, 9사단)은 강원도 현리에서 유일한 철수로인 오미재 고개에서 중공군에게 포위당했다. 제3군단은 도로가 차단을 당하자 차량과 포 등을 도로에 버리고 방대산으로 올라갔다. 이 철수는 작전이라고 할 수 없는 무질서한 패주였다.

소대장과 중대장은 기껏해야 병사 10~20명 정도를 장악했고, 나머지는 공황 상태에 빠져 병사들은 생존을 위해 이리저리 몰려 패주했다. 모두가 굶었고 탈진했다. 독초를 먹어 고통을 호소했고 산나물이라도 먹은 사람은 그래도 버틸 수가 있었다.

한 대대장이 이끄는 20여 명의 대열이 산속 외딴 초가에 도달했을 때, 암수 닭 두 마리가 보였다. 병사들이 닭을 잡아다가 부엌에서 푹 삶았다. 대대장한테 닭을 가져왔으나 대대장은 굶주린 부하들 생각에 먹을 수가 없었다. 삶은 닭 냄새가 식욕을 자극했지만 그는 참았다. 20여 명의 부하들이 맛있게 먹었다. 그가 부하들을 이끌고 표고 1,150미터나 되는 을수재 가파른 큰 고지를 넘어 하진부리를 향했을 때, 체력이 한계에 도달한 많은 다른 병사들은 배낭, 철모 등 장비를 다 버리고 걸었다.

총만 들고 걷는가 하면 길옆에 주저앉아 일어나지도 못했다. 거품을 내뿜다가 낙오하기도 하고 탈진하여 죽기도 하고 중공군에게 포로가 되어 북으로 끌려가기도 했다. 처참한 상황이었다.

그런데 삶은 닭을 먹은 그 부대원들은 한 사람도 낙오하거나 장비를 버리지 않고 다른 무리에 휩싸이지도 않고 무사히 포위망을 뚫고 하진부리에 도달했다. 《군주론》에서는 '자신을 배불리 먹게 해준 상관과는 끝까지 함께 한다'라고 했다. 순수한 한 군인의 지도력에서 많은 것을 배운다.

배운 자와 가진 자의 책임

—

소위 말하는 '노블레스 오블리주'이다. 무한 경쟁 시대에 필연적으로 따라오는 문제가 바로 '양극화' 현상이다. 국민소득이 높아질수록 격차는 점점 더 벌어진다. 보도에 의하면 상위 20퍼센트와 하위 20퍼센트의 소득 격차가 열 배에 달한다고 한다.

어떤 조사에서는 상위 5퍼센트와 하위 5퍼센트의 소득 격차가 백 배가 넘는다고 한다. 능력에 따라 산다고 하지만 그 차이에서는 필연적으로 불만 계층이 생겨나고 사회 기강이 문란해지고 각종 복잡한 사회문제가 발생한다. 이런 때일수록 모든 분야의 사회 지도층들이 지켜야 할 룰을 잘 지키고 자기 책임을 다하고 어려운 사람을 배려해야 한다.

프랑스의 왕위 계승 문제로 영국과 프랑스는 100년(1337~1453년)간 전쟁을 했다. 프랑스의 잔 다르크가 이때 등장한다. 1347년 프랑스 칼레 시민의 완강한 저항으로 11개월이나 영국이 고전했다. 결국 칼레시가 항복을 했는데 이때 영국 왕은 시민을 몰살하려고 하였다.

칼레시의 항복 사절단이 영국 왕 에드워드 3세에게 자비를 간청하자 왕은 반항한 책임을 물어 시민 중 6명을 밧줄에 목을 매어 칼레 전체 시민의 죽음에 대신하라고 명했다.

서로 눈치를 보며 불안에 떨고 있을 때 '생 피에르'를 비롯하여 시장, 법률가 등 명망 높은 7인이 용감하게 나섰다. 그들은 사형장에 먼저 도착한 사람이 죽음을 택하는 것으로 결정하였다. 그런데 그중 한 명이 자신이 늦게 나가 죽음을 택하지 못할 것 같아 전날 밤에 자살했다.

이 이야기를 전해 들은 임신 중이던 영국의 왕비가 자신의 태아에 나쁜 영향을 미칠 것 같다고 구명을 간청하여 에드워드 3세가 마음을 바꿔 6인의 교수형을 철회하였다.

1884년 칼레시는 조각가 프랑수아 오귀스트 르네 로댕에게 조각상을 의뢰했고 10년간 심혈을 기울여 1895년 청동으로 된 '칼레의 시민' 조각상이 완성되었다. 그 후 이 조각상은 복제되어 12개국에 보내졌고 그중 하나가 우리나라 삼성 본관 옆 '로댕의 거리'에 전시되어 있다.

배운 자와 가진 자의 모범이 있어야 선진국이 된다. 어느 나라든 착한 부자와 나쁜 부자가 있게 마련이다. 반드시 착한 부자가 많고 나쁜 부자가 적어야 한다.

○《CEO 조병오의 바쁜세상 숨고르기》(조병오, 리토피아)

영국의 몽고메리 원수

—

   영국의 처칠 수상이 북아프리카에서 독일의 로멜군과 싸울 영국군 사령관을 선발할 때 많은 사람이 추천되었다. 처칠 수상은 사교계에서 가장 인기가 없고 깡마른 고집쟁이로, 오로지 로멜과 싸워 이길 궁리만 하는 몽고메리 장군을 발견하고 그를 사령관에 임명했다.

   몽고메리 장군은 하루 종일 북아프리카 사막 지도를 놓고 육군대학에서 로멜과 싸우는 전술 토의만 했다. 귀족들과의 만남인 사교계에 좋은 대인관계가 있어야 행운을 잡을 기회가 있는데 그는 사교계를 드나들지 않고 오직 독일군 사막의 여우 로멜과 싸워 이길 궁리만 했다. 후세 사람들은 처칠의 이 선택이 영국에게는 행운이었다고 말한다.

   사교계에서 인기 높은 미남이며 골프가이자 승마 챔피언에 춤에 명수인 장군 한 사람이 정계 유력 인사들에 의해 군단장에 강력히 추천되었다.

   처칠 수상은 그가 언제 병서를 읽었겠냐며, 사막에서는 전차를 타는데 말을 타는 승마 챔피언은 전차를 모른다고 생각했다. 또 사교계와 전쟁터는 정반대의 상황으로, 여자의 치마폭과 향수를 찾는 남자는 전쟁터와 맞지 않는다고 생각했다. 결국 "이런 군인에게 영국의 젊은이 생명을 맡길 수 없다"라고 하면서 그를 선택하지 않았다.

처칠 수상은 1915년 2월 해군장관 시절에 튀르키예의 다르다넬스(Dardanelles) 해협에서 상륙작전을 하다가 2만 5천 명의 전 사상자를 내고 실패하였다. 이 실패의 책임을 지고 해군 장관을 사임하고 육군 중령의 계급장을 달고 대대장 여단장으로 유럽의 전투에 참전하였다.

이때 전투 경험으로 전장을 알게 되었고 이것이 제2차 세계대전을 승리로 이끈 원동력이 되었다. 실패에서 배울 것이 많다.

몽고메리 장군은 적임자를 찾는 일을 최우선 과제로 삼았다. 일과의 3분의 1을 영국군에서 싸울 만한 장교를 찾는 데 시간을 보냈다. 그는 전쟁 중에 다음과 같이 강조했다.

"사소한 것에 몰두하다가 기운이 탈진하여 죽은 사람이 여기 누워 있다. 서류 뭉치를 읽는 데 몰두하느라 생각하는 시간을 갖지 못했다. 사소한 것에 몰두하면 중요한 일을 놓친다. 지휘관의 첫째 과제는 사소한 것에 몰두하지 말아야 한다."

반면에 독일의 로멜 장군은 아침 일찍부터 밤늦게까지 전 전선을 누비며 말단의 하사관과 위관장교들을 찾아가 싸우는 방법을 가르쳤고 이후 사막의 기후와 일교차 그리고 피로와 스트레스에 지병이 악화되어 치료차 오스트리아로 떠났다.

이 틈을 이용하여 몽고메리 원수가 독일군을 공격하여 엘 아라마인(El Alamein) 전투에서 독일군을 격파하였다. 사령관이 없는 전선의 장병들은 갈피를 못 잡고 자신감이 없었다. 뒤늦게 이 소식을 듣고 로멜이 달려왔을 때는 이미 늦었다.

설상가상으로 로멜을 대신하여 작전 지휘를 맡았던 부사령관 쉬메튼 장군도 영국군이 공격을 개시한 다음 날 피로에 지쳐 심장마비로 급사하고 말았다.

지휘관이 없는 전선은 순식간에 무너졌다. 윗사람이 모든 일을 하는 것은 결국 하나도 제대로 못 한다는 것을 의미한다. 적재적소에 필요한 사람을 찾아야 한다.

내가 아니면 안 된다는 생각은 무척 위험하다. 내가 없더라도 대신할 수 있는 체제를 늘 준비해야 한다.

미국의 유명한 침례교 목사인 제리 폴웰(Jerry Falwell)은 메나헴 베긴(Menachem Begin) 전 이스라엘 수상과 친분이 아주 두터웠다. 어느 날 두 사람이 개인적으로 만나 담소를 나누고 있었다. 그때 폴웰 목사가 베긴 수상에게 물었다.

"이스라엘이 중동전에서 매번 아랍 측을 상대로 싸워 이기는 비결이 무엇입니까?"

베긴 수상은 잠시 생각하더니 참으로 의미 있는 말을 했다.

"그것은 우리 이스라엘 군대의 용기, 특히 전선에서 적과 싸우는 지휘관의 용기 덕분입니다. 이스라엘군의 모든 지휘관은 전선에서 절대로 해서는 안 되는 말이 있습니다. 그것은 '전진'이라는 말입니다. 그 대신 '나를 따르라'라고 말합니다. 그것이 승리의 비결입니다."

○《몽고메리의 자서전》

나폴레옹과 부하들의 신뢰

—

　유럽 전역을 치열한 전쟁 속으로 몰아넣은 나폴레옹은 연전연 승하면서 부하들로부터는 '나폴레옹은 승리만 있다'는 깊은 신뢰 를 얻었다.

　1814년 3월 30일, 나폴레옹이 파리에 없는 사이에 진격한 독일 블뤼허 군대에 의해 파리가 점령당하자 나폴레옹은 파리 탈환을 포기하고 4월 11일 루이 18세에게 황제의 자리를 물려주고 2주 후 에 엘바섬으로 귀양 갔다. 엘바섬에 유배된 나폴레옹은 죄수 생 활이 아니라 엘바섬의 모든 것을 직접 경영하는 작은 왕국을 이루 었다.

　즉위한 루이 18세가 무능하고 국제 정세에는 문외한이어서 프 랑스가 더 큰 위기에 처하게 되자 영국군 감시가 허술한 틈을 이 용하여 나폴레옹은 1815년 2월 26일 심복 부하 천여 명과 함께 엘 바섬을 탈출하여 파리를 향하여 진군했다.

　이 소식을 들은 루이 18세는 군대를 보내 그를 진압하려 했으나 군대는 나폴레옹을 자기들의 사령관이라고 생각하여 나폴레옹에 합세했다. 나폴레옹을 체포하여 오겠다고 약속한 네 장군도 지난 날의 신뢰를 잃지 않고 나폴레옹에게 합세해 버리고 말았다.

이때 네 장군과 그의 병사들은 나폴레옹을 보자 외쳤다.

"황제 만세(Vive L'empereur!)"

나폴레옹은 3월 20일 파리에 입성하여 40만의 대병력을 집결해서 다시 한번 동맹국과 싸울 기회를 만들었다. 그러나 나폴레옹은 1815년 6월 18일 워털루 전투에서 영국의 웰링턴 장군에게 패하여 1815년 10월 세인트헬레나섬으로 유배되어 그곳에서 1821년 5월 5일 사망했다.

○ 《도해 세계전사》(노병천, 연경문화사)

흥선대원군 뺨을 때린 이장렴

—

12세에 조선 왕조 26대 왕이 된 고종의 아버지 흥선대원군 이하응은 젊었을 적 시장 바닥의 술집을 기웃거리는 건달로 지냈다.

어느 날 기생집에서 추태를 부리던 이하응에게 금군별장(종2품 무관) 장렴이 '왕족의 품위와 체통을 지키라'며 뺨을 후려갈겼다. 세월이 흘러 이하응이 흥선대원군이 되어 나이 어린 고종을 대신해서 섭정할 때, 대원군은 이장렴을 운현궁으로 불렀다.

"자네는 이 자리에서도 내 뺨을 때리겠는가?"

"대감께서 지금도 왕족의 체통을 지키지 못하신다면 이 손을 억제하지 못합니다."

그 말을 들은 대원군은 호탕하게 웃으며 "내가 오늘 좋은 인재를 얻었다"라면서 이장렴을 금위대장에 임명했다.

죽음을 각오하고 소신 있게 직언하는 관리와 아랫사람의 충정과 인품을 알아볼 줄 아는 지혜로운 윗사람이 있었기에 나라를 빼앗기는 치욕의 역사 속에서도 면면히 500년의 조선 왕조를 이어 올 수 있었다.

우리는 이처럼 품격 있는 지도자, 품위를 갖춘 지도자를 기다린다.

황희 정승과 더불어 당대의 청백리로 좌의정까지 오른 맹사성(孟思誠)은 젊었을 때는 능력과 자만으로 가득 찼었다. 파주 군수로 봉직할 때, 그 지역의 고승을 찾아가 "살면서 최고로 삼을 덕목이 무엇입니까?"라고 물었다.

"그건 아주 간단합니다. 나쁜 일을 하지 않고 좋은 일만 하면 됩니다."

고승이 이렇게 답하자 맹사성이 화를 버럭 내며 "그건 삼척동자도 아는데 그걸 말이라고 하나요?"라고 거만하게 말하며 자리에서 일어나려 했다.

고승이 차 한잔을 권하자 맹사성은 못 이기는 척하고 앉았다. 고승은 계속 찻잔에 찻물을 부었다. 맹사성이 "물이 넘칩니다"라고 말하자 고승은 주전자를 내려놓으며 이렇게 말했다.

"찻물이 흘러넘치는 것은 알고 지식이 넘쳐서 인품을 망치는 것은 왜 모르는가?"

그 말에 당황한 맹사성이 황급히 일어나 나가다가 머리를 문에 쾅 하고 부딪쳤다.

그 모습을 본 고승은 다음과 같이 말했다.

"고개를 숙이면 부딪치는 일이 없다."

이에 크게 깨달은 맹사성은 그 후 누구에게나 거만하지 않고 겸손했다.

○〈김익명 박사의 글〉

6·25 전쟁의 기적 세 가지

—

첫 번째 기적: 서울과 대한민국 남로당의 자수

나는 경기도 포천에서 6·25 전쟁을 겪었다. 초등학교 3학년 때다. 이발소에서 머리 감아주던 청년, 파출소에서 심부름 하던 소사, 구장 댁 머슴 내외 등 이 네 사람이 빨간 완장을 차고 인민재판으로 동네 어른을 잡아 두들겨 패고 죽이던 기억이 있다.

대학에 들어와 마오쩌둥 강의를 들으면서 계급이 없고 못 배우고 가난한 사람이 동네의 배운 사람과 잘 사는 사람들을 잡아 죽이는 것이 계급투쟁이라는 것을 알았다.

1949년과 1950년에 김일성과 박헌영이 소련에 가서 대한민국을 무력 침공하는 허락을 받고 무기를 얻으려고 스탈린을 만났다.

"부산까지 점령하는 데는 일주일이면 충분하다. 서울을 점령하면 50만의 남로당원들이 폭동을 일으켜서 쉽게 통일할 수 있다."

김일성과 박헌영은 자신 있게 말했다. 그런데 봉기가 일어나지 않았다.

1950년 6월 25일 새벽 4시에 공격을 하여 28일 서울을 점령하고 이틀을 기다렸으나 봉기가 일어나지 않아 30일 서빙고 쪽으로 도하를 시도했으나 실패했다. 그리고 7월 3일까지 일주일간 국군이 한강 방어선을 지켰고 UN군이 파견되어, 낙동강 방어선을 준비하는 시간을 벌었다. 김일성, 박헌영은 봉기를 기다렸으나 일어나지 않았다.

훗날 허위 첩보를 제공한 박헌영은 미국의 간첩이란 죄명을 뒤집어쓰고 처형당했다.

남로당 서울시당 위원장으로 홍민표라는 사람이 있었다. 그는 북으로 도망간 박헌영의 뒤를 이어 남로당 총책이 되었고, 1949년 4월 홍민표에게 박헌영이 2천만 원을 주며, 이 돈으로 수류탄 1만 개를 준비해서 서울시 6만 당원이 폭동을 일으키고 그해 9월 20일에 인민공화국 건설을 시도하라는 지령을 내렸다.

홍민표는 이 계획이 승산 없음을 알고 고민하다가 결국 자수했다. 자수한 후 서울시 당 소속 핵심 간부들을 설득하여 16명의 핵심 간부들을 전향하게 만들었다.

홍민표의 건의를 받아들인 이승만 정부는 전국에 있는 남로당 당원들에게 자수할 기회를 주었다. 자수를 한 남로당 당원들은 파격적으로 용서했다. 6·25 전쟁 발발 전에 무려 33만 명이 넘는 남로당 당원들이 자수했다.

남한의 남로당원은 북으로 보고할 때 자기 자랑을 하려고 수를 부풀렸다. 50만이라는 숫자를 북에 보고했다. 33만이 넘는 남로당원이 자수를 했으니 남한의 공산당 활동은 이미 6·25 전쟁 직전에 다 무너진 것이다. 하늘이 도왔다.

두 번째 기적: 인천상륙작전

1950년 새벽 4시에 12만의 북한군이 남침을 했다. 게다가 미군은 1949년 6월에 한국에서 모두 철수했다. 북한군은 소련제 탱크 244대를 앞세워 침공했고, 낙동강까지 밀리던 UN군은 1950년 9월 15일 인천상륙작전으로 전세를 뒤집으며 북진했다.

인천은 전략적인 측면에서 장점도 있으나 지형적으로 난점이 많았다. 9월 중 상륙 가능한 시기는 5일부터 18일까지였으며, 이 시기를 놓치면 10월이나 11월이 되어야 가능했다. 조석 간만의 차가 평균 7미터, 최고 10.8미터(상륙일 10.3미터)이고 하루 2회, 만조 때만 상륙이 가능했고 그 시간은 한 번에 3시간이었다.

또 좁고 구불구불한 수로로 진입로가 한정되고 큰 병력 수송선이 접안할 마땅한 해안선이 없었다. 이런 이유로 미국 합참과 해군이 반대를 했으나 맥아더 장군은 상륙작전 결론을 내렸다.

"적도 그것을 안다. 인천은 비어 있다. 그래서 나는 인천으로 간다. 북한군은 병참선이 길고 모든 부대가 낙동강에 투입되어 인천을 방어하는 부대가 없다. 인천이 여러 지리적 문제 때문에 상륙이 어렵다는 것을 역이용해 인천으로 간다. 적을 분쇄할 수 있다. 우리 장병 10만 명의 생명을 구할 수 있다."

맥아더 장군은 악조건을 극복하고 인천상륙작전을 성공시켰다. 하늘이 내린 기적이다.

세 번째 기적: 흥남철수작전

1950년 12월 15~24일 사이에 진행된 흥남철수작전에 이용된 빅토리아호는 정원이 고작 60명이었다. 그 작은 배에 피난민을 태우기 위해 당시 군단장인 알몬드 장군에게 통역이던 현학봉 씨가 간청하여 선원 47명은 배에 실려 있던 무기와 짐을 바다에 전부 버리고 1만 4,005명 피난민을 태우고 흥남항구를 떠났다. 부산항에 도착했으나 수용할 수가 없어 다시 떠났고 결국 거제도 장승포항에 한 사람의 희생자도 없이 도착했으며 항해 중에 5명의 아기가 태어났다. 전 세계에 알려진 기적 중의 기적이다.

○《한국 전쟁사》(주시후·이영우, 한국학술정보)

미국이 속은 미국 대사관과 케산 기지 전투

—

미국이 베트남전에서 배운 것이 있다.

"매번 전투에서 이기는 것이 전쟁에서 이기는 것이 아니다."

월맹의 역사학자이자 저널리스트 보 구엔 지압(Vo Nguyen Giap) 장군은 중무장한 미군과 싸워서는 전투에서 승리할 수 없다고 판단했다. 대신 미국의 '힘의 중심'이 되어버린 '언론'을 공격했다.

남부 베트남 미군 사령부에 등록된 기자만 700명이 넘었다. 이들은 미군이 이겨야 한다는 사명감도 없이 그저 특종이나 흥미 거리를 찾아다녔고, 그 특종이 본국 TV와 신문에 발표되었다. 전투 현장은 잔인하고 비참하고 아비규환이며 사람이 불에 타 죽는다. 상황이 안방 TV에 그대로 전달되니 전쟁과 전투를 모르는 일반 국민들은 베트남전을 부도덕한 전쟁으로 생각하게 되었다.

미군 사령관 웨스트모아랜드(Westmoreland) 장군은 베트콩을 모조리 섬멸하면 전쟁에서 이긴다고 장담했다. 그는 군인으로서 군사적 사고로만 판단했지 정치 외교적 차원을 몰랐다. 연합군은 월남 내의 베트콩과 싸우는 데 총력을 다했다.

그러나 월맹의 호찌민과 지압 장군은 달랐다. 전쟁을 더 길고 넓게 보았다. 어차피 정면 대결로는 미군을 베트남에서 쫓아낼 수 없다는 점을 잘 알았고, 미국의 1968년 대선을 최대로 이용하기로 했다. 미국의 정치인들과 국민들에게 심리전과 선전을 통해 베트남전쟁을 지속할 의지를 꺾어버리기로 결정했다.

베트남전쟁은 역사상 처음으로 텔레비전으로 실시간 방송되었다. 저널리스트인 지압 장군은 방송의 역할이 클 것으로 믿었다. 그래서 구정 공세 때 가장 방어가 철통 같은 수도 사이공에 있는 '미국 대사관'과 베트남 최북단 국경 근처에 있는 미군 기지인 '케산(Keh Sanh) 기지'를 택해 공격했다.

미국의 언론은 이러한 볼거리를 놓치지 않았고, 마치 미국 현지에서 전투를 벌이고 있는 것 같은 착각을 하도록 생생한 현지 사진을 미국 사람들의 저녁 시간에 TV로 방영하였다.

그 결과, 반전 여론이 끓어오르고 집권당에 대한 지지율이 하락했다. 이후 3월에 있었던 민주당 전당대회에서 당시 존슨 대통령이 베트남전 반전 분위기를 적극 활용한 유진 매카시(Eugene McCarthy) 의원에게 패하는 놀라운 일이 벌어졌다. 존슨 대통령은 자신감을 잃고 차기 대통령 선거에 나가지 않겠다고 충격적인 선언까지 했다.

1968년 이후, 즉 '케산 전투'와 '구정 공세' 이후부터 베트남에서 미군 철수가 빠르게 시작되었다. 전쟁은 수동적 자세로 전환되었고 1968년 이후 하루빨리 전쟁을 끝내겠다는 쪽으로 분위기가 기울어졌다.

미군은 "전투에서 이김으로써 전쟁에서 승리하겠다"고 했지만 적장 지압 장군에게 속아 놀아난 꼴이 되었다. 구정 공세 이전에 대규모 공세를 했던 케산 전투에서 어느 날 갑자기 북 월맹군은 전부 사라졌다. 미국과 전 세계에 전투 현장의 비참한 현실을 충분히 알렸고 구정 공세를 통해 속임수 전투 임무를 끝낸 것이다.

미군은 케산 기지를 적에게 빼앗기지 않고 잘 지켜냈다고 기뻐했지만 북 월맹은 케산 기지가 충분히 미국 국민에게 선전되었고 더는 쓸모없다고 판단하여 스스로 기지를 떠났다.

기자들은 케산 전투를 지휘했던 론스 대령에게 물었다.

"보잘것없는 초라한 언덕을 지키는데 그렇게 많은 희생을 치러야 했나?"

론스 대령은 자랑스럽게 대답했다.

"적이 베트남에서 미군을 이기겠다는 생각은 부질없는 것이라고 생생하게 보여주었습니다."

야전 군인으로서 틀린 말이 아니다. 그러나 월맹의 호찌민과 지압 장군은 '케산' 공격과 '구정 공세 시 미 대사관 습격'에서 미국인과 전 세계 사람들의 여론을 움직이고자 했다. 이것이 크게 성공했다. 그때부터 베트남전은 부도덕한 전쟁이며 철수하라는 국민의 뜻이 더 강해졌다. 미국은 전투에서는 이기고 전쟁에서는 졌다. 북의 월맹은 전투에서는 지고 전쟁에서는 이겼다.

○ 《3불전략》(이병주, 가디언)

6·25 전쟁은 북침, 미국은 주적이라고 말하는 사람들에게

—

나는 초등학교 3학년 때 경기도 포천에서 6·25 전쟁을 겪었다. 당시 할아버지는 의정부에서 양주군 군수를 하였고 아버지는 금융조합 이사로, 노동자 계급이 평등 사회를 외치는 타파의 대상인 부르주아 계급이었다.

사회적으로 지위가 높고 나라에서 혜택받은 사람은 국가와 사회에 헌신, 봉사, 희생해야 하는 의무가 있다. 6·25 전쟁 때 우리나라에서는 고위층이 아들을 군으로 보내지 않으려고 모든 방법을 동원하여 군을 기피했을 때, 미국의 정치 지도자나 장군들은 그들의 아들들을 전쟁터로 보냈다.

미 8군 사령관인 워커 중장은 의정부 부근에서 교통사고로 사망하였고 미군의 현역 장성 아들 142명이 참전하여 35명이 죽거나 부상당했으며 미 8군 사령관인 밴 플리트 대장의 외아들은 전폭기 조종사로 출격 중에 전사하였다. 훗날 대통령이 된 아이젠하워 아들은 육군 소령으로 복무했고 클라크 장군의 아들은 소총중대장으로 전투 중에 중상을 입었고 미 해병 1항공 사단장 아들인 헤리스 소령은 장진호 전투에서 전사했다. 마오쩌둥의 장남 마오안잉 소령은 중공군으로 참전했다가 전사했다.

6·25 전쟁에 참여한 나라가 미국, 영국, 프랑스 등 세계 UN의 16개국이었고, 특히 제일 많은 전투 병력을 보내서 우리를 도와준 나라는 미국이었다. 미국이 없었다면 지금 한국은 공산국가가 되었을 텐데 미국을 주적이라 하는 것은 말도 안 된다.

북한군은 낙동강까지 남한을 점령한 90일 동안 반공 애국자와 저명인사 등 죄 없는 주민들까지도 그들에게 비협조적이라는 이유로 강제로 북으로 끌고 갔고, 2만 4천여 명의 치안부대를 투입하여 남한의 군·경을 포함해서 우익 인사, 지식인, 종교인 등 13만여 명을 '반동분자'로 몰아 잔혹하게 학살하는 만행을 저질렀다.

못 배우고 가난한 사람들을 사전에 포섭하여 계급투쟁에 앞장서게 해서 이들을 이용하여 지식인, 지주, 종교인, 기업인, 마을에서 명망 있는 어른들을 무자비하게 학살했다. 나는 그들이 저지르는 만행을 다 보았다. 그러니 북침이라니 기가 막힌다.

또한 북한군은 전쟁 물자 수송, 포탄 운반, 장애물 구축 작업 등에 남한 주민을 강제로 동원했고 추수기의 농작물을 수탈하고, 이른바 '의용군'이라는 이름으로 40만 명의 청년들을 강제로 징집하여 전선에 투입시켜 총알받이로 희생시켰다.

6·25 전쟁으로 당시 남북한 인구 3천만 명 중에 60퍼센트가 넘는 1,900여만 명이 참화를 입었다. 남과 북은 군인 140여만 명(한국군 62만 1천여 명, 북한군 80만 1천여 명), 민간인 250만여 명(한국 99만여 명, 북한 150여만 명), 기타 112만 명(유엔군 15만 4천여 명, 중공군

97만 2천여 명)이 피해를 입었다.

이 중 미군 피해만 보면 13만여 명(사망 3만 6,940명, 부상 9만 2,134명, 실종 포로 8,176명)이다. 그 외 전쟁미망인 30만 명, 전쟁고아 10만여 명, 이산가족 1천만 명이 발생하였다. 재산 피해로는 공공시설 84퍼센트, 가옥 60퍼세트, 공업시설 43퍼센트, 광업시설 50퍼센트가 파괴되었다. 나는 이 모든 실상을 똑똑히 보며 자랐다. 그러니 북침이라니 기가 막힌다.

나는 중공군이 참전하여 남으로 밀고 내려올 때, 소위 1·4 후퇴 시 포천에서 대구까지 걸어갔다. 고무신을 신고 그 추운 날을 견디며 걸어갔다. 중간에 열차의 연결 부분에 새끼줄로 엮어서 그 위에 앉아 가기도 했다. 중간에 하도 추워서 어느 역에 기차가 섰을 때 내려서 걸었다.

지금도 낙동강을 건널 때 찬바람이 생각나고 끝없이 이어지는 피난민 행렬이 떠오른다. 대동강의 부서진 철교를 이용해 강을 건너던 사람들은 떨어지면 죽었다. 흥남부두철수 작전 때는 서로 배를 타려고 아비규환의 상황에서 많은 가족이 헤어졌다.

6·25 전쟁은 '김일성이 한반도를 적화할 목적으로 소련과 중공의 지원을 받아 일으킨 전쟁'이다. 다른 민족과 싸운 것이 아니고 우리 민족, 우리 이웃끼리 서로 죽이고 죽이는 동족상잔의 부끄러운 전쟁이었다.

○《대한민국을 지켜라》(이성우, 황금알)

그때 그 전선의 선임하사 문 중사

—

나는 1968년 2월 파월하여 맹호부대의 소총 중대 소대장으로 보직을 받았다. 처음 지역 내 수색 정찰 임무를 받고 소대원과 회의를 할 때였다. 소대 선임하사를 포함한 대원들의 분위기가 "신임 소대장은 아무것도 모르니 서두르면 죽는다"는 식의 겁주는 듯한 느낌이었다.

첫 수색정찰을 나가기 전날 밤, '내가 이제 전투를 하는구나. 사람을 총으로 쏴야 하는구나' 하는 생각에 긴장되어 잠도 제대로 못 잤다. 사실 죽는다는 것과 부상당한다는 걱정에 겁도 났고 무서웠다.

당시 베트남전에서 소대장들에게 가장 무서운 것은 저격이었다. '땅' 총소리가 나면 십중팔구는 소대장이 쓰러진다. 다음은 무전기를 메고 있는 무전병이다. 소대원들은 첫 임무부터 소대장이 저격받지 않도록 하얀 비닐로 싼 지도는 아예 꺼내보지도 못하게 했고 무전기 안테나를 접거나 뽑아버렸다. 안테나가 표적이 되기 때문이었다.

경험 없는 소대장을 위한 것이니까 이해하고 그대로 따르라는 것이었다. 귀대 후 정찰결과를 보고해야 했던 나는 지도와 실제

지형을 대조하면서 지형 숙지를 해야 하는데 지도조차 꺼내보지 못하게 하니 참으로 난감했다.

선임하사 문 중사는 대원들 앞에서 나에게 면박을 주면서 이런 말을 수시로 했다.

"한번 이야기하면 알아듣고 잘 지켜야 합니다. 저는 제 소대장이 적탄에 맞아 죽은 시체를 치우기 싫습니다. 부상당하는 모습은 볼 수가 없습니다. 제발, 말 좀 들으세요."

어쩌다가 소대장 조가 앞장서면 지도 판독을 잘못하여 전진 방향을 잘못 잡을 때가 있었다. 그때 그는 이렇게 나를 몰아세웠다.

"고려대학교까지 나온 사람이 독도법도 모릅니까? 공부 좀 하고 나오세요."

참으로 분통 터질 일이었다. 그때 나는 너무 화가 나서 '전투가 벌어지면 혼란한 틈을 타 저 자식 죽이기는 그렇고 다리라도 쏴버려야겠다'라는 생각까지 했다.

어떤 날은 분을 참지 못해 밤에 잠을 설치기도 했다. 참새도 텃세를 한다지만 사람은 더 심하다는 생각을 했다. 베트남전의 신임 소대장 시절, 나는 어디가 어디인지도 모르고 선임하사인 문 중사 뒤만 따라다녔다. 무전 교신 역시 음어와 적당히 우리끼리 만들어 쓰는 은어가 뒤섞여서 도무지 무슨 내용을 교신하는지 알아듣기 힘들었다.

대원들은 적과 교전이 벌어지면 소대장이 지휘를 제대로 할지 걱정스러워하는 모습을 노골적으로 드러냈다. 이런 숨 막히는 분위기는 상당히 오래 갔다. 전투감각이 부족한 내가 접전이 벌어지면 마구 설쳐댈 것으로 짐작하고 겁을 주어보자는 분위기 같았다.

오락이나 별다른 즐거움이 없는 무미건조한 생활의 연속이라, 새로 온 신참내기 소대장을 골탕 먹여 쩔쩔매는 모습을 보고 즐거워하는 것 같아 나는 분통이 터질 지경이었다.

신참내기 소대장 시절에 나는 겁이 많이 났다. 산속으로 들어가면 서부 영화에서 본 인디언 같은 적이 도끼를 들고 튀어나올 것 같았고, 어디선가 나를 노려보는 놈이 내 가슴에 정조준을 하고 기다리는 것 같아 자주 섬뜩했다.

나무의 덩굴은 부비트랩 인계철선 같았고, 발을 내딛을 때마다 지뢰가 터질 것 같았다. 들판에서는 독침이나 함정이 어디 있나 두리번거렸고, 숲을 보면 그 안에 적이 총을 쏘며 튀어나올 것 같았고, 민간인을 만나면 적이 아닌가 싶어 바싹 긴장을 했다.

나는 소대원들과 친숙해지기 위해 그들의 고향 집 부모님에게 매일 몇 장씩 편지를 써서 보냈다. "잘 있다가 건강한 모습으로 귀국할 수 있도록 최선을 다하겠다"라는 내용을 써서 보냈다.

답장은 많이 왔다. 그들의 부모님이 직접 쓴 경우도 있었고 형이나 동생 또는 시집을 안 간 누나나 여동생이 호기심을 갖고 정성스럽게 보내준 편지도 많이 있었다. 전쟁터에 자식을 보낸 부모들의 마음이 하루도 편할 날이 없던 차에 자식의 소식을 직접 써서 보내주는 소대장의 편지는 고향의 부모님을 안심시키는 데 충분했고, 소대원들의 마음을 끌어안는 데 큰 도움이 되었다.

결혼을 한 대원도 있어서 선임하사인 문 중사를 포함하여 아들과 딸 그리고 어린 동생들에게 이동식 PX에서 파는 연필과 지우개, 노트 같은 간단한 학용품을 사서 보내주기도 했다.

답장이 오고 가면서 나는 소대원의 부모 형제와 따뜻한 대화를 나누었고 이러한 내 정성은 그들의 부모 형제를 통하여 다시 대원들에게로 전달되었다.

나는 26살, 선임하사관인 문 중사는 34살이니 여덟 살이나 위였다. 그에게는 파월 전 근무를 하던 강원도에 아내와 두 딸이 있었다. 나는 초등학교에 다니는 그의 딸들에게 편지를 했다. 젊은 그의 아내에게 편지를 하자니 서먹서먹하여 딸들과 편지를 주고받았고, 그때마다 나는 예쁜 볼펜, 색종이, 색색깔의 고무와 연필 등을 함께 보냈다. 나의 편지와 선물을 받은 딸들이 온 동네에 자랑을 한다는 흐뭇한 편지를 여러 번 받았다.

시간이 지나면서 대원들과도 신뢰가 쌓이고 처음 왔을 때 어리벙벙했던 티도 많이 벗었다. 작전에 나가면 선임하사관 문 중사 뒤만 따라다니던 신참내기 신세도 많이 면했다. 편지로 맺은 정성과 우정이 우리를 살려냈다.

어느 날 우리 중대는 차를 타고 마을 평정 작전에 투입되었다. 첫날은 마을의 주민과 적색분자를 분류하는 데 눈코 뜰 사이 없이 바쁘게 보냈다. 마을은 비교적 부농이었고 집집마다 부처님을 모셔놓았으며 그 앞에는 바나나 잎에 싼 찹쌀 인절미가 가득 놓여 있었다. 떡과 인절미에 입이 익숙한 대원들은 베트남 인절미를 자주 집어 먹었다.

다음 날, 내부정밀 수색작전에 들어갔다. 바나나와 야자수가 우거진 지역을 지날 때 적의 기습사격을 받았다. 연발로 '다다다 딱' 소리가 나면서 실탄이 바나나 나뭇잎을 뚫고 내 주변에 박혔다. 나를 보고 쏘는 것이었다. 오싹하는 전율을 느끼면서 우측 전방에서 전진하는 문 중사를 부르려고 무전기의 키를 잡았다. 내가 그를 호출하기도 전에 그의 목소리가 다급하게 흘러나왔다.

무전병의 무전기 키를 내가 잡고 있는 것을 모르는 그는 나를 무전병으로 생각하고 마구 소리를 질렀다.

"좌측 전방에서 적이 쏘는데 소대장 조는 더 이상 전진하지 마라. 소대장이 고개를 들지 못하게 해라. 엎드려! 엎드려! 절대로 튀어나오지 못하게 해라. 튀어나오면 죽는다. 소대장 머리를 처박아. 소대장 머리 처박지 않으면 너 나중에 죽을 줄 알아. 알았어! 이상."

그리고는 선임하사조 대원을 이끌고 적에게 접근했다. 측방 공격을 받은 적은 많은 탄피만 남겨놓고 도주해 버려 적을 잡지는 못했다.

그가 측방에서 즉각적인 조치를 하지 않았으면 적에게 노출되어 있던 우리는 많은 피해를 보았을 것이 틀림없었다. 상황이 종료되고 나는 선임하사관과 마주 앉았다. 소대장이 잘못하면 다 죽는다는 것을 내세워 내게 자주 무안을 줄 때는 내심 기분 나쁠 때가 한두 번이 아니었다. 미울 때도 있었다. 그때서야 그의 진심을 모르고 투박했던 표현을 이해하지 못한 것이 민망하기만 했다.

그는 이런 말을 했다. 적이 소대장 쪽을 향해 총을 쏘는 것을 안 순간, 고국의 딸 생각이 났다고 한다. 소대장이 다치거나 죽으면 내 자식들에게 뭐라고 할지 생각이 떠올라 자기도 모르게 무전기를 잡고 소대장이 고개를 들지 못하게 했다는 것이었다.

"제 아내와 딸들은 아비인 저보다 소대장님을 더 좋아합니다."

편지와 예쁜 연필과 색종이로 이어진 고향 딸들과의 우정이 문중사와 나를 뜨거운 전우애로 맺게 해주었다.

역경을 이겨내는 끈기와 신뢰

—

미국의 앤드루 존슨(Andrew Johnson) 부통령은 제17대 미국 대통령 후보로 출마하였다. 그는 상대편에게 맹렬한 공격을 받았다. "한 나라를 이끌 대통령이 초등학교도 나오지 못하였으니 말이 되느냐"라는 것이었다.

그는 13살에 양복점에 취직하고 17살 때 양복점을 차려서 돈을 벌었다. 그는 구두수선공의 딸과 결혼하여 부인에게서 쓰고 읽는 법을 배웠다. 공부를 열심히 하여 다방면에 교양을 쌓고 정치에 뛰어들어 테네시 주지사, 상원의원이 되었다.

그는 상대의 공격을 "여러분, 저는 지금까지 살면서 우리가 믿고 존경하는 예수 그리스도가 초등학교를 다녔다는 이야기를 들어본 적이 없습니다. 나라를 이끄는 힘은 학력이 아니라 긍정적인 의지의 힘입니다"라는 대답으로 상황을 뒤집고 당선되었다.

어려운 상황을 피하지 말고 정면으로 돌파하면 다 길이 있다. 그는 재임 시 알래스카를 소련으로부터 720만 달러에 사들였다. 지금은 그 땅이 미국의 보물이다.

관련해서 현대 정주영 회장의 저서에 나오는 일화를 소개한다. 작업장에서 근로자들이 데모를 심하게 했는데, 그 당시 회사 돈이 다 들어 있는 금고가 데모하는 사람들에게 넘어가면 큰 어려움이 닥칠 상황이었다. 그때 이명박 현지 책임자가 금고를 끌어안고 '나를 죽이기 전에는 금고를 못 가져간다'라고 했다. 이런 책임자의 정신이 회사를 지킨 결과를 가져왔다.

그는 또한 공사 현장에서 많은 중장비가 고장 나서 서 있는 것을 보고 그 장비의 정비 교범을 미 8군에서 구해다가 사전을 옆에 놓고 번역을 하면서 연구를 하여 고장 난 장비를 모두 고쳐서 사용했다. 정주영 회장은 그런 이명박을 선택할 수밖에 없었다.

○ 〈윤여웅 군의 글〉

배려와 포용

—

배려와 포용이라는 말은 다른 사람에게 관심을 가지고 도와주 거나 보살펴 주는 것을 의미한다. 내가 초등학교에 다닐 때 도시락을 못 가지고 오는 학생이 더러 있었다. 담임 선생님은 하루 전날 몇몇 학생을 지정하여 도시락을 싸오지 못한 학생과 같이 먹도록 했다. 내가 지정되는 날에는 미리 어머니에게 말씀드리고 큰 그릇에 밥을 많이 싸서 가지고 갔다.

1950년대 6·25 전쟁이 터지던 시절 한국 사람들은 참 가난하게 살았다. 가난했지만 이웃과 친구를 챙기는 아름다운 인정이 있었다. 배려와 포용이다.

한 마을에 두 집이 이웃으로 살고 있었는데, 한 집은 양과 염소를 키우고, 한 집은 사냥꾼으로 무서운 개를 사육했다. 개가 울타리를 넘어 종종 양이나 염소를 공격하여 물어 죽였다. 이를 막기 위해 양과 염소 주인은 사냥꾼에게 개들을 울타리에 가두어달라고 여러 번 요구했으나 허탕이었다.

며칠 후 다시 사냥개가 울타리를 넘어와 염소를 물어 죽였다. 화가 난 염소 주인은 마을의 치안 판사에게 찾아가 하소연했다. 자초지종을 다 들은 치안 판사는 '사냥꾼을 처벌할 수도 있고, 개를 가두도록 명령할 수도 있다'고 설명했다. 잠시 생각에 잠긴 치안 판사는 염소 주인에게 물었다.

"하지만 당신은 이웃을 잃고 적을 한 사람 얻게 될 겁니다. 적과 이웃하고 싶은가요? 아니면 이웃과 친구가 되고 싶은가요?"

염소 주인은 "당연히 이웃과 친구가 되고 싶다"라고 말했다. 이에 판사는 "잘 생각했습니다. 한 가지 방법을 알려드리리다. 좋은 이웃을 만나고 친구가 될 것입니다"라고 답했다.

염소 주인은 판사가 알려준 대로 실천에 옮겼다. 사랑스러운 새끼 염소 세 마리를 골라 사냥꾼 집에 찾아가 그의 아들 셋에게 한 마리씩 선물로 주었다. 아이들은 엄청 좋아했다. 학교에서 돌아오면 새끼 염소와 같이 재미있게 놀았다. 아버지 사냥꾼도 세 아들이 좋아하는 모습을 보자 무척이나 행복했다.

사냥꾼 아버지는 묶어놓은 개가 풀어져서 염소를 물어 죽일까 걱정이 되어 개를 우리 속에 가두었다. 그제야 염소 주인은 안심했다. 사냥꾼은 염소 주인의 친절에 감사해하고 사냥해 온 것을 나누어 먹었다. 염소 주인은 사냥꾼에게 염소 우유와 치즈를 나누어 주었다. 둘은 좋은 이웃이자 친구가 되었다.

먼저 손을 내미는 사람이 되자. 먼저 마음을 여는 사람이 되자. 이제 우리도 패거리로 갈라져 헐뜯는 것을 그만두자.

1965년, 이런 때가 있었다

—

나는 1965년 2월 소위로 임관하여 소정의 교육을 마치고 강원도 적근산을 넘어 GOP 소대장으로 갔다. 소대원 40명 중에 12명이 소위 말하는 낫 놓고 'ㄱ' 자도 모르는 병사였다. 그들을 위해 후방에서 친구들이 노트를 보내주고, 한글을 가르쳤다. 그때는 그런 시절이었다.

병사 중에는 자기 M1 소총의 '정조준과 조준선 정렬'을 알아듣지 못하고, 한글을 쓰지도 읽지도 못하고, 자기 군번도 외우지 못하고, 편지 쓸 때는 소대장이나 분대장이 대필을 해주는 사람도 있었다.

유통업을 하는 사람 이철우 자서전《이담가화(怡覃家話)》에는 주목할 만한 내용이 나온다.

김 상병이 휴가를 갔는데 귀대일 날짜에 부대로 돌아올지 걱정이 되었다. 마침 김 상병과 가까운 곳에 사는 휴가병이 있어서 그에게 갈 때 잘 데리고 같이 가고, 올 때도 잘 챙기라는 부탁을 하고 휴가를 보냈다.

그런데 귀대 당일 밤 10시가 되어도 김 상병이 귀대를 하지 않았다. 그날 일직사관이던 나는 12시를 넘기면 연대에 보고하고 김

상병을 무단 이탈로 영창을 보내야 하는 일을 생각하면서 초조한 마음으로 무사 귀대를 기다렸다.

휴가를 갔던 다른 병사들은 다 귀대를 했는데, 김 상병은 12시가 넘어도 소식이 없었다. 바로 그때 전화벨이 울렸다. 혹시 하는 마음으로 전화기를 드니 인접 15연대 일직사관이라고 하면서 "혹시 미도착 병사는 없습니까?"라고 묻는 것이 아닌가. 그리고 "여기에 김 아무개 상병이 있는데 12연대 소속이 아닙니까?" 하고 물었다. 얼마나 반가운지 고맙다는 말만 했다. 15연대에서는 지금 너무 늦은 시간이니 내일 부식 차편으로 보내주겠다고 했다.

다음 날 아침에 부식 차편으로 김 상병이 왔는데 반갑기도 하고 밤새도록 마음 졸인 생각을 하니 한 대 쥐어박고도 싶었다. 자초지종은 이랬다.

김 상병은 신탄진역까지는 잘 왔는데 기차에서 내린 후 1사단 마크를 단 병사를 따라가면 되겠다 싶어서 따라가서 차를 탔다고 한다. 김 상병은 부대 마크가 같으면 다 우리 부대인 줄 알았던 것이다.

김 상병은 직무능력과 사회 적응력이 부족한 사람이었다. 알아보니 김 상병은 물론 그의 할아버지와 아버지도 학교 근처에도 가보지 못한 채로 대대로 머슴살이를 한 집안이었다.

○《이담가화》(이철우, 끌리는책)

마키아벨리의 리더십

—

마키아벨리는 르네상스 시대의 이탈리아 사람으로, 난세에 군주의 리더십을 논한 《군주론》의 저자이다. 마키아벨리의 리더십 여섯 가지는 다음과 같다.

① 경멸받지 않는 리더가 되라. 국가든 기업이든 아랫사람들의 경멸이 아닌 존경을 받아야 한다.

② 바다가 고요할 때 폭풍을 대비하라. 리더에게는 위기에 대비해야 할 의무와 책임이 있다.

③ 수시로 변하는 사람의 마음을 경계하라. 평안할 때를 기준으로 사람을 믿어서는 안 된다. 매사가 험악해지는 난세에 리더의 진면목이 나타난다.

④ 지나간 성공은 잊고 항상 새로운 성공을 훈련하라. 새로운 시대적 조건에 맞는 새로운 성공을 쟁취하는 것이 리더의 임무이자 역할이다.

⑤ 아랫사람의 충성을 확보하려면 먼저 대우하라. 누구도 자신과 가족을 배불리 먹이고 명예를 안겨준 주군을 배신하기 어렵다.

⑥ 다양한 조언을 듣고 신중하게 선택하라. 조언을 선택해서 들을 수 있는 능력은 저절로 생기는 것이 아니다. 자신의 자질을 높이기 위한 공부를 게을리해서는 안 된다.

마키에벨리가 했던 말 중에서 다음의 말을 주목해야 한다.
• 군주는 여우와 사자를 겸비해야 한다.
• 시간은 이익과 해악을 가리지 않고 모든 것을 한꺼번에 몰고 온다.
• 누구나 다 두 눈을 가지고 있지만 통찰력을 가진 사람은 드물다.
• 인간은 운명에 몸을 맡길 수는 있지만 항거할 수는 없다.
• 직함이 인간을 높이는 것이 아니라 인간이 직함을 빛나게 한다.

이미 지(智)에서 지적했듯이, 유방이 140여 개의 제후국이 난립한 중국을 통일하고 황제가 될 수 있었던 것은 장량과 소하, 한신 등 빼어난 인재를 적재적소에 활용하고 신하가 자기 스스로 존중받고 있다고 느끼도록 평소 남을 배려했기 때문이다. 그는 부하의 말을 경청했다. 부하가 자기 말을 듣고 자기를 존중한다는 느낌을 받으면 목숨을 바쳐 충성한다. 이것이 천하를 얻은 비결이다.

○《국방일보》

제3장

인(仁)이란

무엇인가

사람과 사람 사이의 대원칙

—

사람은 누구나 남에게 인정받고 싶어 한다. 이 인정에 대한 욕구가 충족되지 못하면 자신감을 잃기도 하고 다른 사람에 대한 혐오감이 증폭되고, 병적인 대인기피증이 발생하기도 하고, 과대망상증 및 과소망상증 등 정신적 장애로 발전할 수도 있다. 부하를 거느린 윗사람은 부하들로부터 인정받지 못하는 스트레스에 쌓이는 것을 각별히 조심해야 한다.

"내가 남에게 대접받고 싶은 만큼 남을 대접하라."라는 황금률이 있다.

일본의 전국시대, 천황의 권위가 떨어지고 각 지방의 영주들과 사무라이들이 지배자가 되었던 시대에 도요토미 히데요시 파의 상장이었던 이시다 미츠나리(石田三成) 장군이 1600년 도쿠가와 이에야스와 패권을 다투는 세키가하라 전투에서 자기편의 배신으로 패전하고 개탄하면서 한 말이 있다.

"내가 믿고 있던 사람은 나를 도와주었지만, 마음속으로 업신여겼던 사람은 모조리 나를 배신했다."

부하의 마음이 남아 있으면 똘똘 뭉쳐 잘 싸우고 마음이 떠나면 이길 수 없다. 부하의 마음이 전투력으로 승화되어야 이긴다.

카네기 어머니와 가구점 주인

—

장대비가 퍼붓던 어느 날, 미국 필라델피아의 한 가구점 앞에서 할머니 한 분이 서성거리고 있었다. 가구점 주인이 할머니에게 물었다.

"할머니, 가구를 사러 오셨습니까?"

그러자 할머니는 이렇게 대답했다.

"아닙니다. 비가 와서 밖으로 나갈 수도 없어서 집에서 차가 올 때까지 시간을 보내려고 이리저리 둘러보고 있는 중입니다."

주인은 부드럽게 웃으며 "그러시군요. 그럼 차가 올 때까지 안으로 들어와 계십시오. 커피도 있고 안락의자도 있습니다"라고 말했다.

가구점 주인은 영업과 아무 관계가 없는 노인에게 따뜻한 대접을 해주었다. 얼마 후, 가구점 주인에게 한 통의 편지가 배달되었다. 그 편지는 강철왕 앤드루 카네기(Andrew Carnegie)의 편지로, 카네기의 회사에서 수만 달러 상당의 가구를 구입하려고 하는데, 카네기의 어머니가 그 가구점을 추천했다는 내용이었다.

가구점 주인이 환대해 준 그 할머니가 바로 카네기의 어머니였다. 내가 남에게 주어야, 남도 나에게 준다. 내가 남에게 아무것

도 베풀지 않으면, 남도 나에게 아무것도 베풀지 않는다. 평범한
진리다.

나폴레옹과 사과

—

프랑스 소년사관학교 앞에 있는 사과 가게에서 사과를 사 먹는 학생들이 있었다. 생도들과 함께 휴식을 취하러 나온 생도 중에는 따로 떨어져 혼자 서 있는 학생이 있었다. 가게 주인 아주머니는 그 학생이 돈이 없어서 사과를 못 사 먹는 것을 알고 볼 때마다 불러서 사과 하나씩을 주었다. 그 뒤 30년이라는 긴 세월이 흘렀다.

사과 가게 여주인은 그사이에 허리가 구부러진 할머니가 되어 그 자리에서 여전히 사과를 팔고 있었다. 어느 날 고급장교 한 사람이 그 가게를 찾아왔다.

"할머니, 사과 한 개만 주세요."

장교는 사과를 맛있게 먹으면서 말했다.

"할머니, 이 사과 맛이 참 좋습니다."

할머니는 빙그레 웃으며 그 장교에게 앉으라고 권했다.

"군인 양반, 자랑 같지만 나폴레옹 황제께서도 사관학교 시절에 이 가게에서 가끔 사과를 사서 맛있게 드셨지요. 벌써 30년이나 지난 이야기지만……."

"제가 듣기로는, 그때 가난했던 그 학생은 늘 할머니께서 사과를 그냥 주어서 맛있게 먹었다고 하던데요."

이 말을 들은 할머니는 펄쩍 뛰면서 말했다.

"아닙니다. 그건 군인 양반이 잘못 들은 거예요. 그때 그 학생은 돈을 내고 사 먹었어요. 한 번도 그냥 얻어먹은 경우는 없답니다."

할머니는 나폴레옹 황제가 소년 시절에 있었던 어려웠던 일들이 사람들 입에 오르내리는 것이 싫은 듯 이렇게 극구 부인했다. 그러자 장교는 다시 물었다.

"할머니는 지금도 황제의 소년 시절을 기억하고 계십니까?"

할머니는 조용히 고개를 옆으로 저으면서 먼 하늘을 바라보았다. 가난했던 그 학생에게 동정을 베풀었던 옛날의 추억을 더듬는 듯했다. 그런데 이때 이 장교는 갑자기 먹던 사과를 의자에 놓고 일어나 할머니 손을 두 손으로 꽉 잡으며 말했다.

"할머니 제가 바로 나폴레옹입니다."

"예, 당신이 나폴레옹이라구요!"

"할머니, 이것은 저의 얼굴이 새겨진 금화입니다. 이 돈을 쓰실 때마다 저를 생각해 주십시오. 정말 고마웠습니다. 할머니."

내가 남에게 베푼 공은 잊고, 남이 나에게 베푼 은혜는 잊지 말라.

○《나폴레옹 전기》(펠릭스 마크햄, 길산)

아이젠하워 이야기

—

제2차 세계대전 당시 아이젠하워가 유럽 연합군 사령관으로 있을 때였다. 사무실을 나와 수행 참모와 부관과 함께 계단을 내려가고 있었는데, 그때 한 병사가 담배를 물고 올라오면서 장군에게 "헤이 라이터, 담배 불 좀 주게"라고 말하였다.

병사의 무례함을 괘씸하게 생각하며 얼굴을 찡그리는 참모를 돌아보며 장군은 인자한 모습으로 라이터를 꺼내 불을 붙여주었다. 병사는 이상해서 담배를 물고 올라가다가 뒤를 돌아보았다. 그 사람이 바로 대장 계급장을 단 사령관 아이젠하워가 아닌가! 병사는 기절할 뻔했다. 철이 없는 병사가 담배를 물고 사라진 후, 장군은 수행하는 참모에게 이렇게 말했다.

"이봐, 위에서 내려가는 나는 저 병사의 계급장이 보이지만 밑에서 올라오는 병사는 내 계급장이 보이지를 않는다네."

그는 태연히 계단을 내려갔다.

아이젠하워의 친근하고 소박하며 너그러운 성품은 공동의 목표를 향해 폭넓은 사고로 다양한 의견을 수용할 수 있는 포용력을 발휘할 수 있었다. 또 원숭이 같은 얼굴 모습과 약간은 바보스러운 표정이 모든 사람에게 친근감을 주었다.

화를 내지 않고 진지하게 남의 말을 듣는 성숙함, 자기보다 남을 배려할 줄 아는 조화력, 생활 속에서는 부하에게 질 줄도 아는 포용력. 사령관에게는 그런 모습이 필요하다. 그는 맥아더의 부관으로 있으면서 맥아더의 집중과 냉철함을 몸에 익힐 수 있었다.

미 육군참모총장인 마셜 장군이 아이젠하워의 이런 특성을 알고 유럽연합군 사령관에 그를 추천했다. 맹장인 패튼 장군, 완고한 고집쟁이인 영국의 몽고메리 원수, 자존심이 강한 프랑스의 드골 장군, 소련의 쥬코프 장군 등을 지휘하는 데는 전략이나 전술 지식, 전투능력보다는 '조화력'이 풍부한 사람이 필요했다. 그가 바로 아이젠하워였다.

야전병원을 방문했던 아이젠하워는 병상에서 고통받는 부상병을 일일이 손을 만져주고 병원 문을 나섰다. 그런데 병원 문 앞에서 겁에 질려 울상이 되어 있는 한 병사를 보았다. 장군은 그 병사에게 다가가서 물었다.

"자네, 왜 겁에 질린 모습으로 이렇게 쭈그리고 앉아 있나?"

장군을 만난 병사는 더 겁에 질린 모습으로 대답했다.

"저는 두 번 부상을 입었습니다. 병원에서 치료를 받고 돌아갑니다. 세 번째는 죽어서 올 것 같습니다. 제가 죽는다는 것이 겁이 납니다."

장군은 그 병사의 가방을 들고 손을 잡고 일으켜 세우고는 병원 앞 냇가를 같이 걸었다. 그리고 이렇게 말했다.

"이보게 병사! 자네 겁이 나는가? 사실은 내가 더 큰 겁쟁이라네. 내게 아무리 탱크 부대와 공수 부대가 많아도 히틀러와 싸워서 항상 이기라는 법이 없지. 독일군과 싸워서 진다는 것을 생각하면 겁이 나서 잠이 오지를 않아."

이 말을 들은 병사는 "사령관님, 제 가방 주십시오. 저는 사령관님이 히틀러와 싸워서 진다는 것을 용서할 수 없습니다. 전선으로 가서 싸우겠습니다" 하고는 경례를 하고 전선으로 달려갔다.

사망한 후 개인 저금통장이 없는 분이 있다. 아이젠하워 장군이 그중에 한 분이다. 모든 공직에서 물러나고는 자기의 모든 것을 사회에 환원하셨다. 말년에는 포드 자동차 한 대를 굴리고 하루 세끼 먹을 정도만 남겨놓고 다 기부하셨다. 그리고 세상을 떠났다.

아이젠하워는 법과 규정보다는 상식을 존중한 사람이었다. 그는 1915년 미 육군 사관학교를 졸업하고 맥아더 장군의 부관으로 필리핀에서 근무했다. 1943년 유럽연합군 총사령관에 임명되었고 노르망디 상륙작전을 지휘하여 프랑스를 탈환하고 독일을 항복시켰다. 1948년에 퇴역하여 콜롬비아대학교 총장을 지냈고 1952년 미국 제34대 대통령이 되었다.

제2차 세계대전 때, 그가 유럽 전선 보병 24사단을 방문하던 날, 아침에 비가 왔다. 장병들이 모인 자리에서 그는 "독일 심장부로 돌진하여 히틀러의 독일 군대를 굴복시키자"라고 훈시를 했다.

그러나 재정비와 휴식을 마치고 다시 전선으로 돌아가 치열한 전투를 해야 하는 병사들은 '이제 우리는 죽었구나' 생각하고 표정이 굳어졌다. 아이젠하워는 굳어진 표정의 장병들을 뒤로하고 차를 타려고 걸어오다가 미끄러졌다. 옷에 흙이 많이 묻었다. 그것을 본 장병들이 와! 와! 하고 웃었다.

장군은 옷의 흙을 털면서 아직 치우지 않은 마이크 앞으로 걸어갔다. 그 순간, 장병들은 자기들이 웃는 것을 보고 화가 나서 다시오는 것으로 알고 긴장을 했다. 평소 장군은 화가 나면 혼자 쌍소리를 했다. '또 그 특유의 험담이 나오겠구나' 하고 장병들은 예상했다. 장군은 아직 치우지도 않은 마이크 앞으로 가서 이렇게 말했다.

"내가 미끄러져 땅에 주저앉는 것이 그렇게 좋은가? 내가 독일심장부로 돌격하자고 할 때는 모두 얼굴을 찡그리고 표정이 굳어졌는데 자네들 웃는 모습을 오늘 처음 보았다. 자네들이 웃는 것을 보니 내가 대단히 기쁘다. 다시 한번 미끄러질까?"

장군의 농담에 와! 와! 소리를 지르는 장병들을 뒤로하고 그는 사단을 떠났다. 독일 심장부로 돌진하자는 장군의 훈시에 장병들은 생사를 가르는 처절한 전투를 생각하며 침울했을 것이다. 그 분위기를 일소에 해소하고 웃음으로 마무리하는 그의 재치에 장병들은 소리를 지른 것이다. 지도자의 포용력에 부하들은 마음을 다해 따른다.

아이젠하워는 법과 규정보다는 상식을 존중했고, 사랑과 존경, 용서를 실천할 줄 아는 참다운 지도자였다. 미국 국민은 그의 포용력과 용기에 본인의 사양에도 불구하고, 그를 34대 미국 대통령으로 봉사하게 했다.

내가 종을 대접해야 종이 나를 대접한다

—

황희 정승은 조선조에서 60년간 관직에 있었는데 27년간 정승 자리에 있었고 그중 18년을 영의정으로 재직했다. 그가 종을 대접한 사례는 무수히 많다.

자기 손자와 종의 자식이 같이 놀다가 한 놈은 수염을 당기고 한 놈은 공의 뺨을 두드렸지만 황희는 그저 지켜만 보았다. 한번은 정언 벼슬의 이석형이 방문하여 술상을 준비했는데, 배가 고픈 종의 자식이 안주를 집어먹었다. 그 모습을 보고 황희는 그저 이렇게 말했다.

"허허, 이놈이 배가 고프구나."

집 앞 복숭아나무에 복숭아가 열렸을 때 그는 이웃집 꼬마들이 와서 따 먹는 것을 보고 그가 말했다.

"다 따 먹지 마라. 나도 먹어야지."

동네 꼬마들이 집 앞 복숭아나무에 돌팔매질을 해서 배가 떨어졌다. 황희는 큰 소리로 시종을 불러 그릇에 배를 담아 숨어 있는 꼬마들에게 가져다주라고 했다.

또 언젠가는 집 마당 구석에서 종 남녀가 서로 희희덕거리던 게 발각되자 종이 엎드려 사죄를 했다. 황희는 이렇게 말했다.

"노예도 하늘이 내린 백성인데, 어찌 천성까지 함부로 다스리겠
나?"

그는 글을 써서 자손만대에 노예를 존중하라고 가훈을 내렸다.

"내가 종을 대접해야 종이 나를 대접한다."

소대장 이 소위

—

仁以爲己任 不亦重乎 인이위기임 불역중호

"인자함을 이룩하는 것을 자기의 소임으로 하니 이 얼마나 중한가."

나는 군 재직 시절 한 부하장교를 생각할 때마다 공자의 이 말씀이 생각난다. 6·25 동란이 나던 1950년 소위로 임관하여 1978년 육군소장을 마지막으로 예편하기까지 28년을 군복과 더불어 동고동락하는 동안 나는 수많은 사람과 만났고 잊을 수 없는 일도 한두 가지가 아니다. 그러나 그중에서 특히 기억에 남는 게 있는데, 일선 보병 대대장으로 근무하던 때에 만난 한 젊은 소대장의 기억이 아직도 뇌리에 생생하다.

1964년 7월 20일 전후로 기억된다. 그날 나는 주간 교육 예정표에 따라 교육 훈련 상황을 점검하기 위해 박격포소대의 야외 훈련장을 찾았다. 훈련장은 대대 숙영지와 그리 멀지 않은 거리여서 점심시간 전에 당도했는데 훈련 중인 병사의 모습이 한 사람도 눈에 띄지 않았다. 나는 의아하게 생각하면서 이곳저곳을 살피다 40여 명의 병사들이 아름드리 밤나무 밑에 둥그러니 모여 있는 것을 발견하고 그곳으로 갔다.

그곳에는 웃통을 벗은 한 병사가 고통을 참지 못해 일그러진 표정으로 쭈그려 앉아 있었고 소대장은 그 병사의 등 뒤에 입을 파묻고 있었다. 그리고 잠시 후 소대장이 침을 내뱉었는데 입에서 뿜어 나오는 것은 시커먼 피고름이 아닌가. 소대장은 종기의 피고름을 입으로 빨아내고 있었다. 이를 목격한 순간 나는 가슴 뭉클한 감동과 신선한 충격을 느끼지 않을 수 없었다.

나는 병사들의 눈빛에서 소대장에 대한 존경과 흠모(欽慕)의 정이 넘쳐흐르고 우애로 뭉쳐 있음을 역력히 감지할 수 있었다. 내가 그 광경을 지켜보고 있는 것조차 모른 채 열심히 피고름을 빨아낸 소대장은 일어서면서 나를 알아보고는 차렷 자세로 거수경례를 하면서 부하의 종기가 너무 심해 최선의 방법이라 판단되어 그렇게 조치했다며 훈련 시간을 지체한 데 대해 용서를 구했다. 사실 당시만 해도 우리 군의 의료시설은 지금과는 비교할 수 없을 정도로 미비했다.

나는 소대장의 어깨를 어루만지며 "비록 훈련 시간이 지체되었다고는 하나 부하를 사랑하는 희생적인 그 행동은 앞으로 전체 소대원에게 몇 백 시간의 훈련 성과보다도 더 큰 힘을 발휘하게 될 것"이라고 격려해 주었다. 그 후 다행스럽게도 그 병사의 종기가 아물었다는 이야기를 전해 들었다. 그 소대장은 ROTC 1기생인 이병재 소위였다.

흔히 군의 전력을 평가하는 요소로 엄정한 군기, 훈련 정도, 충천한 사기, 훌륭한 장비를 꼽는다. 그러나 그보다 더 중요한 것은 명령과 지시에 의한 타율적인 복종보다는 상사는 부하를 위해, 부하는 상사를 위해 목숨이라도 내던지는 살신성인의 인간애가 보다 강한 전력을 발휘케 하는 요인이라고 생각한다.

우리는 현재 말의 홍수 속에 살고 있다. 그러나 백 마디 웅변보다는 진실된 마음에서 우러나온 사랑의 실천을 행동으로 보일 때 주위의 마음을 움직이고 강한 힘과 응집력을 발휘한다는 것을 이 소위의 경우를 통하여 믿고 있다.

○ 〈잊을 수 없는 사람들〉(김영동, 한국경제신문)

한마디 말

—

어느 작은 시골 마을의 성당에서 한 신부님이 미사를 올리고 있었다. 그런데 신부님 곁에서 시중을 들던 소년이 실수로 성찬례에 사용하는 포도주 잔을 떨어트렸다. 잔은 깨지고 포도주는 바닥에 쏟아졌다. 신부님이 소년을 호되게 꾸짖었다.

"다시는 제단 앞에 나타나지 마라."

비슷한 일이 다른 성당에서도 일어났다. 그 성당의 신부님은 화를 내지 않고 소년을 다독였다.

"괜찮다. 나도 어렸을 때 실수를 많이 했단다. 힘내거라."

성당에서 호된 꾸지람을 들었던 소년은 훗날 유고슬라비아의 대통령이 되었으며 독재자로 군림했다. 그의 이름은 조셉 브로즈 티토이다.

포도주를 쏟고도 따뜻한 위로를 받았던 소년은 성장해서 천주교 대주교에 올랐다. 그의 이름은 풀턴 쉰 주교이다.

가르친 대로 배운다. 보고 배운 대로 생각하고 행동한다.

○ 〈이경원 박사의 글〉

160

빛나는 우정

—

영국 귀족의 아들이 시골에 갔다가 수영을 하려고 호수에 뛰어들었다. 그러나 발에 쥐가 나서 다리가 굳어지면서 수영은 고사하고 물에 빠져 허우적댔다. 원래 다리에 쥐가 나면 누가 도와주지 않으면 얕은 물에서도 익사한다. 귀족의 아들은 살려달라고 고함쳤고 그 고함 소리에 밭에서 일을 하던 농부의 아들이 물에 뛰어들어 그를 구해주었다.

귀족의 아들은 자신의 생명을 구해준 시골 소년과 친구가 되었다. 둘은 서로 편지를 나누며 우정을 키워나갔다. 13살이 된 시골 소년은 초등학교를 졸업할 때가 왔다. 중학교에 진학을 하느냐 마느냐 하는 문제로 고민하는 시골 소년에게 귀족의 아들이 물었다.

"넌 커서 무엇이 되고 싶니?"

"나는 의사가 되고 싶어. 하지만 우리 집은 너무 가난해서 공부를 더 할 수가 없어. 형제들도 9명이나 되어서 집안일을 도와야 해. 둘째 형이 런던에서 안과 의사로 일을 하지만 아직은 내 학비를 대어줄 형편이 못 돼."

귀족의 아들은 이 시골 소년을 돕기로 결심하고 아버지를 졸라서 그 소년을 런던으로 데리고 왔고 시골 소년은 귀족의 도움으로 런던의 의과대학에 다녔다. 이 시골 청년은 '포도당 구균'이라는 세균을 연구하였고 '페니실린'이라는 기적의 약을 만들어 내면서 1845년 노벨 의학상을 탄 알렉산더 플레밍이다.

그의 학업을 도와준 귀족 소년 역시 건강하고 성실히 성장하였다. 그는 정치가로 뛰어난 재능을 보이며 26세에 국회의원이 되었다. 그런데 이 젊은 정치가가 전쟁 중에 폐렴에 걸려 목숨이 위태롭게 되었다. 그 무렵 폐렴은 거의 불치병에 가까운 무서운 질병이었는데, 알렉산더 플레밍이 만든 페니실린이 급송되어 그의 생명을 구했다. 이렇게 두 번이나 죽을 뻔했던 순간에서 살아난 이 귀족 소년의 이름은 훗날 영국의 수상이 되었고 제2차 세계대전 때 전 세계의 지도자였던 윈스턴 처칠이다.

"내가 마음을 열면 전 세계가 내 친구입니다."

워싱턴 장군과 상사

—

미국 독립전쟁 당시 비가 내리는 어느 날, 전선을 시찰하던 위싱턴 장군은 진지를 보수하는 한 무리의 병사들을 보았다. 여러 명의 병사들이 커다란 통나무를 끙끙대며 옮기고 있었다. 그런데 상사 한 사람이 병사들 앞에서 고함만 지르고 있었다.

이때 말을 타고 가던 한 신사가 물었다.

"상사님, 당신은 왜 통나무를 운반하지 않습니까?"

이 물음에 상사는 퉁명스럽게 대답했다.

"나는 지휘와 감독을 맡았지 작업을 맡지는 않았소."

신사는 말없이 말에서 내려 웃옷을 벗더니 병사들과 함께 열심히 통나무를 나르기 시작했다. 일이 끝나자 서둘러 가던 길을 재촉하면서 이렇게 말했다.

"상사! 앞으로 통나무를 나르는 일이 있으면 사령부의 워싱턴을 불러주게. 그 사람은 이런 일을 참 좋아한다네."

그제야 병사들은 그가 사령관 워싱턴 장군이라는 것을 알았다. 미국의 초대 대통령 조지 워싱턴의 이야기이다.

지휘 통솔은 말로만 해서는 안 된다. 조직이든 개인이든 실패에 빠지는 가장 큰 이유는 성공하고 싶은 '마음'만 있고, 그것을 실행할 '몸'은 전혀 움직이지 않는 데 있다. 좋은 전략과 아이디어가 있어도 밑바닥에서 구체적으로 실행되지 않으면 공염불(空念佛)이다. 군에서는 지휘관의 발길이 닿지 않는 곳에서는 곰팡이가 핀다는 말이 있다.

"내 다리를 움직이지 않고는 아주 좁은 도랑도 건널 수 없다."

프랑스의 신학자 알랑 드 릴(Alain de Lille)의 말이다.

아! 어머니

—

1865년 매섭게 추운 겨울, 한 여인이 갓난 아들을 들쳐 안고 사우스 웨일즈 언덕을 지나가고 있었다. 그런데 갑자기 먹구름이 몰려오더니 눈보라가 휘몰아치기 시작했다. 앞이 보이지도 않게 퍼붓는 강풍의 눈보라와 추위, 배고픔에 시달리던 여인은 길을 잃고 점차 기력을 잃어갔다. 그러다 끝내는 아기를 안은 채 숨을 거두고 말았다.

그녀의 시신이 발견된 것은 그로부터 몇 시간이 지난 뒤였다. 마을 사람들이 발견했을 때 죽은 여인은 거의 속옷 차림이었다. 그녀는 자기 옷을 벗어 아기의 몸을 돌돌 감쌌던 것이다. 사람들이 옷을 벗겼을 때 놀랍게도 아기는 살아 숨 쉬고 있었다.

그 아이가 훗날 영국 총리가 된 데이비드 로이드 조지 경이다(David Lloyd George). 1916년 영국의 총리가 되어 제1차 세계대전 후반기 영국을 이끌었던 정치가이다.

나를 알아주는 사람을 위하여 목숨을 바친다

—

BC 5세기경 진(晉)나라의 지백(智伯)은 조(趙)나라의 양자(襄子)를 공격하다가 전사하였다. 죽은 지백은 평소에 떠돌이였던 예양(豫讓)을 국사로 모셨다. 예양은 떠돌이였던 자기를 데려다 국사의 자리를 준, 죽은 군주 지백의 복수를 하기 위하여 길을 떠나면서 이런 말을 남겼는데 지금까지 회자되고 있다.

士爲知己者死 女爲說己者容 사위지기자사 여위열기자용
남자는 자기를 알아주는 사람을 위하여 목숨을 바치고
여자는 자기를 사랑하는 사람을 위하여 얼굴을 가꾼다.

예양은 온몸에 옻칠을 하고 문둥병 행려병자로 위장하고 벌겋게 달은 숯을 먹고 목소리까지 바꾸고 길을 나섰으나 복수에 실패하고 오히려 양자에게 사로잡혔다. 조나라 양자가 자기를 죽이려는 이유를 물으니 예양이 답했다.
"명군은 사람의 의지를 방해하지 않고, 충신은 이름을 위해 죽음도 사양하지 않소. 내 주군 지백을 죽인 당신을 용서할 수 없소. 그대의 옷을 벗어주면 그 옷을 칼로 베어 복수를 한 것으로 하고 나는 웃으며 죽겠소."

　조 나라 양자가 옷을 벗어주니 예양은 칼로 옷을 베어 복수를 대신하고 자신은 그 칼로 자결하였다. 남자는 자기를 인정하는 사람을 위하여 목숨을 바친다.

나를 키운 용서

—

1989년 내가 특수전 사령부 참모장을 할 때이다. 장군이 된 지 일 년여 만에 있었던 일이다.

대통령께서 해외 순방에 나가셨다가 이틀 후 귀국하기로 되어 있었다. 그런데 큰 사고가 났다. 비행장의 군부대에서 M16 소총 한 정이 도난당했고 우리 부대 특전사 사령부에서는 실탄 600발이 없어졌다. 성남 비행장과 특수전 사령부는 가까운 위치에 있었다. 군과 경찰 수사 정보 쪽에서 두 일을 한 사건으로 보고 총을 훔쳐다가 대통령이 귀국할 때 저격용으로 쓸 것이라는 판단하에 총과 탄약을 찾으려고 애를 썼다.

다행히 대통령께서 귀국하기 전에 비행장에서 소총은 찾아냈다. 나는 실탄을 찾아야 했다. 온 나라의 수사망이 집중되고 모든 업무가 당시 참모장이던 나에게 집중되었다. 군과 경찰, 안기부 등 여러 기관이 제각각 활동을 하면 일이 복잡해져서 참모장인 내게 일의 예상과 진행이 통합 처리되고 있었다. 사령관이 외부 문제를 처리하고 모든 수사의 내부 진행은 참모장인 내가 처리해야 했다. 중요 핵심은 탄약을 찾는 일이었다.

다음 날 오후면 대통령께서 귀국하기로 되어 있어서 남은 시간은 하루뿐이었다. 사령부에서 13명의 관련자를 헌병대에 잡아놓고 4일간 조사했으나 탄약을 찾지 못했다. 나는 헌병대장 김 중령을 찾아 헌병대로 갔다. 그리고 13명의 병사들과 마주 앉아 마지막으로 호소했다.

"탄약을 숨긴 장소나 예상되는 곳을 적어서 내라. 탄약을 찾으면 다 용서하고 없는 것으로 하겠다. 만약 범인을 찾아내서 처벌하면 나는 내 계급장을 떼고 군복을 벗겠다. 나를 믿어라. 약속을 지킨다. 마지막이니 탄약 숨긴 곳을 각자 종이에 적어라."

13장의 종이를 받았고, 12번째 제출한 종이에 적힌 곳을 찾으니 땅속에서 탄약 600발이 나왔다. 실탄은 찾았으나 또 고민거리가 생겼다. 이미 종이에는 지문이 묻고 필체가 정리되어 지문과 필체, 이 두 개를 감정하면 금방 범인을 찾을 수 있으니 고민거리였다.

사무실에 와서 보고하는 헌병 수사관을 잠시 밖으로 보내고 병사 13명을 사무실로 불렀다. 그리고 말을 했다.

"나는 범인을 찾지 않겠다고 약속했다. 실탄이 나오면 다 없는 것으로 하겠다는 약속을 지키겠다. 하지만 이미 이 종이에는 개인의 지문과 필체가 있어서 누구인지를 찾을 수 있다. 그러나 나는 여러분과 약속했고 그 약속을 지키기 위해 이 종이를 태운다."

그리고 그 종이를 병사들이 보는 앞에서 태우고 재를 부셔버렸다. 그리고 다 각자의 부대로 돌려보냈다. 이후 헌병대장과 수사관이 찾아와서 엄청난 항의를 했다. 나는 사령관님 사무실로 가서 솔직하게 말씀드렸다. 나를 많이 꾸짖으셨고 실탄을 찾았으니 여기서 끝내자고 육군본부와 국방부에 보고하셨다.

그 후 내가 5공수 여단장을 할 때 두툼한 소포가 왔다. 편지를 읽어보니 바로 실탄을 숨긴 그 병사였다. 그는 사범대학을 졸업하고 중학교 국어 선생이 되어 있었다. 당시는 5공 청문회를 하던 시기라 운동권 학생이던 그가 반항과 저항의 표시로 그런 짓을 했다고 적혀 있었다. 깊이 감사한다는 뜻의 장문이었다.

나는 다 읽고 혹시 훗날 그 병사에게 어떤 불이익이 생길까 염려되어 바로 소포를 찢어서 태워버렸다. 나는 지금도 그때 그 병사를 용서한 것을 잘했다고 생각하고, 그 용서가 한 청년을 죄인으로 만들지 않은 옳은 판단이었다고 믿는다.

우리를 살려준 무장 탈영병

—

내가 인천 지역에서 해안선 경계 연대장을 할 때였다. 모교인 고려대학교 학군단에서 강의 요청이 있어 부대를 출발하여 동대문 근처에 갔을 때 부대에서 연락이 왔다.

'무장 탈영병이 생겼으니 부대로 속히 복귀하라.'

사단 상황실로 가니 이미 사단장을 포함하여 관계 참모들이 모여서 상황을 의논 중이었다. 한 병사가 해안 경계 근무 중에 총과 수류탄을 들고 탈영해서 현재 오산의 작은 빌라 2층 집에 들어가 집 주인 여자에게 라면을 끓여달라고 해서 먹고 있다는 설명이었다.

무장한 탈영병은 입대 전에 남쪽 시골 마을의 봉제 공장에서 일을 했고, 그 공장에는 여자 친구도 같이 다녔다. 여자 친구로부터 재혼을 한 그 집 아들들의 구박과 서러움으로 힘들게 살고 있다는 편지를 받고 고민했었다는 사연을 브리핑받았다.

사단장님은 소대장과 중대장을 포함하여 옆의 병사를 헬기로 현장에 보내서 설득해 보자고 했으나 나는 반대했다. 그들은 총구 앞에 서본 적이 없기 때문이었다.

2층에 있는 병사가 총을 쏘려면 반드시 총구가 창문 밖으로 나와야 하고 나를 조준해서 쏘려면 최소 5초 내지 8초는 걸린다. 나는 그 시간에 충분히 피할 수 있다. 사단장님은 내가 베트남에서 소대장을 할 때 연대 정보주임을 하셔서 내 전투 경험 및 교전 경험을 잘 알고 있었다.

내가 현장에 도착하니 경찰과 군이 그 연립주택을 완전히 포위하였다. 나는 현장에 있는 핸드 마이크를 들고 탈영병이 있는 건물 맞은편으로 가서 연대장이 왔다고 하고 병사에게 호소했다.

"총과 실탄 및 수류탄은 집 안 높은 선반에 올려놓고 빈손으로 나와라. 만일 총을 쏘려고 총구가 창문 밖으로 나오거나 총을 들고 나오면 포위한 경찰과 군의 사격으로 너는 벌집이 되어서 죽는다. 나는 네 애로사항을 잘 안다. 어머님을 보고 싶으면 빈손으로 내려와라. 빈손으로 나와라. 어머니를 보고 싶으면."

2층에서 아래층으로 내려오는 꺾이는 코너에서 유리창으로 머리를 빡빡 깎은 병사의 모습이 보였다. 나는 탈영한 병사라고 직감했다. 머리만 보이고 총은 보이지 않았다. 곧 일 층 문 앞에 탈영병이 빈손으로 나왔다.

나는 정보참모가 타고 온 차에 탈영한 병사를 싣고 현장을 벗어나 부대 쪽으로 달렸다. 차 안에서 병사는 내 무릎에 얼굴을 묻고 울었다.

"용서해 주세요. 저는 어머니를 만나야 한다는 생각만으로 탈영했습니다."

병사의 말에 나는 "왜 총을 갖고 탈영했느냐?"라고 물었다.

"해안 초소에서 근무를 서다가 고참이 잠시 자리를 비운 사이에 어머니에게 가려고 도망을 쳤습니다."

탈영병은 총과 탄약 수류탄이 매달린 X반도는 시킨 대로 높다란 선반 위에 놓고 나왔다고 했다.

나는 병사에게 총을 쏘지 않아서 참 잘했다고 칭찬을 하고, 헌병에게 가서 조사받을 때 왜 총을 가지고 무장탈영을 했느냐고 심문하면, "총은 제2의 생명이니 탈영할 때도 가지고 가라"라고 연대장한테서 교육받았다고 대답하라 했다. 나는 신병교육대에서 교육을 할 때 "총은 제2의 생명이니 탈영할 때에도 가지고 가라"라고 했다.

뒤에서 군단 헌병이 따라와 병사를 인계했다. 군단장실에서 사단장, 인사참모, 헌병대장 등이 기다리고 있었다. 그 자리에 탈영병도 갔다. 사단장님은 어떤 문제가 있는지 알아보려고 혹시 부대 지휘에 문제가 있는지 그 자리에서 물으셨다.

"왜 총을 가지고 탈영을 했느냐?"

그 탈영병의 대답이 모두를 살렸다.

"신병교육대에서 교육을 받을 때 총은 제2의 생명이니 탈영을 할 때도 갖고 가야 한다고 연대장에게서 교육을 받았습니다. 저의 잘못으로 누구도 처벌하지 마세요. 저는 어머니를 만나려고 탈영했습니다. 새로 온 소대장은 아무것도 모르지만 열심히 하고 중대장은 막 결혼을 했는데 부인이 밤이면 커피를 타서 초소를 방문하고 대대장, 연대장은 좋은 군인인데 저로 인해 처벌받으면 안 됩니다."

그 당시는 무장 탈영병이 수시로 생겨서 탈영이 발생하면 중대장, 대대장, 연대장까지 처벌받는 일이 많았다. 그 병사의 진술이 상급 부대까지 보고가 되었고, 탈영병 본인 외의 다른 사람은 벌을 받지 않았다.

그 병사는 감옥에 가지 않았다. 2년 형에 집행유예 2년으로 풀려났다. 그 병사 이름이 여전히 선명하다.

나는 꼴찌였다

—

나는 중학교 1학년 때 반에서 꼴찌를 했다. 나는 성적표를 1등으로 고쳐서 아버님에게 보여드렸다. 그런 내가 17년 후에 대학의 교수가 되었고 그 후 대학 총장이 되었다. 나의 고향은 경남 산청이다. 가난한 동네에서 아버지는 나를 대구중학교로 유학을 보냈다. 대구중학교 1학년 8반, 나의 석차는 68/68이었다. 반에서 꼴찌였다.

교육을 받지 못한 아버지가 아들을 대구로 유학까지 보냈는데 꼴찌라니, 이 성적표를 아버지에게 보여드리면 어떠실지 걱정되었다. 농사일에 고생하시는 아버지 생각을 하니 걱정이 태산이었다. 나는 이 일을 어찌할지 방법을 고민했다.

나는 68이라는 숫자를 고쳐서 1로 바꿨다. 그리고 아버지에게 보여드렸다. 아버지는 기뻐하시며 내 아들이 1등을 했다고 집안 재산목록 1호인 돼지를 잡아 마을 잔치를 벌였다. 겁이 난 나는 강으로 가서 죽을 생각까지 했다.

17년 후 나는 대학교수가 되었다. 45살 때 부모님을 뵙고 32년 전의 일을 용서받고 싶어 아버지에게 말씀을 드렸다. "저, 중학교 1학년 때 1등은요!"라고 말을 막 시작하려고 하자 옆에서 담배를 피우시던 아버지께서 내 말을 자르셨다.

"다 알고 있다. 그만해라. 민우(손자)가 듣고 있다."

대구로 유학을 보낸 자식의 위조된 성적표를 알고도 재산목록 1
호인 돼지를 잡아 내 아들이 1등을 했다고 동네 사람들에게 자랑
하시던 아버지의 마음. 그 마음을 내가 어찌 잊을 수 있을까.

이 일화는 전 경북대학교 13, 14대(1994~2002) 총장을 하신 박찬
석 교수의 이야기다. 살면서 용서는 감동을 주고 그 감동은 최고
의 가르침이 된다.

○ 〈윤여웅 군의 글〉

루스벨트의 명예훼손

—

미국의 제26대 대통령 루스벨트는 어느 날 한 주간지를 보다가 깜짝 놀랐다. 자신이 형편없는 술주정뱅이라는 기사가 실린 것이다. 기분이 언짢아진 그는 비서관을 불러 이 상황을 어떻게 처리해야 할지를 물었다. 비서관은 기자를 불러 혼내주자고 건의를 했지만, 루스벨트는 그건 권력의 남용이라면서 잠시 생각에 잠겼다.

"정식으로 법원에 고소를 하세. 그리고 명예훼손으로 손해배상을 청구해야겠네."

비서관은 꼭 그렇게 해야 할 필요가 있을까 하고 생각했지만 대통령 지시를 따르기로 했다.

얼마 뒤, 재판이 열리고 많은 방청객이 법정을 가득 메웠다. 대통령의 명예에 관한 예민한 사안인 만큼 판사는 신중하게 한 사람, 한 사람 심문하고 이를 종합하여 배심원들과 논의했다. 그리고 판사의 판결문이 내려졌다.

"귀 잡지사의 기사는 허위로 판명이 내려졌으며 개인의 명예를 훼손한 것이 인정되는 바 피고는 대통령에게 손해배상을 지불하시오."

사람들은 당연한 결과라고 여기면서 이제 그 잡지사는 문을 닫게 되었다고 수군댔다. 대통령을 상대로 한 재판에서 졌으니 배상금이 엄청날 것이라고 판단했다. 그때 판사의 말이 이어졌다.

"대통령이 요구한 손해배상금은 1달러입니다. 이만 재판을 마칩니다."

"1달러?"

방청석은 또다시 술렁거리기 시작했다. 자기 귀를 의심한 비서관이 루스벨트에게 물었다.

"각하. 명예훼손의 대가가 고작 1달러란 말입니까?"

대통령이 흐뭇한 미소를 지어 보이며 말했다.

"내겐 손해배상금이 의미가 없네. 중요한 것은 진실이야. 그리고 그 진실을 판단할 수 있는 것은 권력이 아니라 사법부의 재판이지. 이제 진실이 밝혀졌으니 나는 그것으로 만족하네."

지도자의 품격은 지도자다워야 한다.

라과디아 뉴욕 시장

—

미국에서 대공황이 한창이었을 때 피오렐로 라과디아(Fiorello La Guardia) 뉴욕 시장은 어려운 시민들과 함께 무척 애를 썼다. 소방대원들과 함께 소방차를 타거나, 경찰과 함께 범인 체포에 나서거나, 아들과 함께 견학을 가거나 하는 일은 그에게 보통 있는 일이었다.

1953년 1월 매우 추운 날 밤에 라과디아 시장은 뉴욕시의 가난한 지역의 야간법원에 나타났다. 그는 그날 저녁 담당 판사를 집에 보내고 자신이 판사석에 앉았다(당시에는 가능한 일이었다고 한다).

잠시 후 누더기 차림의 할머니가 빵 한 덩어리를 훔친 혐의로 시장 앞에 섰다. 그녀는 시장에게 이렇게 말했다. 사위가 집을 버리고 떠났고 딸은 병들고 두 손녀딸이 굶고 있다고 말이다. 그러나 빵을 도둑맞은 가게 주인은 고소를 취하하지 않았다. 그리고 이렇게 말을 했다.

"시장님, 여기는 매우 범죄가 많이 발생하는 곳입니다. 이 지역 사람들에게 교훈이 되게 저 여자를 처벌해 주십시오."

라과디아는 한숨을 짓더니 그 할머니를 향해 이렇게 말했다.

"나는 당신을 처벌해야겠습니다. 법에는 예외가 없습니다. 10달러 벌금을 내거나 벌금이 없으면 10일 구류형을 살아야 합니다."

그러나 시장은 형을 선고하면서 주머니에 손을 넣어 지폐를 한 장 꺼내더니, 그의 유명한 중절모(그는 늘 그것을 썼다)에다 던져 넣으며 이런 말을 하는 것이었다.

"여기 내가 내는 10달러가 있습니다. 그리고 나는 본 법정에 있는 모든 사람들에게 50센트씩의 벌금을 부과하겠습니다. 왜냐구요? 손녀딸이 굶지 않도록 하기 위해 할머니가 빵을 훔쳐야만 하는 그런 동네에 여러분들은 살고 있기 때문입니다. 밸리프 씨, 벌금 거두어 피고에게 주도록 하시오."

다음 날 뉴욕시 신문들은 손녀를 굶기지 않으려고 빵 한 덩어리를 훔쳤던 노파 여인에게 47달러 50센트가 건네졌다고 보도를 했다. 그 돈에는 빵 가게 주인이 낸 50센트도 들어 있었으며 약 70명의 범죄자들, 교통위반자들, 법정에 있던 뉴욕경찰들 모두 이 모금에 50센트씩을 냈으며 모두 일어나 시장에게 기립 박수를 보냈다고 한다.

○ 〈이경원 박사의 글〉

상대를 교정하려면 칭찬해라

—

지금부터 100년 전, 열 살쯤 되는 소년이 나폴리의 한 공장에서 열심히 일을 했다. 그는 성악가가 되고 싶었으나 그의 노래를 들은 음악 교사가 소년에게 노래의 재능이 없다고 폄하했다.

그러나 가난한 농가의 주부였던 그의 어머니는 아들을 껴안고 격려했다.

"너는 장래에 훌륭한 성악가가 될 거야. 엄마는 그것을 잘 알고 있어. 그 증거로 너의 노래는 점점 좋아지고 있어."

어머니의 위대한 헌신과 성악 공부에 대한 열정이 그를 변화시켰다. 그 성악가는 악성(樂聖) 엔리코 카루소(Enrico Caruso)이다. 훗날 그는 20세기 최고의 오페라 가수가 되었다.

작곡가 자코모 푸치니(Giacomo Puccini)는 그의 '라보엠' 오디션을 보고 이렇게 말했다.

"당신을 누가 나에게 보냈소? 하느님께서 보내셨는가?"

조지 웰스의 이야기

—

런던의 직물상점에서 아침 5시에 일어나 청소와 잔심부름 등 14시간 동안 일을 하는 소년이 있었다. 중노동에 시달리던 소년은 더 이상 견딜 수 없어서 어느 날 아침 일찍 상점을 빠져나와 가정부로 있는 어머니를 찾아 15마일이나 되는 길을 걸어갔다. 그는 어머니에게 울부짖으며, 그 가게에서 일을 하느니 죽는 편이 낫겠다고 호소했다. 그리고는 모교의 교장 선생님에게 자신의 딱한 처지를 호소하는 편지를 보냈다.

그때 교장 선생님은 그에게 답장을 보내서 "자네는 두뇌가 매우 명석하여 그런 중노동에는 적합하지 않으니 지적인 일을 하는 것이 좋겠다"라고 하시면서 학교에서 학생을 가르치는 일을 그에게 제공해 주었다.

이 칭찬이 소년의 장래를 변화시켰다. 그는 과학소설의 아버지라고 불리며 영문학 사상 77권이나 되는 서적을 저술한 허버트 조지 웰스(Herbert George Wells)이다.

사람을 변화시키려면, 비록 작은 일이라도 아낌없이 칭찬해 주어야 한다.

◦《사람의 마음을 바꾸는 칭찬의 기술》(데일 카네기, 해피북스)

182

인을 베푼 보부상, 거상이 되다

—

황해도 토산의 천민 출신으로 왕 씨 집안의 노비였던 백달원이 주인집 딸과 정이 통해 둘은 사랑하는 사이가 되었다. 그녀의 아버지가 딸을 다른 곳에 시집보내려 하자 둘은 야반도주를 해서 함경도 삼수갑산에 들어가 정착했다.

그들은 산속에서 고생하며 몇 년을 살았지만 도저히 가족을 부양하기가 어려워 장사를 해야겠다고 생각했다. 그래서 산속 마을을 돌아다니며 짐승 가죽을 모아 이를 손질하여 큰 마을에 가서 가죽을 팔고 그 돈으로 종이, 비단, 놋그릇을 사서 다른 동네로 가서 팔았다. 세월이 흐르면서 돈이 모였고 돈이 모이자 나귀를 사서 많은 물건을 싣고 다니면서 팔아 돈을 더 많이 벌었다.

그들은 장사를 하러 다니던 중에 뜻밖에 여진족과 고려 군사가 싸우는 전투를 보게 되었는데 물건이 아까워서 버리고 달아나지 못하고 풀숲에 납작 엎드려 숨어서 보고 있었다.

'저 장수는 누구인가? 활을 잘 쏘고 용맹하구나!'

'저 장수가 죽었나?'

한 장수가 창에 허벅지를 찔리고 어깨에는 화살이 박혀 신음하고 있었다.

'제가 상처를 치료해도 될까요?'

백달원은 어깨에 박힌 화살을 뽑고 창에 찔린 허벅지를 지혈했다. 응급치료를 마친 백달원은 장수를 자기 집으로 데리고 갔다. 치료를 받는 동안 자기가 누구라는 것을 알리지 않은 장수는 백달원이 읽는 책을 보고 그가 범상치 않음을 알았다.

백달원은 그가 이성계라는 사실을 한참 지난 뒤에야 알았다. 얼마 후 이성계 장군은 백달원을 함주군영으로 불렀다. 생명을 구해주어서 고맙다는 인사를 했고 함주군영에 물자를 납품하게 해주어 백달원은 점점 많은 돈을 벌기 시작했다.

그 당시 고려는 어수선했다. 안으로는 홍건적과 북으로는 여진족이 남으로는 왜적이 나타나 백성을 괴롭혔지만 나라 안이 어수선하여 백성들을 구할 수가 없었다. 그런 혼탁한 시기에 이성계는 위화도에서 회군하여 조선을 건국했다. 조선조 왕이 된 이성계는 몇 년이 지나도 백달원이 찾아오지 않자 사람을 보내 그를 불렀다.

이성계가 물었다.

"내가 조선을 건국하는 데는 당신의 공이 컸소. 나에게 원하는 것이 있으면 말을 하시오."

백달원은 자기와 같이 장사하는 상인들이 나라의 보호를 받으면서 장사할 수 있게 해달라고 청했다. 이성계는 개성에 보부상을 통괄하는 임방(任房)을 새로 설치해서 백달원에게 그 책임을 맡겼고, 어물, 소금, 토기, 무쇠 그릇, 목물(木物) 등 다섯 품목의 전매 특권을 백달원에게 주었다.

　작은 부자는 재물만 좇지만 큰 부자는 사람을 좇는다. 돈을 따라가면 돈이 도망가고 사람을 따라가면 돈이 따라온다. 사람을 챙겨라.

○〈보부상〉

세상에 위대한 가치를 남긴 사람 루 게릭

—

뉴욕 양키즈 팀의 루 게릭(Lou Gehrig)은 14년 동안 2130번의 게임에 단 한 번도 빠지지 않고 연속으로 출전하는 대기록을 달성했다.

1937년 그는 소아마비에 걸린 열 살 짜리 소년이 재활 치료를 거부하고 있다는 말을 듣고 병원으로 소년을 찾아갔다. 자신의 영웅을 만난 소년은 뛸 듯이 기뻐했다. 그가 소년에게 치료받기를 권하자 소년은 말했다.

"저를 위해 홈런을 한 번 쳐주면 저도 걷는 법을 배우겠습니다."

그는 꼭 홈런을 치겠다고 약속하고 경기장으로 돌아갔다. 그날 게릭은 홈런을 두 개나 쳐서 소년에게 힘찬 응원을 보냈다.

2년 뒤, 1939년 게릭은 근육이 마비되어 죽게 되는 치명적인 신경질환으로 고통을 받았다. 그해 7월 4일, 독립기념일에 6만여 명의 관중은 양키즈 스타디움에 모여 특별한 은퇴식을 열어 게릭에게 존경을 표했다. 그리고 2년 전에 만났던 그 소년이 이 행사에 참석해 목발을 내던지고 게릭에게 걸어와 그의 품에 안겼다. 그는 소년을 안고 "나는 이 세상에서 가장 행복한 사람입니다"라는 고별사를 남긴 뒤 야구장을 떠났다.

1941년 루 게릭은 38세로 숨을 거두었고 그의 등번호 4번은 야구 역사상 처음으로 영구 결번이 되었다. 치명적인 질병인 근육이 위축되고 경화 증상으로 죽는 병은 훗날 그의 이름을 따서 루게릭병으로 불렸으며 루게릭병 협회는 뛰어난 업적을 이룬 환자들에게 루게릭 상을 수여하며 그의 정신을 기리고 있다.

이렇듯 우리의 영웅들은 자신보다 누군가에게 더 큰 무엇을 해주고, 다른 사람을 배려하고 조용히 실천하는 사람이다.

○〈이경원 박사의 글〉

동티모르 대통령과의 2박 3일

—

나는 2009년 9월부터 2012년 9월까지 동티모르 대사를 했다. 당시 대통령인 조제 하무스오르타(José Ramos-Horta)의 보좌관으로 부터 라멜라우(Ramelau) 산악 지역을 함께 가자는 연락이 왔다. 나는 일행을 따라나섰다. 이 산악 지역에는 백두산보다 높은 성산인 따따마이라우(Tatamailau)산이라 있었다.

산악 지역은 낮에는 뜨거우나 밤에는 기온이 급강하하여 7~8월에는 영상 3~5도까지 내려간다. 가끔 섭씨 0도까지도 하강한다고 한다. 촌장 알렉스가 운영하는 마을 회관의 작은 방은 춥고 난방이 전혀 되지 않았고 벌레가 많아 이틀 밤을 거의 뜬눈으로 세웠다.

아침 일찍 대통령 일행을 따라나섰다. 도중에 2살에서 6살 애들 10여 명을 데리고 가는 일행을 만나 대통령이 차를 세우고 이것저것 물었다. 아이들은 전부 맨발에 모포 또는 큰 보자기나 비닐을 뒤집어쓰기도 했고 어떤 아이는 양산의 천 부분을 떼어내고는 윗부분을 잘라 크게 구멍을 내어 머리 위로 뒤집어썼다. 대통령과 우리 일행은 추워서 겨울 재킷을 입고 등산화를 신었는데 말이다.

대통령이 두 아이 엄마에게 무엇이 필요하냐고 물었다. 두 엄마가 대답했다.

"이 애들 입힐 옷 좀 주세요. 돈이 없어서 사지 못합니다."

대통령은 자기가 가지고 온 옷을 전부 주었다. 나도 입은 옷만 남기고 2박 3일 입을 옷이 담긴 내 옷 가방을 가방 채 다 주었다.

동티모르에는 생산 공장이 하나도 없다. 옷 공장도, 연필·노트 공장도, 비누 공장도 없다. 전부 수입한다. 산악의 가난한 사람들은 비싸서 살 수가 없다. 학교에 가보면 흑판, 책, 공책, 연필이 없고 심지어 한 선생이 전교생을 가르친다.

나는 한국에 있는 안 입는 옷, 안 신는 신발, 행사 시 선물로 받은 치약, 비누, 칫솔, 노트와 볼펜을 동티모르로 가지고 와야겠다고 생각하면서 돌아왔다.

그 후, 인도네시아 자카르타에 있는 고등학교 후배가 운영하는 선박 회사와 경기도 파주의 지인 창고를 활용하여 전국의 지인에게 메일을 보내 물건을 모았다가 인천 부두로 보내 인도네시아 자카르타로 보내면, 그곳에서 배를 갈아 싣고 동티모르 수도인 딜리항까지 물건을 보내왔다. 두 달 반이 걸린 끝에 부영 이중근 회장이 지원한 흑판 8,800개, 전자 피아노 330대를 비롯하여, 라면과 헌 옷, 신발, 학용품 등 44개의 컨테이너가 동티모르로 도착했다. 모두 감사한 지인들 덕분에 해낼 수 있었던 일이다.

우리 신부님은 바보인가 봐

—

2010년 5월, 조형균 요한 신부님이 서울 대교구로부터 동티모르로 파견되어 오셨다. 신부님의 4형제 중 3명이 신부님이셨다. 신부님은 딜리시에서 차로 약 1시간 40분 정도 꾸불꾸불 산길을 올라 1,200~1,400미터 고지 군으로 형성된 산 정상에 자리 잡은 아주 보잘것없는 초라한 성당에서 지내셨다.

동네 이름이 리키도혜, 주민 7천여 명이 전부 가톨릭 신자이다. 그곳은 산악 지역이라 우기가 더 길어서 11월부터 6월 초까지 8개월간 비가 쏟아지고 비가 안 오는 건기는 겨우 4개월 정도이다. 길은 항상 무너져 있고 땅은 척박한 급경사 지역이라 농사도 잘 안되는, 동티모르에서 제일 가난하고 영아 사망률이 제일 높은 곳이다.

신부님도 오신 지 몇 달 만에 머리에 부스럼이 나서 서울로 돌아가서 병원을 찾았더니 영양실조라고 판명이 났다. 먹거리 자체가 거의 없는 산골에서 자신의 식사도 부실하기 짝이 없는 중에 함께 지내는 개들과 가난한 이웃 현지인들과 나누고 사셨다.

조 신부님은 독학으로 현지어를 익히시어 오래 지나지 않아 미사 시간에 강론도 완벽하게 하셨다. 그 동네는 전기도 인터넷도 없고, 핸드폰은 간신히 통화가 된다. 조 신부님은 서울 교구에서 파견이 되자마자 여기 동티모르 주교님이 오지 산속 성당으로 발령을 내어 이곳에 온 것이었는데, 이전에 인도네시아와 필리핀, 스페인 등 외국 신부님이나 현지 신부님들이 그곳에 부임했다가 살 수가 없어서 한 달 이상을 못 견디고 다들 떠났다고 한다.

2011년 고려대학교 병원에서 의료 봉사팀이 리키도헤에서 진료를 했을 때, 초등학교 교사였던 30대 중반 '알리시'의 갑상선 종양과 목에 생긴 혹을 한국으로 초청하여 수술해 주었다. 알리시 양은 고려대학교 병원에서 수술을 마치고 서울 구경을 잘 하고 돌아와서 이런 말을 하였다.

"왜? 우리 신부님은 서울의 좋은 환경을 다 버리고, 무엇 때문에 동티모르 가난한 우리 마을에 왔는지 도저히 이해를 못 하겠다. 내 머리가 혼돈스럽다. 우리 신부님은 아마 바보인가 봐."

화가 밀레의 친구

교육학자 장 자크 루소(Jean-Jacques Rousseau)와 화가 장 프랑수아 밀레(Jean-François Millet)는 오랜 친구 사이였다. 생활이 곤궁해진 밀레가 고민을 하자 루소가 말했다.

"자네 그림을 사겠다는 사람이 있어."

루소는 밀레의 그림을 사면서 이렇게 말하고는 300프랑을 건넸다.

루소는 스위스에서 태어나 프랑스에서 활동했고 《사회계약론》을 저술했다. 루소는 이렇게 강조했다.

"인간은 원래 자유롭게 태어났다. 그러나 이후 사슬로 묶여 있다."

프랑스 혁명으로 감옥에 투옥된 루이 16세는 루소에 대해 "내 왕국을 무너트린 놈은 루소와 볼테르 두 놈이다"라고 말할 정도로 루소의 저서는 영향력이 컸다. 입에 풀칠하기도 어려웠던 밀레에게 그 돈은 천금보다 더 귀하고 많은 돈이었다. 그 돈은 가난한 생활의 생명 줄이었고, 그에게 그림에 대한 자부심도 심어주었다.

"누가 내 그림을 인정하고 사가는구나."

그게 힘이 되었고, 용기를 주었고, 신념을 주었다. 그러면서 조금씩 밀레는 생활이 안정되었고 그림에 몰두했다. 몇 년 후 밀레의 그림은 화단에서 인정받고 비싼 값에 팔려나갔다.

경제적 여유를 찾은 밀레는 작품을 팔아준 친구가 고마워 그를 찾아갔다. 그런데 수년 전 가난할 때 자기를 찾아와 팔아주겠다고 가져간 그림이 루소의 방에 걸려 있었다. 그제야 밀레는 루소의 우정을 알았다. 가난에 찌든 친구의 자존심을 건드리지 않고 조용히 도와준 교육자 장 자크 루소. 교육에 대한 특별한 업적이나 그의 경력보다도 그를 위대한 교육자로 평가하는 이유가 여기에 있다.

나도, 너도, 개인도, 회사도, 국가도 루소 같은 친구가 있어야 하고 또 내가 먼저 이런 친구가 되어야 한다.

베풀어라, 복이 온다

—

미국의 제34대 대통령으로 당선된 아이젠하워 장군. 그가 제2차 세계대전 당시 유럽 사령관으로 있을 때의 일이다. 장군이 회의에 참석하기 위해 차를 타고 숙소에서 회의장으로 가는 도중에 길가에서 떨고 있는 노부부를 보았다. 그는 같이 가는 참모에게 좀 알아보라고 했다. 폭설로 길이 미끄럽고 날씨가 상당히 추웠다. 참모는 장군에게 "회의 가시는 길에 늦을 수 있으니 경찰에 연락하겠습니다"라고 했다.

그러자 아이젠하워 장군은 이렇게 말했다.

"지금 경찰을 부르다가는 저 노부부는 얼어 죽겠다. 너무 춥구나."

이 노부부는 파리에 있는 아들을 만나기 위해 길을 나섰다가 중간에 차가 고장이 나서 누구의 도움도 받지 못하고 추위에 떨고 있었다. 아이젠하워 장군은 그 노부부를 차에 태우고 그들을 목적지에 태워다 주었다. 그리고 조금 늦게 회의실로 가서 회의를 마쳤다.

아무 조건 없이 선행을 한 그의 행동은 엄청난 보상으로 돌아왔다. 그날 한 나치 신봉자 저격병이 중간에 숨어 아이젠하워가

지나가기를 기다리고 있었다. 암살을 하려고 말이다. 아이젠하워
는 그걸 피해 갔다.

내가 남에게 베푼 선행은, 반드시 큰 복이 되어 돌아온다.

지략보다 복

—

삼국지의 한 대목에 '지자막여복자(智者莫如福者)'라는 말이 나온다. 장비의 군사들이 조조의 군사들에게 쫓기다 수풀을 발견하고 그 숲속으로 들어갔다. 장비의 군사를 뒤쫓아 가던 조조에게는 화공(火攻)으로 그들을 일시에 전멸시킬 수 있는 절호의 기회가 왔다.

조조는 수풀에 불을 질렀고 장비의 군사들이 꼼짝없이 전멸될 수밖에 없었던 그때, 하늘에서 한 점의 검은 구름이 피어오르더니 난데없이 장대 같은 소나기가 마구 퍼붓는 것이었다. 대승을 눈앞에 두었던 조조는 이를 보고 '지자막여복자'라고 탄식했다. 아무리 지략이 뛰어나고 지혜로운 사람이라도 복 받은 사람만은 못 하다는 말이 바로 '지자막여복자'이다.

'복'의 본질이 무엇인지는 잘 모르겠지만 그것은 분명 하늘이 주시는 것이지, 사람의 소관은 아닐 것이다.

서양 격언에 '하늘은 스스로 돕는 자를 돕는다'고 했다.

스스로 최선을 다할 때 하늘도 도움의 손길을 주신다. 서양에서는 이것을 '행운'이라고 한다.

제복을 입은 사람들이 존경받는 사회

—

G. K. 체스터턴(G. K. Chesterton)은 병사가 전투를 하는 진정한 이유는 "앞의 적을 증오해서가 아니라 등 뒤에 있는 조국을 사랑하기 때문이다(The true soldier fights not because he hates what is in front of him, but because he loves what is behind him)"라고 했다.

미국의 한 집에 정장을 한 두 군인이 단정히 접은 성조기를 들고 나타나면, 집주인이나 이웃들은 종군(從軍)하는 그 집 아들이 전사했음을 즉각적으로 알아차린다. 병사가 전장에서 사망하면 병사의 부모가 사는 곳에서 가장 가까운 곳에 주둔하는 부대에서 그의 전사를 통보한다.

병사가 사망한 곳에서부터 고향에 이르는 데까지 들어가는 비용 일체를 군이 부담하며 이들이 전사하면 '위로금(Gratuity)'이라 부르는 사망 보상금이 계급 고하를 막론하고 10만 달러가 유족에게 지급되며 장례에 드는 일체의 경비 및 멀리서 참석하는 유족들의 교통비까지 지급하는 세심함을 보여주고 있다.

병사의 고향이 작은 마을인 경우에는 그의 장례식이 진행되는 시간 동안 관공서는 일시적으로 휴무에 들어가며 지역 경찰이 장례 행렬을 선도한다. 한편 연도에는 동네 주민들이 줄을 이어 행렬에 경의를 표하며 대개 6명의 기마대가 운구를 담당한다.

이 세상에서 가장 엄숙하고도 장엄한 광경이 있다면 미군 병사가 죽었을 때 국방성 주관으로 치르는 장례식 장면일 것이다. 이들의 장례 행렬을 보고 있노라면 면식이 없는 사람도 흐르는 눈물을 주체할 수 없으며, 나도 이런 나라라면 죽을 수 있겠구나 하는 생각이 들 정도다.

미국이 세계 최강의 위치를 공고히 하고 있는 것은 경제력뿐 아니라 세계 최강의 군사력을 보유하고 있기 때문이다. 이런 군사력은 비단 이들이 보유하고 있는 첨단 군사장비뿐만 아니라 미국인들의 사기 및 군기 그리고 이들이 조국에 갖고 있는 충성심 덕분이다. 이들은 조국을 위해 종군하며 조국을 위해 죽는 것을 가장 커다란 영광으로 여기고 있으며 나라는 그들에게 걸맞은 예우를 갖추고 있다.

미국은 징병제가 아닌 지원제를 택하고 있으며 이들에게는 막대한 혜택이 주어지고 있다. 일 년에 30일간의 유급 휴가가 주어지며 일 년에 한 차례 무상으로 고향을 방문할 수 있다. 이때는 가족을 동반할 수 있고 웬만한 공항에서는 미군과 가족이 쉬어갈 수 있는 시설을 운영하고 있어 장거리 여행에 따른 편의를 도모하고 있으며 비행기 탑승 시 군인과 가족은 줄 서는 일 없이 탑승에 우선권을 부여하고 있다.

또 각종 기술을 배울 기회가 주어지며 원하면 대학 등록금까지 지원하여 교육의 혜택까지 부여하고 있다. 집을 살 때는 은행 융자 금액에 해당되는 구입 자금을 무이자로 빌릴 수 있으며 본인과 직계 가족에게 무상으로 건강보험 혜택을 주는 등 많은 혜택을 주고 있어 군 복무에 따른 자부심을 느끼게 하고 있다.

그러나 그들이 군 복무에 큰 자부심을 갖는 것은 국가에서 제공하는 혜택뿐 아니라 국민 전체가 이들에게 크나큰 존경심을 갖고 있기 때문에 가능한 것이다.

1967년 아랍과 이스라엘 전쟁에서 단 6일 만에 이스라엘은 아랍 국가들을 물리쳤다. 전쟁이 발발하자 전 세계에 흩어져 있던 유대인 청년들은 속속 귀국하여 총을 들고 전장으로 나간 반면 아랍의 청년들은 외국으로 도주하거나 숨기 바빴다. 나라를 위해서라면 죽음을 불사르고 조국을 위해 목숨을 바치는 것을 숭고하게 여기는 것과 살기 위해 전장을 등지는 것, 누가 이기겠나?

우리는 제복을 입은 군인이나 경찰을 어떤 안목으로 바라보는가? 군인을 흔히 '군바리'라고 부르며 가볍게 보지 않는가? 질서 유지를 위해 노력하는 경찰의 뺨을 때리고 발길질을 해도 맞고만 있어야 하고 자신을 방어하기 위한 행동을 취하면 국민적 비난을 받는 경찰이 과연 자부심을 가질 수 있을까?

때마침 대통령이 현충일 추념사에서 제복 입은 영웅들이 존경받는 사회를 만들겠다고 국민과 약속했다. 그러나 이들이 국토방위와 국민의 안위를 위해 헌신하는 것을 최고의 명예로 알기 위해

서는 대통령의 약속만 있어서는 안 되며 이들을 우러러보는 전 국
민적 공감대가 형성되어야만 비로소 가능하다.

○ 〈박인철 님의 글〉

샛문과 여백

—

  '도둑은 잡지 말고 쫓으라'라는 말이 있다. 《경행록》에도 "남과 원수를 맺게 되면 어느 때 화를 입게 될지 모른다"라고 했고 제갈 공명도 죽으면서 "적을 너무 악랄하게 죽여 내가 천벌을 받는구나"라고 후회하며 "적에게 퇴로를 열어주면서 몰아붙여야 한다"라는 말을 남겼다.

  어렸을 적 시골집에는 대문 외에 뒤나 옆 모퉁이에 샛문이 나 있는 집이 많았다. 우리 집에도 뒤뜰 장독대 옆에 작은 샛문이 하나 있어서 이곳을 통해 대밭 사이로 난 지름길로 작은 집에 갈 수 있어서 자주 드나들었다. 옛날 어른들은 알면서도 눈감아 주고 속아준 일이 많았던 것 같다. 이것이 '마음의 여유'였고 '아량'이었다.

  내가 열세 살 때의 일이다. 황금 물결 넘실거리던 가을 들녘은 추수가 끝나자 삭막하였지만 넓은 마당은 다니기도 어려울 만큼 낟가리로 꽉 차 있었다. 높이 쌓아놓은 낟가리는 어린 우리들이 보기에도 흐뭇했는데 여름 내내 땀 흘리며 고생하셨던 어른들께서는 더욱 그리하셨을 것이다.

  늦가을 어느 날, 타작을 하며 나락을 마당에 쌓아놓고 가마니로 덮어놓았다. 다음 날 아침 어수선한 소리에 나가보니 거위 한 마리가 목이 잘린 채 대문 앞에 죽어 있었다.

원래 암놈 거위는 목소리가 크고 맑아 소리를 쳐서 엄포를 놓거나 주인에게 구호 요청을 하고 수놈 거위는 걸걸한 목소리를 내며 꽥꽥 소리를 지른다. 또 목을 길게 빼고 날개를 치면서 덤벼들어 물어뜯는 고약한 성질도 가지고 있다. 동네 아이들은 이 거위가 무서워서 우리 집에는 얼씬도 못 했다. 웬만한 개보다도 사나워서 집 지키기에는 안성맞춤이었다. 그 무렵에는 식량이 귀하던 때라 도둑이 많아 개나 거위를 키우는 집이 많았다.

그런데 그날 밤에 도둑이 든 것이다. 거위가 도둑의 바짓가랑이를 물자 낫으로 목을 후려쳐 죽이고 나락을 퍼 담아 간 것이었다. 그날 밤은 바람이 몹시 불어 추웠고 싸락눈까지 내려 발자국이 눈에 선명하게 나타나 있었다. 나는 아버지 뒤를 따라 쫓아갔다. 발자국은 마을의 좁은 길을 지나 맨 꼭대기 오두막집으로 이어져 있었다. 그런데 아버지는 아무 말 없이 뒤돌아서서 발자국을 지우며 내려왔다.

평소 아버지는 호랑이같이 무섭고 급한 성격이라 당장 문을 차고 들어가 도둑의 덜미를 잡고 끌어내서 눈밭에 팽개치거나 동네 사람들을 모아놓고 그들이 보는 앞에서 멍석말이라도 했어야 했다. 그러나 아무 일 없었던 것처럼 뒷짐을 지고 돌아오셨다.

"어린 새끼를 데리고 얼마나 배가 고팠으면 이런 짓을 했을라고."

어린 소견이었지만 여름 내내 불볕더위 속에서 땀 흘리며 농사 지어 탈곡해 놓은 나락을 훔쳐 간 도둑을 당장 요절이라도 냈어야 평소 아버지다운 위엄이 서린 모습이었다.

나는 오랜 세월이 흐른 뒤에야 아버지의 깊은 뜻을 조금이나마 헤아릴 수 있었다. 그것이 '마음의 여유'이고 '지혜'라는 것을, 그리고 도둑은 잡지 말고 쫓으라는 말씀도 함께 말이다.

그날 이후 그 오두막집 남자는 평생토록 그 은혜를 갚기 위해 우리 집에서 살다시피 하며 궂은 일도 마다 않고 도맡아 했다. 서로 아무 말도 하지 않았다. 아버지는 가끔 이런 말을 하셨다.

"세상일은 내 생각같이 되지를 않는다. 남의 사소한 잘못을 덮어주지 못하고 몰아세우고 따지는 우를 범하지 마라. 상대가 도망갈 구멍을 조금은 남겨두어야 한다."

우리 선조들의 너그러움이다. 현대를 사는 우리도 '샛문과 여백', 동양화 그림의 넉넉함과 아름다움을 지키고 살아야 한다. 공자는 "물이 맑으면 고기가 살 수 없는 것처럼 사람도 맑으면 주위에 사람이 없다"라고 했다.

질 줄 알고 너그러움과 배려와 포용이 있어야 한다. 남을 용서하되 내가 용서받을 짓은 하지 말아야 한다.

○ 〈황영자 선생님의 글〉

제4장

용기란

무엇인가

케네디 중위의 용기

—

제2차 세계대전 당시, 존 F. 케네디(John F. Kennedy) 중위는 미해군에 입대하여 태평양전쟁에 참전하였다. 그는 태평양의 솔로몬제도 전투 시, PT-109 초계정 정장으로 일본 해군의 위치를 파악하는 정찰 임무를 띠고 안개 자욱한 바다로 나갔다.

당시 그의 초계정은 레이더가 장착되지 않아 육안으로만 정찰이 가능했다. 일본 해군 배를 찾기 위해 안개 속을 돌아다니던 그의 초계정은 일본 구축함 '천로(天露)'를 들이받아 침몰하였다. 이 충돌로 승무원 13명 중에 2명이 전사하고 생존자 11명은 프랑프팅섬으로 수영을 해서 탈출하였다.

그는 부하를 섬 숲속에 숨겨두고 먼저 단신으로 바다로 나가 지나가는 우군 배와 접촉을 시도했다. 상어한테 물려 갈 수도 있었고, 일본군에게 포로가 될 수도 있었다. 그러나 케네디 중위는 부하의 만류를 뿌리치고 혼자 신호탄만 지니고 망망대해로 4킬로미터나 나아가 바다에 떠 있었으나 우군 배를 만나지 못하고 돌아왔다. 다음 날은 로스 소위가 나갔으나 실패했다. 부하 병사들을 먼저 바다로 내보낼 수도 있었지만 그렇게 하지 않았다.

케네디는 프랑프팅섬에 먹을 것이 없어 굶어 죽을 상황이 되자

다시 울라사나섬으로 부하들과 이동하여 야자열매를 먹으며 연명했다. 그곳에서 우군의 구출을 기대할 수 없다고 판단한 케네디는 부하들을 섬에 숨겨두고 다시 날섬으로 로스 소위와 헤엄쳐 건너갔다. 그들은 거기서 호주군 첩자로 활동하는 현지인을 만났고, 그를 통하여 11명의 생존자 소식을 호주군 감시반장인 에반스 중위에게 전달하였다.

그에게서 답이 왔다.

"날섬의 미군 장교님! 나는 현지인을 통하여 귀관들이 그 섬에 있다는 것을 알게 되었습니다. 이 통신문을 갖고 가는 현지인을 따라서 제가 있는 섬으로 오십시오."

표류 8일 만에 PT-157 초계정에 의해 케네디와 부하들은 구출되었다. 케네디 중위는 그때 그 섬에서 먹었던 야자열매를 갖고 돌아왔다.

그는 대통령이 된 후에 집무실에다 그의 눈길이 닿는 곳에 그 야자열매를 놓아두고 어려운 일이 있을 때마다 인내와 용기 그리고 솔선수범을 키우려고 했다.

위기와 위험 앞에서 두려워하지 않고 자기 자신을 당당하게 만드는 용기, 부하를 아끼고 어려운 일일수록 내가 먼저 모범을 보이겠다는 솔선수범, 곧고 바르게 국가를 위해 내가 무엇을 해야 하느냐를 찾는 자세가 리더의 큰 덕목이다.

친구의 열정

—

내 친구 이만중 군의 열정에 대한 이야기이다.

그가 고려대학교 경영대를 졸업하고 코오롱회사에 들어가서 실크 원단을 개발하기 위해 유행의 중심인 명동에 사무실을 차려 동분서주하던 어느 날, 실크로 된 한복을 곱게 차려입은 중년 여성을 보았다. 그는 여성의 옷을 뚫어지게 보다가 이 여성에게 핀잔을 들었으나 집요하게 설득하여 집에까지 따라가서 옷을 빌려왔다. 그리고 결국 그 옷을 기초로 우아하고 멋진 국산 실크 원단을 개발했다.

"미치면 여자의 옷도 벗길 수 있다. 미쳐라. 미치면 길이 보이고 은인이 나타난다."

이만중 친구의 자서전에 나오는 글이다. 이후 그는 중국에서 손수 차린 'On & On' 상표로 중국 패션계에서 큰돈을 번 명사가 되었다.

긍정의 횃불

—

1975년 여름 어느 날, 박정희 대통령이 현대건설의 정주영 회장을 청와대로 급히 불렀다.

"달러를 벌어들일 좋은 기회가 와서 여러 사람에게 물어봤지만 못하겠다고 합니다. 지금 당장 중동에 다녀오십시오. 만약 정 사장도 안 된다고 하면 그때는 나도 포기하지요."

정 사장이 물었다.

"무슨 얘기입니까?"

"1973년도 석유파동으로 지금 중동 국가들은 달러를 주체하지 못하고 있습니다. 그 돈으로 여러 가지 사회 기반 사업 건설을 하고 싶은데, 너무 더운 나라라 선뜻 일하러 가려는 나라가 없는 모양입니다. 우리나라에도 의사를 타진해 와서 담당자들을 보냈더니 2주 만에 돌아와서 하는 얘기가 너무 더워서 낮에는 일을 할 수 없고 건설 공사에 절대적으로 필요한 물이 없어서 공사를 할 수 없다고 합니다."

"그래요, 오늘 당장 떠나겠습니다."

정주영 회장은 5일 만에 다시 청와대에 들어갔다.

"지성이면 감천이라더니 하늘이 우리나라를 돕는 것 같습니다."

210

"무슨 얘기요?"

"중동은 이 세상에서 건설 공사를 하기에 제일 좋은 지역입니다."

"뭐요!"

"일 년 열두 달 비가 오지 않으니 일 년 내내 공사를 할 수 있고요."

"또 뭐요?"

"건설에 필요한 모래, 자갈이 현장에 널려 있으니 자재 조달이 쉽고요."

"물은?"

"그거야 어디서 실어오면 되고요."

"50도나 되는 더위는?"

"천막을 쳐서 낮에는 자고 밤에 일하면 되고요."

박 대통령은 비서실장을 불렀다.

"현대건설이 중동에 나가는 데 정부가 지원할 수 있는 것은 뭐든 도와줘!"

한국 사람들은 낮에 일하고 밤에는 횃불을 들고 일했다. 세계가 놀랐다. 달러가 부족했던 그 시절 30만 명의 일꾼들이 중동으로 몰려 나갔고 보잉 747 특별기편으로 달러를 가득 싣고 돌아왔다.

사막의 횃불은 긍정의 횃불이다. 긍정은 모든 것을 가능하게 만든다.

○ 〈남궁석 님의 글〉

절망을 이기는 용기

—

노벨문학상을 탄 펄 S. 벅(Pearl S. Buck) 여사는 어린 시절 선교
사인 아버지를 따라 중국으로 갔다. 어느 해, 심한 가뭄이 들었는
데 그곳 사람들은 가뭄이 든 이유로 백인인 펄 벅의 어머니가 신
을 노하게 만들었다고 말했다.

불안에 떨던 사람들은 점점 분노했고 드디어 어느 날 펄 벅의
집으로 쳐들어갔다. 사태를 알아차린 하인들이 어머니에게 피할
것을 권유했지만, 그녀는 조금도 동요하지 않고 집 안의 잔을 전
부 꺼내놓고 차와 케이크와 과일을 준비시켰다.

그녀는 모든 문을 열어놓고 아이들과 함께 거실에 앉아 있었다.
이윽고 함성이 들리고 손에 몽둥이를 든 사람들이 단숨에 집 안으
로 들이닥쳤다. 여느 때는 굳게 닫혀 있던 문이 열려 있는 것을 보
고 모두들 어리둥절한 표정이었다.

"잘 오셨습니다. 들어오셔서 차라도 한잔하세요."

어머니의 권유로 머뭇거리던 그들은 방으로 들어와 차를 마시
고 케이크를 먹었다. 그들은 차를 마시면서 방에서 놀고 있는 어
린아이들을 바라보다가 그냥 돌아갔다. 아무 일도 일어나지 않은
것이다. 훗날 어머니가 펄 벅에게 그날 밤을 회상하며 말했다.

"만약 그때 도망칠 곳이라도 있었으면 그런 용기는 나지 않았을 거다."

이후 펄 벽이 절망의 순간마다 떠올리는 말이 있다.

"용기는 절망에서 생긴다. 그리고 위기는 호기다."

그렇다. 리더는 위기 앞에서 비겁하지 않아야 한다. 위기를 호기로 바꾸는 것은 용기다.

열정

—

　미켈란젤로는 바티칸 시스티나 성당에 1508년에서 1512년까지 4년여에 걸쳐 누구의 도움도 받지 않고 343명의 인물이 들어간 천장 벽화를 그렸다. 벽화는 크기가 183평방미터나 되는 대작이었다. 하루는 그가 사다리에 올라가 천장 구석에 인물 하나하나를 꼼꼼히 그려 넣고 있었다.

　그때 한 친구가 고생하는 그의 모습을 보고 이렇게 물었다.

　"이보게, 그렇게 구석진 곳에 잘 보이지도 않는 것을 그려 넣으려고 그 고생을 하는가? 그래 봤자 누가 알겠는가?"

　미켈란젤로가 대답했다.

　"내가 알지."

○〈이경원 박사의 글〉

에버랜드 이야기

—

1976년 용인자연농원 개장 이래 우리나라의 테마파크 중 가장 큰 규모를 자랑하는 에버랜드는 벌써 50여 년의 세월이 흘렀다. 아주 오래전에 있었던 이야기인데 그곳에 가족들과 놀러 온 부인이 실외에 설치된 간이 화장실 변기에 그만 반지를 빠뜨렸고, 부인은 발만 동동 구르며 어쩔 줄을 몰라 했다.

이 사연을 전해 들은 그곳 직원이 망치를 가져와서 간이 화장실 벽과 변기를 부수고 배설된 인분을 일일이 펼쳐서 두 시간여 동안 애쓴 끝에 반지를 찾아서 그 부인에게 돌려주었다.

그때 일화는 에버랜드에 전설적인 이야기로 남아 있다.

세일즈의 신이 된 비결

—

일본에서 세일즈의 신이라고 불리는 하라이치 헤이가 은퇴 후 기자회견을 가졌다. 한 기자가 영업을 잘하는 비결을 묻자 그는 이렇게 대답했다.

"저는 그저 남보다 많이 걷고 뛰었을 뿐입니다."

그리고는 양말을 벗어 발톱이 뭉개지고 굳은살이 두껍게 붙은 발을 보여주었다. 그는 덧붙여 말했다.

"세일즈를 하고 있지 않을 때는 세일즈에 대한 이야기를 했고, 세일즈에 대한 이야기를 하고 있지 않을 때는 세일즈에 대한 생각을 했습니다."

성공도, 업적도 자신의 일에 미친 사람이 만든다.

This is my job!

—

2001년 9월 11일 미국 뉴욕의 한복판, 자욱한 연기에 뒤덮인 아수라장 속에서 비상계단을 거꾸로 올라가는 사람이 있었다. 그는 소방관이었다. 내려오던 사람들 가운데 누군가가 그에게 물었다.

"거기는 위험한데 왜 올라가는거요?"

의아하게 질문하자, 소방관은 짧게 한마디를 남기고 연기 속으로 올라갔다.

"이게 내 일이야!(This is my job!)"

그 소방관의 마지막 모습이 9·11 추모사진첩에 실렸다. 나이 어린 청년이었다.

지난 2007년 11월 27일 경기도의 한 공장에서 화재를 진압하던 젊은 소방관이 순직했다. 윤재희 소방관의 본 임무는 지휘 차량 운전이었다. 그는 자진해서 진화에 나섰다가 철제빔에 깔려 그만 목숨을 잃고 말았다.

"운전만 하지 왜 자꾸 위험한 현장에 들어가느냐?"라고 약혼녀가 걱정하면 그는 언제나 "불 끄는 것이 소방관인데 운전대만 잡고 있을 수 있나!"라고 했다.

상처 없는 독수리가 어디 있으랴

—

처음부터 유리하거나 불리한 상황은 없다. 대응하기 나름이다. 긍정의 힘 앞에 불가능이란 없다. 어떤 것은 절망이지만, 그걸 뒤집으면 기회다. 어떤 것은 위기라 하지만, 그걸 뒤집으면 찬스다.

상처 없는 독수리가 어디 있으랴. 상처 입은 젊은 독수리들이 벼랑으로 모이기 시작했다. 날기 시험에서 낙방한 독수리, 짝으로부터 따돌림당한 독수리, 윗독수리에게서 할큄을 당한 독수리 등등. 그들은 이 세상에서 자기들만큼 상처가 심한 독수리는 없을 것이라고 생각했다. 그들은 사는 것이 죽느니만 못하다는 데 금방 의견이 일치했다. 이때 망루에서 파수를 보던 독수리 중에 영웅이 쏜살같이 내려와서 이들 앞에 섰다.

"왜 자살하려고 하느냐?"

"괴로워서요. 차라리 죽어버리는 것이 낫겠습니다."

영웅 독수리가 말했다.

"나는 어떤가? 상처 하나 없을 것 같지? 그러나 내 몸을 봐라."

영웅 독수리가 날개를 펴자 여기저기 빗금 친 상흔이 나타났다.

"이건 날기 시험 때 솔가지에 찢겨서 생긴 것이고 이건 윗독수리한테 할퀸 자국이다. 그러나 이것은 겉에 드러난 상처에 불과

하다. 마음의 빗금 자국은 헤아릴 수도 없다."

영웅 독수리가 조용히 말했다.

"일어나 날아라. 주저앉지 말고. 상처 없는 새들이란 이 세상에 나오자마자 죽은 새들이다. 살아가는 우리 가운데 상처 없는 독수리가 어디 있느냐?"

아직도 그렇게 연습을 하십니까?

—

파블로 카살스(Pablo Casals)는 금세기 최고의 첼리스트이다. 그는 90세가 넘은 나이에도 하루에 6시간씩 연습을 하는 대단한 연습광으로 알려져 있었다. 카살스가 95세가 되는 어느 날 영국의 BBC 방송에서 그에 관한 특집을 만들기 위해 기자를 보냈다. 기자는 평소에 궁금하던 질문을 조심스럽게 건넸다.

"선생님께서는 세계 최고의 첼리스트이십니다. 그런데 아직도 그렇게 연습을 하십니까?"

"하하! 나도 그만두고 싶네. 그런데 말이야. 지금도 연습을 하면 할수록 내 실력이 조금씩 나아진단 말이야. 허, 허."

첼로의 성자로 불리는 파블로 카살스는 1876년 스페인 바로셀로나 남쪽의 카탈로니아에서 태어났다. 그는 프랑코 독재에 항거하여 10년간 첼로 연주를 하지 않았다. 1957년 80세에 20세인 제자 몬테스와 결혼했고 96세 영면할 때까지 16년 동안 행복한 삶을 누렸다.

"나는 첼로에게만 머리를 숙인다"라는 유명한 말로써 자기 악기에 대한 최고의 찬사와 존경심을 표했다.

하늘의 우정

—

26대의 독일 공군기를 격추한 영국의 더글라스 베이더(Douglas Bader) 중령의 전공은 적기 격추 기록 100대를 웃도는 슈퍼 에이스들이 즐비한 독일 공군에 비하면 그다지 대단한 것은 아니었다. 그러나 이 베이더 중령은 두 다리가 없는 장애인이었다.

18세가 되던 1928년 일찍 군 생활을 시작한 베이더는 전쟁 전에 일어난 사고로 두 다리를 잃고 영국 공군에서 쫓겨난 비운의 조종사였다. 하지만 수차례나 그는 "의족을 달고도 조종석의 페달을 밟을 수 있다"라고 현역 복귀를 요청했고 본토 항공전에서 조종사 부족으로 시달리던 공군 당국이 그의 요청을 받아들여 다시 전투기를 탈 수 있게 되었다.

영국 공군사관학교 시절 교관이 "이 친구는 일찌감치 전사하지 않으면 영웅이 될 것이다"라고 평했던 것처럼 그는 타고난 조종사였다. 혼자서는 전투기 조종석에 올라앉을 수도 없는 나무 의족을 단 채로 불꽃 튀는 본토 항공전에 뛰어든 그는 1940년 8월 말까지 보름여의 짧은 기간 동안 12대의 독일기를 격추하여 일약 하늘의 영웅이 되었다.

베이더는 무자비한 싸움꾼이었고, 그걸 즐겼다. 그는 낙하산으로 탈출하는 독일군 조종사들까지 사살하라는 상부의 지시를 열광적으로 환영하였고, 붉은색 적십자 마크를 그려 넣은 독일군의 해상구조기를 향해서도 가차 없이 기관총탄을 퍼부었다.

"나는 말뿐인 기사도 따위를 경멸한다. 전쟁은 크리켓 게임처럼 한바탕 페어플레이를 펼친 후에 땀을 닦으며 악수를 나누는 그런 것이 아니라 오직 죽느냐, 죽이느냐만 있을 뿐이다."

그에 반해 1912년 생으로 베이더보다 두 살이 적었던 독일 공군의 에이스 아돌프 갈란드(Adolf Galland) 소령은 모든 면에서 영국의 베이더와는 대조적이었다.

그는 권위적인 상관에게 거침없는 직언을 하기로 유명했다. 공군 사령관 괴링이 낙하산으로 탈출하는 영국 조종사를 사살하라는 명령을 내렸을 때 거침없이 이런 말을 했다.

"그것은 비인도적인 짓입니다. 영국 친구들이 좀 심하긴 하지만 우리까지 그럴 필요는 없다고 봅니다. 기체가 격추된 순간 이미 승부는 끝난 것입니다."

영국과 독일의 두 엘리트 전투기 조종사가 마침내 마주 대할 기회가 왔다. 1941년 8월 9일, 프랑스 상공에서 벌어진 공중전에서 격추당한 베이더 중령이 독일군의 포로가 되었다. 갈란드는 그 유명한 "나무다리의 영국 에이스 조종사"가 입원해 있는 성 오버 병원을 방문했다. 이때부터 국적을 초월한 두 에이스의 우정이 시작되었다. 자존심이 강한 베이더가 자신을 격추시킨 독일 조종사가 하사관이라는 소문에 자존심에 상처를 입은 것을 알게 된 갈란드는 그 조종사가 하사관이 아니라 숙련된 고급장교라고 말해주었고 독일군 공군기지를 견학하고 싶다는 베이더의 청을 받아들여 기꺼이 자신의 승용차를 내주기까지 했다.

"Me-109 전투기에 올라 조종간을 쥐어보고 싶다"라는 베이더의 청에 갈란드는 이렇게 대답하고 너털웃음을 터트렸다.

"그건 안 된다. 그 부탁을 들어주면 자네는 바로 날아올라 도버 해협을 건너가 버릴 것 아닌가? 내가 또 자네를 격추시키기 위하여 쫓아가야겠나?"

격추될 때 달고 있던 의족이 망가져서 영국제 의족이 필요하다는 베이더의 요청 역시 갈란드는 들어주었다. 그 무렵 독일 전투기 부대의 총감을 맡고 있던 갈란드는 그 내용을 영국 공군에 전달하는 한편 부하들에게는 베이더의 의족을 싣고 오는 영국기를 공격하지 말라고 엄명을 내렸다.

영국 공군의 폭격기가 베이더의 새 의족을 낙하산에 매달아 투하해 주고 돌아가는 길에 활주로에다가 폭탄을 떨어뜨리고 도망갔다는 보고를 받고는 갈란드는 이렇게 한마디 던졌다.

"그거, 참. 신사협정이 통하지 않는 친구들이군!"

1945년 종전과 함께 두 조종사의 운명은 반전되었다. 신형 제트 전투기 비행대를 편성하는 중책을 맡아 고군분투하고 있던 갈란드 중장은 부상을 입고 미군의 포로 신세가 되었고 베이더는 포로

수용소 생활을 끝내고 영국으로 돌아왔다.

연합군의 군 수사기관은 체포된 독일군 고위 장성에 대한 전범 혐의를 조사하기 시작했고, 중장으로 진급해 있던 갈란드도 그 대상에 포함되었다. 원래 패전국의 전쟁 영웅만큼 초라한 것이 없다. 그러나 전쟁 기간 중 우정을 나눈 영국의 베이더 중령이 그를 변호하고 나섰다. 베이더 중령의 변론에 힘을 입었던지, 아니면 명령에 따라 정정당당하게 싸운 것밖에는 어떤 범죄 혐의도 찾지 못해서인지 1947년 갈란드는 석방되어 자유의 몸이 되었다.

영국으로 돌아간 베이더 중령은 종전과 함께 은퇴하여 고향 마을 도체스터에서 조용히 여생을 보냈지만, 두 전쟁 영웅의 우정은 평생토록 유지되었다. 아돌프 갈란드가 죽었을 때 베이더의 아들이 갈란드의 관을 들었다고 한다.

ㅇ 《맛있는 인생》(국방부)

미 해군 제7함대 사령관 로젠버그

—

제2차 세계대전 참전 해군 전투기 조종사로 활약했던 해군장교가 암에 걸려 군대를 떠나게 되었다. 그는 이미 네 번이나 암 수술을 받았고 의사는 최후통첩을 했다.

"당신은 앞으로 3개월밖에 살 수 없습니다."

그는 마지막 남은 3개월이라는 값진 시간을 결코 헛되이 보내고 싶지 않았다. 그리고는 지난날을 되돌아보니 미국 해군사관학교 졸업생으로 최선을 다했던 그때만큼 열정적으로 살았던 적이 없다는 것을 깨달았다.

그는 곧 국회와 백악관으로 달려가서 다시 현역 군인으로 복무하게 해달라고 청원했다. 대통령은 그가 다시 해군장교로 복무하는 데 동의했다. 그는 군대에 복귀해서 예전보다 더 의욕적으로 일에 몰두했고, 몸을 아껴도 얼마 살지 못할 거라고 생각해 사병의 일까지 자진해서 맡아 해냈다. 그렇게 3개월이 지났다. 하지만 그는 죽지 않았다. 또 3개월이 지나도 그는 죽지 않았다.

그는 늘 '숨이 붙어 있는 한 내가 맡은 일을 완수한다'고 다짐하며 동료나 부하의 만류를 뿌리치고 임무에 매진했다. 3년이 지나도 그는 무사했다. 오히려 암의 증세가 점점 사라지고 있었다.

의사와 주변 사람들은 모두 놀라움을 금치 못하며 기적이라고 입을 모았다. 이 장교가 바로 무적함대로 세계에 용맹을 떨친 미 해군 제7함대 사령관 로젠버그다.

만일 로젠버그가 3개월밖에 살 수 없다는 선고를 받았을 때 좌절했다면 그런 결과를 낳을 수 있었을까? 죽음마저도 물리친 로젠버그의 비결은 특효약이나 기적이 아니었다. 신념의 힘이 그런 위대한 결과를 가져온 것이다. 이처럼 한 인간의 긍정적 사고와 신념은 죽음보다도 강하며 자신의 운명마저 바꿔놓기도 한다.

버큰헤드호의 침몰

—

1852년 2월 27일, 영국 군함 버큰헤드호가 군인 472명, 부녀자 162명을 태우고 아프리카로 항해하고 있었다. 새벽 2시경 배가 암초와 충돌하여 배 밑의 구멍으로 바닷물이 솟구쳐 올랐다.

근무자가 잠자는 군인들을 깨워 갑판 위에 집합시켰다. 선장의 지시로 질서정연하게 민간인과 부녀자, 아이들은 먼저 구명보트에 태웠다. 선장은 군인들에게 고함을 지르면서 "그대들도 모두 뛰어내려 저 보트에 올라타라"라고 말했다.

그때 스코틀랜드 연대의 라이트 대위가 그들을 가로막고 "진정한 군인은 내 말을 들어라. 너희들이 바다에 뛰어들어 보트에 매달리면 보트는 뒤집히고 말 것이다. 국민을 지켜야 할 군인인 우리는 꼼짝 말고 이 자리에 서 있어라" 하면서 "차렷!" 하였다.

라이트 대위는 장병들과 꼼짝도 하지 않고 서 있었다. 물이 차올라도 움직이지 않았다. 영국 해군의 명예를 걸고 거수경례를 하면서 바닷속으로 가라앉았다. 영국 해군의 전통이다.

2014년 4월 16일에 일어난 세월호 침몰 당시 선장이 학생들을 버리고 탈출하는 비굴함과 너무 대조적이다.

○ 〈지휘통솔의 실체〉(육군본부)

미리 준비하면 이긴다

—

6·25 동란 때, 춘천 지구 전투는 낙동강 전투, 인천상륙작전과 함께 6·25 전쟁의 승패를 가름한 3대 전승으로 평가받고 있다. 그 이유는 서울을 빼앗긴 국군의 주력 부대가 한강 이북에서 적에게 포위되어 섬멸되는 것을 막아주었기 때문이다.

6·25 전쟁 발발 시 채병덕 육군참모총장은 '6월 위기설'에 관한 구체적인 정보보고를 무시하다가 6월 25일 전면 남침을 당하자 놀라서 허둥대다가 하동 근처 야산에서 적탄에 맞아 전사했다. 유비무환의 정신이 없었기 때문이다.

춘천 전투는 국군 6사단과 북한군 2군단 간의 전투였다. 북한군 2군단은 춘천과 홍천을 점령한 후에 서울 동남쪽과 수원 방향으로 크게 우회해서 국군을 포위하여 국군의 야전군을 섬멸할 계획이었다. 그러나 국군 6사단은 보병과 포병 협동작전으로 추가로 투입된 북한군 12사단의 2개 연대마저 격퇴했다.

춘천 지구 전투에서는 사상자 6792명, 포로 122명, SU-76 자주포 18대를 노획하는 전과를 올렸다. 개전 초기 6사단의 승전이 없었다면 국군의 야전군이 한강 북방에서 포위되는 처참한 상황이 되었을 것이다. 당시 김종오 사단장과 6사단 장병들의 아낌없는 구국 정신에 경의를 표한다.

다른 전투에서는 전부 밀렸는데 춘천에서만 성공했던 비결은 무엇일까? 평상시 지도자는 "내일 내 앞에 무슨 일이 벌어질까를 항상 고민하고 예측하고, 사전에 철저히 연습하는 것이 나도 살고 나라도 사는 길이다"라고 했다.

김종오 사단장은 간부 교육을 철저하게 했다. 전투를 직접 실시하는 중·소대장, 대대장들에게 서로 협력하고 화력과 노력을 통합하는 능력을 사전에 충분히 교육시켰다. 보병이 포병과 박격포를 어떻게 운용하는지를 충분히 연습시켰기 때문에 적이 나타나도 당황하지 않고 연습한 대로 실천했다. 사전에 연습함으로써 장병들이 자신감을 키우고 당황하지 않고 배운 대로 잘 싸웠다. 이것이 6사단이 춘천을 지킨 비결이다.

○ 〈선영재 장군의 글〉

불가능을 가능하게 만드는 자신감

—

윌마 루돌프(Wilma Rudolph)는 1960년 로마올림픽 100·200·400 미터 육상에서 3관왕을 차지한 미국의 흑인 여자 육상 선수다. 그녀는 어린 시절 대부분을 침대에서 보냈다. 그녀가 살던 클락스빌에 전염병이 발생하면 그녀를 빼놓고 지나가는 법이 없었다.

클락스빌의 유일한 병원은 백인 전용이었다. 윌마는 5살이 되기 전에 성홍열을 심하게 앓았고 폐렴에 걸려 겨우 죽을 고비를 넘겼고 또 왼쪽 다리가 휘기 시작해서 의사는 소아마비 선고를 내리면서 살아남아도 걷지 못할 것이라고 했다. 의사의 진단을 들은 그녀는 절망의 늪에 빠졌다.

그녀를 구한 것은 가족이었다. 가족들의 끊임없는 보살핌으로 절망의 늪에서 빠져나와 힘과 용기를 냈고 시간이 지남에 따라 '기적의 아이'로 다시 태어났다. '다시는 걸을 수 없다'고 의사들은 말했지만 어머니는 할 수 있다는 믿음으로 그녀를 보살폈다.

윌마 양과 어머니는 토요일마다 내슈빌에 있는 종합병원으로 가서 물리치료와 마사지를 열심히 받았다. 어머니를 포함한 가족들은 마사지 치료 방법을 배워서 윌마에게 하루 네 번 마사지를 해주었다.

21명의 형제자매 중 20번째로 태어난 그녀에게 온 가족이 정성을 다해 매달렸다. 그녀는 조금씩 나아지기 시작했고 마침내 9살 때 보행 보조기를 떼어냈고 11살 때는 농구를 시작했다. 가족의 정성이 만들어낸 기적이었다.

이 소녀의 모습을 지켜본 테네시 주립대학교의 여자 육상팀 감독이었던 에드 템플은 윌마를 대학 육상팀 여름 캠프에 초대했다. 그녀는 여름 캠프 내내 달리기를 배워 달리고 또 달렸다.

1956년, 16살이 된 윌마는 멜버른올림픽의 미국 여자 육상 대표로 출전했다. 100미터, 200미터에서는 선발전을 통과하지 못했으나 400미터 계주에 나가 동메달을 목에 걸었다. 20살이 된 윌마는 건강하고 빠른 육상 선수로 성장했다. 여자 100미터, 200미터, 400미터 계주에서 총알처럼 질주하는 그녀를 아무도 따라갈 수 없었고 여성 최초로 올림픽 3관왕이 되었다.

가난한 집안의 소아마비 흑인 아이, 병치레나 하던 허약한 소녀가 인종차별의 장벽과 신체적인 결함을 가족들의 헌신과 노력으로 극복했다. 세계 사람들은 그녀를 기적의 아이, 검은 가젤이라고 불렀다. 그렇다. 앞으로 보면 절망이고 뒤집으면 기회다.

○《윌마 루돌프 양의 자서전》

이제 살았다

—

사람들은 조직 내에서 안전이 보장되지 않으면 두려움을 느끼고 그 두려움은 공포나 공황 상태로 발전되어 조직은 힘도 발휘하지 못한 채 스스로 무너지기도 한다.

1969년, 내가 베트남에서 중대장을 할 때다. 우리 중대는 연대 작전에 참가하여 밀림이 우거진 산 위로 올라가며 수색을 하는 임무를 받았다. 중대원이 산을 향해 움직이자 산에서 우리를 내려다보고 있던 적의 박격포탄이 떨어졌다. 파편이 한 병사의 배를 치고 나가 장기가 튀어나왔다.

나는 적의 관측을 벗어나기 위해서 산 밑으로 소대를 이동시켜 더 큰 피해가 발생하지 않도록 하고, 부상병은 내가 처리할 터이니 신속히 전진하라고 했다. 혼자 밭고랑에 엎드려 있던 부상병은 스스로 움직일 수가 없으니 자기를 끌어내 달라고 고함쳤지만 적의 관측사격을 우려하여 바로 위생병을 보내지 못했다. 나중에 위생병이 들어가 부상병을 데리고 나왔는데 많은 피를 흘려 얼굴이 창백했다.

배 밖으로 나온 장기를 보고 놀라지 않을 사람이 어디 있겠는가. 나를 본 그 병사는 "어려운 순간에 부상까지 당해 지휘를 어렵게 만들어 죄송합니다"라고 인사까지 했다. 그런데 피를 많이 흘리고 긴장이 풀린 탓인지 갑자기 의식을 잃고 혼절해 버렸다. 다행히 후송 헬기가 신속히 도착하여 응급조치를 받고 야전병원에서 응급 수술을 받은 후 완쾌되었다. 그 병사가 완치된 후 귀국하기 전에 중대를 찾아왔다.

그 병사는 내게 이런 말을 했다.

"파편을 맞아 장기까지 쏟아져 나온 것을 보고 이젠 죽었구나했지만 중대장님이 있는 곳까지만 가면 살 수 있을 거라고 생각했습니다. 위생병의 도움으로 중대장님을 보는 순간 '이제는 살았구나!' 하는 생각이 들자 안도감에 정신을 잃었습니다."

죽음의 문턱에서도 부하들이 나를 보면 '이제는 살았구나!' 하는 믿음을 주는 리더가 되어야 한다는 것을 나는 그때 절실히 깨달았다.

희망의 지도

—

영국의 특수부대 구르카(Gurkhas) 사단은 용맹스러운 군대로 정평이 나 있다. 대원들은 모두 네팔 출신의 구르카족으로 세계 분쟁 지역에 파견되어 맹위를 떨쳤다. 구르카 사단은 제2차 세계대전 당시 미얀마 전투에 투입되었다.

그때 한 병사가 대열에서 낙오했다. 그런데 그 병사는 4개월 동안 2천 킬로미터 이상을 걸어서 아군의 진지로 돌아왔다. 대원들이 깜짝 놀라서 그 비결을 물었다.

"나는 정글을 헤매며 죽을 고비를 수없이 넘겼다. 그러나 지도를 보며 희망을 잃지 않았다."

그 병사가 주머니에서 구겨진 지도 한 장을 꺼냈다. 그런데 그것은 정글 지도가 아니라 런던 시내 관광 지도였다. 그는 "나는 살아서 꼭 런던을 구경해야지"라고 생각했다. 그 병사를 구한 것은 '지도'가 아니라 '희망'이었다.

영상 13도에서 얼어 죽은 사람

—

구소련에서 있었던 일이다. 철도국에서 일하는 직원이 냉장고 화차 속으로 들어간 후, 실수로 밖에서 문이 잠겨 냉장고 화차 안에 갇히고 말았다. 그런데 이 냉장고 화차는 고장이 나 있었고 기계가 작동되지 않아 공기도 충분했고 온도도 섭씨 13도로 살 수 있는 정도였다.

그러나 몇 시간 후 다른 직원이 냉장고 화차의 문을 열었을 때, 그는 죽어 있었다. 죽을 만한 환경이 아니었는데 왜 죽었을까? 사람들은 고장 난 냉장고 화차 안의 벽에 쓰인 글을 보고 그 이유를 알았다. 거기에는 이렇게 씌어 있었다.

"점점 몸이 차가워진다. 나는 점차 몸이 얼어옴을 느낀다. 아마 이것이 마지막일지 모른다."

자포자기와 절망이 그를 죽인 것이다. 그래서 '희망이 있고, 내일이 있고, 할 수 있다'라는 자신감은 사람을 죽지 않고 살게 만든다.

○〈이경원 박사의 글〉

몽골에 심은 한국인의 혼

—

몽골 수도 울란바토르의 국립공원에는 기념비 하나가 서 있다. 비석의 주인공은 한국인 이태준 선생이다. 그는 몽골의 마지막 칸이었던 보그드 칸의 주치의로 일하며 독립운동을 하다 처형되었다.

그는 1883년 경남 함안에서 태어나 세브란스 의전에 다니던 중, 일제의 고문 후유증으로 세브란스에 입원한 도산 안창호 선생님을 치료하면서 조국의 비참한 현실을 깨달았다. 의사 이태준은 사촌 처남 김규식의 권유로 울란바토르로 건너가 항일 단체를 도우며 '동의의국'이라는 병원을 열어 몽골인들의 질병을 치료했다.

당시 몽골에는 소위 화류병이라 하는 성병이 국민의 70~80퍼센트가 될 정도로 만연했었는데 그는 이 성병 퇴치에 큰 업적을 올렸다. 이태준은 몽골 사람들에게 "신통한 의술을 지닌 까레이 의사(고려인 의사)"로 알려지면서 선생은 신이며 "극락세계에서 강림한 여래불"로 추앙을 받고, 보그드 왕의 주치의가 됐다.

1919년에는 몽골 최고 훈장 '에르테닌오치르'를 받았다. 선생은 의열단에 가입해 독립운동 자금을 상해임시정부에 전달하고, 항일운동을 위한 무기를 만들려고 헝가리 출신 폭탄 제조 기술자와 접촉도 했다.

그는 일본과 협력 관계를 유지해온 러시아 백군에 붙잡혔다. 당시 러시아 사회주의 혁명에 반대하여 내전을 치르던 백군 중의 일부가 1912년 울란바토르를 점령했다. 그들은 유대인을 학살하고 중국계 은행을 약탈했다. 이 과정에서 러시아 백군에게 부역을 한 일본인의 밀고로 이태준 선생이 체포되어 38세에 처형을 당했다.

몽골을 여행하는 사람은 이태준 선생의 기념비를 꼭 찾아보기 바란다. 대한민국은 이런 분들의 노력과 희생으로 탄생하고 발전했다.

○《CEO 칭기스칸》(김종래, 삼성경제연구소)

행운은 용기 있는 자의 편이다

—

　미국의 남북전쟁에서 가장 혹독한 전투였고 승리의 전환점으로 평가되는 전투가 게티즈버그 전투이다. 게티즈버그 전투 4개월 후인 1863년 11월 19일 그곳에서 링컨 대통령이 "국민의, 국민에 의한, 국민을 위한 정부"라는 가장 위대한 연설을 했다.

　게티즈버그 전투는 2만 8천 명의 남군과 2만 3천 명의 북군이 생명을 잃는 혈투를 벌이면서 북군의 승리로 끝났다. 리 장군이 사령관으로 있는 남군은 이 전투에서 발생한 열세를 만회하지 못하고 아포메톡스에서 북군 사령관 그랜트 장군에게 항복했다.

　승패를 좌우한 것은 북군의 3군단장 다니엘 E. 시클스(Daniel E. Sickles) 장군의 초인적인 인내와 영웅적인 용기였다.

　북군이 방어배치를 조정하면서 2군단과 3군단 간에 상당한 거리의 간격이 생겼다. 이 취약점을 발견한 남군은 과수원과 밀밭으로 1개 사단을 투입하여 이곳은 처절한 격전장이 되어버렸다.

　시클스 장군은 말 위에 올라 부하들에게 "진지를 사수하라"고 외쳤다. 그때 남군이 쏜 포탄이 폭발하여 파편이 무릎에 박히면서 그는 말 위에서 떨어졌다. 이를 본 장병들은 군단장이 전사한 것으로 알고 동요했고 전사했다는 유언비어가 퍼지면서 전의가 상실되었으며 진지를 이탈하는 장병이 생기기 시작했다.

장군은 들것을 가져오게 해서 그 위에 올라앉아 부하들에게 자신이 살아 있다는 강인한 모습을 보여주었다. 들것 위에서 상체를 일으켜 "한 치도 물러서면 안 된다"고 외치며 장병들의 분투를 독려했고, 그의 부하들은 끝까지 진지를 사수했다. 3일째 되는 날도 남군은 광대한 전선에 대대적인 공세를 폈으나 거듭 실패했다. 시클스 장군은 남군의 집요한 공격을 격퇴하고 북군의 중앙군으로 하여금 반격을 하여 전투를 승리로 끝내게 했다.

전투가 끝난 후 야전병원으로 후송된 시클스 장군은 중상을 입은 다리를 절단했다.

"값진 피를 흘릴 각오 없이는 승리를 얻을 수 없다."

○《남북전쟁과 전쟁론》

바람과 함께 사라지다

—

마거릿 미첼(Margaret Mitchell)은 스물여섯 살 때 교통사고로 다리를 다쳐 다니던 신문사를 그만두었다. 그녀는 병상에 누워 소설을 쓰기 시작했고, 10여 년 동안 1천 페이지가 넘는 대작으로 소설을 탈고했다. 그 소설이 《바람과 함께 사라지다》였다.

원고를 탈고한 후 그녀는 3년 동안 많은 출판사의 문을 두드렸지만 아무도 그 소설에 관심을 두지 않았다. 그러던 어느 날 밀런 출판사를 찾아갔는데 편집장인 레이슨이 출장을 가기 위해 역으로 떠났다고 했다.

미첼은 역으로 달려가서 가까스로 원고를 전할 수 있었다.

"제발 제 원고를 한 번만 읽어주세요."

하지만 레이슨은 기차에 오르자마자 원고를 한쪽에 내던졌다. 잠시 후 승무원이 레이슨에게 한 통의 전보를 전했다.

"한 번만 읽어주세요. 미첼 올림."

이번에도 레이슨은 원고 더미를 흘깃 쳐다볼 뿐이었다.

조금 지나서 다시 승무원이 다가와 똑같은 내용의 전보를 전했다. 세 번째 전보가 도착한 뒤에야 레이슨은 원고를 끌어당겨 펼쳐보기 시작했다. 그는 바로 원고에 빠져들었고, 내려야 할 역마저 지나치고 말았다.

만약 미첼이 기차에 오른 레이슨에게 전보를 보내지 않았다면, 아니 전보를 두 번만 보내고 포기했다면, 어쩌면 명작《바람과 함께 사라지다》는 영원히 세상에 나오지 못했을 것이다. 간절한 염원에는 하나님도 사람의 마음을 움직이게 하신다.

AAA-O 연대

—

살아가면서 서로 죽이기 시합을 하는 전투 현장을 보는 것보다 더한 두려움은 없을 것이다. 이 두려움을 극복하지 못하면 싸울 수가 없다. 이때, 윗사람의 자세는 이기거나 지는 승부의 열쇠가 된다. 지휘관이 당당하면 병사들도 당당하고, 겁을 먹고 떨면 병사들도 떨고 그 전투는 이기지 못한다.

제2차 세계대전 중인 1943년 시칠리아 전선에서 해리 A. 플린트(Harry A. Flint) 대령은 39연대장으로 병사들의 호를 다니면서 부하들에게 이렇게 말했다.

"지난번 제1차 세계대전 때 보니까 독일 놈들이 총을 잘 쏘지 못해. 서서 다니는 나도 맞추지 못했어. 지금도 마찬가지야. 자, 고개를 들고 한바탕하자."

병사들은 연대장을 보면서 신이 났다. 전투는 연전연승했다.

그의 철모에는 'AAA-O'라는 글자가 새겨져 있었다. 글자의 뜻을 묻는 부하장교에게 "Anywhere, Anytime, Anything"이라고 알려줬다. 즉, 다 좋다는, 다 'OK'라는 뜻이었다.

며칠 후 모든 병사의 철모, 총, 포신, 지프차, 트럭까지 'AAA-O' 글자가 붙기 시작했으며 39연대의 상징이 되어 전 미군 사이에서 가장 독특한 부대 표시가 되었다. 39연대에는 지금까지 신병들에게 플린트 대령의 'AAA-O' 이야기가 전설처럼 전해지고 있다.

윗사람의 긍정적 사고와 모범적 행동은 아랫사람들이 가지고 있는 두려움을 용기로 만든다.

한 청년의 집념과 용기가 이스라엘을 산유국으로

—

이스라엘은 산유국들에 둘러싸여 있으면서도 석유가 한 방울도 나지 않는 나라였다. 이로 인한 고통이 말할 나위가 없었다. 이스라엘을 미워하는 주변의 아랍 산유국들이 이스라엘에 석유 공급을 금지했기 때문이었다.

그런데 지금 이스라엘은 오히려 석유를 수출하는 나라가 되었다. 루스킨이라는 청년은 소련에서 지질학을 공부하고 석유 채굴회사에서 10여 년 근무하다가 이스라엘로 이주해 온 유대인이었다. 그는 조국 이스라엘에 와보니 산유국에 둘러싸여 있으면서 정작 이스라엘은 석유가 한 방울도 나지 않는다는 사실에 충격을 받았다. 그래서 이스라엘 땅 어딘가에 석유가 묻혀 있을 것이라는 믿음을 가지고 구약성서를 읽기 시작했다. 그러던 어느 날 신명기 33장 24절을 읽게 되었다.

"아셀에 대하여는 일렀으되 아셀은 아들들 중에 더 복을 받으며 그의 형제들에게 기쁨이 되며 그의 발이 기름에 잠기리로다."

이 말을 읽자 그는 무릎을 쳤다. '아셀 지파'가 물려받은 지역에 석유가 있을 것이라는 막연한 믿음이 확신으로 바뀌었다. 그 후로 18년간을 그는 낡은 장비를 들고 아셀 지파의 땅 이곳저곳을 시추

하러 다녔고, 드디어 이스라엘이 100년 간 사용할 수 있는 양의 석유가 매장된 유전을 발견하였다.

한 청년의 집념과 도전과 노력이 이스라엘을 반석 위에 올려놓았고 세계가 인정하는 '작지만 큰 나라가' 되었다. 아셀 지파 지역은 이스라엘의 지중해 연안 도시 하이파와 텔아비브 앞바다이다. 2010년 12월 30일, 미국 《월스트리트 저널》은 이곳에 천연가스 4,531억 세제곱미터, 석유 17억 배럴이 묻혀 있다고 발표했다.

○ 〈이정현 목사님의 글〉

읍참마속

—

AD 277년 3월, 촉(蜀)의 제갈공명은 대군을 이끌고 출정하여 위(魏)나라의 군사를 무찔렀다. 놀란 조조는 사마중달(司馬仲達) 장군을 보내 제갈공명의 군대와 대치시켰다. 이 소식을 들은 제갈공명은 보급로인 가정(街亭)을 수비할 장수를 물색했는데 이때 제갈량이 아끼는 마속(馬謖)이 자원하고 나섰다.

지략이 뛰어난 제갈공명이 마속을 보내기를 망설이자 마속은 "만일 제가 패하면 저는 물론 제 일가 권속까지 모두 참형을 주셔도 원망하지 않겠습니다"라며 출정을 자청했다. 마속의 다짐을 받은 제갈공명은 숙고 끝에 가정에 있는 삼면이 절벽으로 둘러싸인 산기슭의 도로를 사수할 것을 마속에게 명했다.

가정에 도착한 마속은 지형을 살펴보니 적을 유인해서 역공을 하면 좋겠다고 생각하고 산 위에 진을 치고 적을 기다렸다. 그는 도로를 지키라는 명령을 위반하고 산 위로 올라갔다. 그러나 위나라 군사는 산에 마속의 군대가 포진한 것을 알고, 산기슭 밑에 포진하고 산 위로는 공격하지 않았다. 곧 마속의 군대는 식수와 식량이 바닥나 더 버티지 못하고 패했다.

군사를 후퇴시킨 제갈공명은 마속에게 중책을 맡긴 것을 크게 후회하였다. 그리고 명령을 어긴 죄를 물어 이듬해 5월 마속의 처형 날이 왔다.

"마속은 유능한 장수요 공을 많이 세웠다. 하지만 사사로운 정에 끌려 군율을 저버리면 마속의 죄보다 더 큰 죄를 짓는 것이요, 아끼는 사람일수록 가차 없이 처단하여 대의를 바로 잡지 않으면 나라의 기강이 무너진다."

"마속은 출정하기 전에 산에 오르지 말고 반드시 도로를 지키라는 명령을 받았는데 산에 올랐다. 명령 위반이다."

마속이 형장으로 끌려가자 제갈공명은 소맷자락으로 얼굴을 가리고 마룻바닥에 엎드려 울었다. 아까운 장군을 스스로 죽게 하기 때문이었을 것이다.

읍참마속(泣斬馬謖), 눈물을 흘리며 마속의 목을 벤다. 사사로운 정을 단호하게 물리칠 수 있는 용기, 명령을 어긴 측근의 목을 치는 옛사람의 용기는 지금의 우리에게 많은 교훈을 준다.

○《나쁜 전쟁 더 나쁜 전쟁》(노병천, 양서각)

비방은 묵살하고 험담에는 침묵하고 비난을 두려워 말라

—

세상사에서 가장 사람을 좌절시키는 것이 비방이다. 현실에서 수없이 겪을 것을 각오하라. 비난이 두렵고 겁이 나서 그 앞에 무릎 꿇는다면 세상사 될 일이 하나도 없다. 링컨은 가장 존경받는 정치가이면서 욕을 제일 많이 먹은 정치가이기도 하다.

링컨은 자기에게 퍼부어진 신랄한 비판에 일일이 대응했더라면 남북전쟁도 치르지 못하고 죽었을 것이라고 고백했다.

"나는 누가 뭐라고 해도 내 신념을 밀고 나갈 것이다. 내겐 너의 비난이 중요한 것이 아니라 오직 일의 성공이 중요한 것이다. 만일 일의 결과가 나쁘면 열 명의 천사가 나를 칭찬해도 그것은 나에게 아무 의미가 없다."

이 링컨의 신념을 처칠은 서재 벽에 걸어두었고, 맥아더는 전쟁 중에 사령부 책상 앞에 걸어두었다.

비방은 묵살하고, 험담에는 침묵해라. 건전한 비판이나 일리가 있는 비난은 받아들여야 한다. 그러나 비난은 음해성이 대부분이고 그렇게 비난하는 사람은 인격적으로 모자란 사람이다. 잠시의 분노를 참지 못하여 내일의 근심거리를 만들지 마라. 남이 내게 한 험담이 내게 다시 돌아올 때는 보태고 또 보태서 엉뚱하게 변질된 내용이 돌아온다. 여기에 민감하게 반응하면 나를 망친다.
가장 현명한 길은 험담에 침묵하는 것이다. 그리고 남을 험담하는
사람은 몸에서 구린내가 나니 가까이하지 마라.

○〈박정기 선배님의 글〉

전장에서는 공포가 어떻게 나타날까

—

　강원도 GOP로 투입되는 장병들에게 전투에 대한 강의를 해달라고 초청을 받았다. 그때 한 초임장교가 공포에 대한 질문을 했다. 이에 대한 답은 전투하는 전장에서 벌어지는 일에 관해 설명하면서 할 수 있다.

　제2차 세계대전 때, 서태평양의 마킨섬에 상륙한 미군이 일본군과의 야간전투에서 1개 대대원 중에서 36명만이 제대로 사격을 했고, 바다거북의 산란지로 유명한 일본 남부 가고시마현의 휴양지 오하마 상륙작전 때는 5개 중대 중에서 5분의 1만이 사격을 제대로 한 것으로 판명되었다.

　제2차 세계대전 승패의 교두보가 되었던 노르망디 전투의 프랑스령 카랑탕을 탈환하는 중요한 전투에서는 미군의 하사관이 총상을 입고 혼자 대대 구호소로 뛰어가자 소대원들이 철수하는 줄 알고 전부 뒤를 따라와서 전선이 무너진 적이 있다. 노르망디 전투에서도 진지를 점령하려고 뛰어가는 포병 관측반을 보고 대대가 철수하는 줄 알고 좌·우측 소대가 전부 뒤를 따라 뛰어가 전선이 허물어졌다.

　알류산 열도에 상륙한 캐나다군과 미군은 상륙 첫날 58명이 부상당하고 25명이 전사했다. 일본군은 일주일 전에 이미 철수하여 아무도 없는데 말이다. 밤새 자기들끼리 싸운 것이었다. 미군 병사가 누구냐고 물으니 상대 미군은 일본군이 영어도 잘한다면서 마구 총을 쏘아대었다. 다 공포 때문이다.

우리 전방에서는 야간 매복 시, 깜박 졸던 신임 소위가 용변을 보고 돌아오던 자기 부하를 쏴서 죽인 일도 있다. 대 침투작전 시 졸던 병사가 인접 호에서 근무하던 중대장의 철모가 움직이는 것을 보고 적으로 오인하여 총을 쏴서 중대장을 죽게 한 일도 있다. 다 공포 때문이다.

베트남에서는 매복을 나간 병사가 겁에 질려 자기 발등을 쏴서 자해를 하고, 졸고 있던 60미리 박격포 반원과 화기 소대장이 박격포를 거꾸로 우군 진지에 쏜 일도 있다.

공포는 전염성이 강하고 유언비어와 함께 휘말리면 전선이 무너지고 통제가 안 되며 나라 전체가 무질서로 바뀐다. 한번 퍼지면 수습이 불가하고 공황으로 발전하며 명령 불복종, 자해, 항복이 나타난다. 민간인 쪽에서는 주민 통제 불가 상태가 발생한다.

단순히 기계적인 복종에 익숙한 장병, 과잉보호와 안락한 생활, 그리고 준비가 부족한 예비군, 전쟁과 공포에 대한 개념이 없는 민간인에게는 전쟁이나 위기 상황 발생 시 공포와 무질서가 가장 무서운 적이다.

○《전쟁사》

맥아더 장군과 신동수 일병

—

"언제까지 그 호 속에 있을 것인가?"

1950년 6월 29일 한강선 방어 작전을 둘러보던 맥아더 사령관이 노량진 근처 한강 방어선에서 어려 보이는 한 병사에게 물었다.

"직속상관의 철수 명령이 없다면 죽는 순간까지 여기 있을 겁니다."

3사단 18연대 1대대 학도병이었던 신동수 일병의 대답이었다.

맥아더는 큰 감동을 받았다. 그리고 미군의 증파를 결심했다.

뉴욕의 허드슨 강변의 도로에서 한 사내가 달리는 차를 세우고 권총을 들이댔다. 차에 타고 있던 사람은 미 육군사관학교 교장이던 맥아더 장군이었다. 강도는 돈을 요구했다.

지갑에는 약 40달러가 있었지만 맥아더 장군은 못 주겠다고 버텼다. 자존심이 강한 맥아더 장군으로서는 강도에게 돈을 빼앗길 수가 없었다. 당시 40대의 맥아더는 강도에게 총을 내려놓고 정정당당하게 격투를 벌여서 "네가 이기면 돈을 가져가라"라고 했다. 그리고는 강도가 대답도 하기 전에 중세의 결투 예법에 따라 자기소개를 시작했다.

"내 이름은 맥아더이고. 내가 사는 곳은……."

그러자 강도가 화들짝 놀라더니 맥아더에게 용서를 빌었다. 알고 보니 그는 제1차 세계대전 때, 맥아더가 지휘하던 레인보우 사단의 부사관이었다. 맥아더의 성격을 잘 보여준 일화이다.

맥아더에게 존경심을 갖는 사람이 있는가 하면, 그 반대로 위화감이나 거부감을 느끼는 사람도 많았다. 살아생전에 칭찬과 비난을 다 받았고, 그를 '리더십의 화신'이라고 하는가 하면, 자기밖에 모르는 '제왕적 리더십'의 표본이라고 비꼬는 사람도 있었다.

그런데 그가 전쟁터에서 신에 가까운 존경을 받은 이유는 무엇이었을까? 포탄이 작렬하는 포연 속 전선에 자세가 꼿꼿하게 흐트러짐 없는 맥아더 사단장이 나타났다. 돌격할 때는 언제나 목숨을 걸고 선두에 서서 포화 속을 누비는 그를 부하들은 신으로 생각했다. 그는 총도 안 가지고 말채찍을 들고 적 후방으로 침투하여 독일군 포로를 생포하여, 돌아올 때는 독일군 포로로 목마를 만들어 올라타고 귀환했다. 부하들은 환호하면서 그를 신으로 생각했다.

훌륭한 리더는 노끈이다. 뒤에서 앞으로 미는 것이 아니라 앞에서 잡아당겨야 한다.

"나를 따르라."

아이젠하워 말이다.

○《국방일보》

독종 소리를 들어야 한다

—

우리나라 출신의 세계적인 요리사를 꼽으라면 에드워드 권을 떠올린다. 그는 한때 7성급 호텔 부르즈 알 아랍의 수석 주방장이었다. 두바이에 있는 버즈 알 아랍 호텔은 일반 객실의 하루 숙박비가 750만 원, 로열 스위트룸이 무려 3500백만 원이나 하는 최고급 호텔이다.

권영민은 1990년 고등학교를 졸업하고 서울 왕십리에 있는 경양식집 주방 보조로 일을 시작했다. 주방 보조의 주된 업무는 주방 청소를 하고, 양파 껍질을 까고, 파를 다듬고, 무와 배추를 썻어 나르는 허드렛일이었다. 그는 눈썰미가 날카롭고 손끝이 야무진 그를 지켜보던 주방장이 예사롭지 않은 그의 눈썰미와 소질을 발견하고 영동전문대학 호텔 조리학과에 입학해 전문 요리사의 길을 가도록 권했다.

성공의 비결을 묻는 기자에게 그는 이렇게 말했다.

"저는 남들보다 2시간 전에 출근하고 6시간 늦게 퇴근했습니다. 한 가지라도 빨리 배우기 위해 그랬는데 가르쳐주는 쪽에서는 저를 아주 기특하게 여겼습니다. 그때 얻은 별명이 '독종'입니다."

○《어려울수록 기본에 미쳐라》(강상구, 원앤원북스)

말하는 대로 이루어진다

—

한 기자가 빌 게이츠에게 "세계적인 부자가 된 비결이 무엇이냐?"고 물었다. 예상외로 답이 간단했다.

"나는 매일 스스로에게 두 가지 말을 반복했다. 그 하나는 '나에게 오늘은 큰 행운이 있을 것 같다'이고, 다른 하나는 '나는 무엇이든지 할 수 있다'이다."

꿈을 속으로만 품지 말고 말을 해라. 그리고 그 길을 향해 열심히 뛰어라. 그러면 그 꿈은 다가온다.

미국의 인기 만화 〈딜버트〉의 작가 스콧 애덤스는 한때 공장의 말단 직원이었다. 스콧 애덤스는 사무실 책상에 앉아 종종 낙서를 했다. 그는 거기다가 이런 글을 열다섯 번씩 썼다.

"나는 매일 배달되는 신문에 만화를 그리는 유명한 만화가가 될 거야."

그는 만화를 그려 그 신문사에 보냈는데 수없이 거절을 당했지만 포기하지 않고 계속 보냈다. 그리고 결국은 성공했는데 그는 거기서 멈추지 않았다.

"나는 세계 최고의 만화가가 될 거야."

그 결과 만화 〈딜버트〉는 전 세계 2천여 개의 신문에 실렸고 그의 홈페이지에는 하루 10만 명 이상이 접속하고 있다. 나아가 세계 어느 곳을 가더라도 딜버트 캐릭터가 그려진 커피잔과 다이어리를 볼 수 있게 되었다.

말로 하든 종이에 적든 꿈을 선언하라. 이는 무의식의 기록이고, 그 무의식이 생각과 행동과 환경을 만들어 끝내는 꿈의 실현을 이루어낸다.

스페인 작가 미겔 데 세르반테스(Miguel de Cervantes)는 서양 최초의 근대 소설이라고 평가받는 불후의 명작《돈키호테》에서 호기 어린 희망을 노래했다.

"이룩할 수 없는 꿈을 꾸고 이루어질 수 없는 사랑을 하고 싸워 이길 수 없는 적과 싸움을 하고 견딜 수 없는 고통을 견디고 잡을 수 없는 저 하늘의 별을 잡자."

450년 전 "지금보다 더 나은 세상을 꿈꾸어야 하고 꿈을 꾸는 자와 꿈꾸지 않는 자 누가 더 미친 자요?"라며 꿈과 희망을 노래한 세르반테스. 그의 책《돈키호테》는 역사상 세계에서 가장 많이 팔린 소설이 되었다.

○《희망의 귀환》(차동엽, 위즈앤비즈)

6·25 전쟁과 워커 장군 부자

—

"아버지는 그날 중공군의 인해전술에 밀려 고전하던 우리 미 24사단을 독려하고 후퇴 작전에서 큰 전과를 올린 우리 사단에 대한 부대 표창과 미국 정부가 저에게 수여한 은성무공훈장을 제 가슴에 직접 달아주시려고 지프차로 달려오시다가 의정부와 문산 간의 어느 도로에서 후퇴 중인 한국군 트럭에 부딪쳐 현장에서 돌아가시고 말았습니다.

계속되는 후퇴와 끝없이 밀려오는 중공군의 대공세에 밀려 전전선이 계속 패주할 수밖에 없었던 상황 속에서 모처럼 아군이 큰 승리를 했고, 그 주인공이 아들이었으니 얼마나 뿌듯하고 기뻤겠습니까.

크리스마스 이틀 전인 1951년 12월 23일이었습니다. 며칠 전 맥아더 사령관은 미국 정부에 아버님의 대장 진급을 상신해 놓았더군요.

이렇게 해서 우리 부자 간의 한국에서의 첫 만남은 영원히 이루어지지 못하게 되었습니다.

이틀 뒤, 나는 도쿄의 UN군 총사령관 맥아더 원수에게 불려갔습니다. 맥아더 사령관께서 이렇게 말씀하시더군요.

'워커 대위, 아버님의 전사를 진심으로 애도한다. 워커 장군은 정말 훌륭한 군인이었다. 그의 죽음은 우리 미군은 물론 미국의 커다란 손실이다. 귀관에게 고 워커 장군의 유해를 알링턴 국립묘지에 안장하는 임무를 맡긴다.'

저는 격렬하게 반대했습니다.

'각하, 그것은 안 됩니다. 저는 일선의 보병 중대장입니다. 후퇴 작전이 얼마나 어렵고 위험한지는 각하는 잘 아십니다. 이 순간에도 제 부하들은 목숨을 건 위험에서 악전고투하고 있습니다. 저를 전선으로 돌려보내 주십시오.'

그때 문을 향해 걸어 나가시던 맥아더 장군이 조용히 말했습니다.

'이건 명령이야.'

그래서 제가 아버님의 유해를 안고 이곳 알링턴까지 와서 바로 이 자리에 안장을 했습니다. 예상했던 것처럼 저는 육군 본부로 명령이 나 있었습니다. 저는 맥아더 장군을 이해합니다. 한 전선에서 사랑하는 부하와 그 아들을 한꺼번에 죽게 하기가 싫었을 겁니다."

그러나 그때 아들 워커 대위는 한국을 완전히 떠난 것은 아니었다. 초대 미 8군 사령관으로 풍전등화의 낙동강 전선을 지켜준 아버지 워커 대장의 뒤를 이어서 미 육군의 최연소 대장 진급자였던 전도가 유명한 아들 워커 대장이 젊은 나이에 예편된 것은 바로 한국 때문이었다.

미국의 카터 대통령과 박정희 대통령의 불화로 카터가 주한미군을 철군하려고 했을 때, 한국에서는 주한미군 참모장이던 존 K. 싱글러브(John K. Singlaub) 소장이 반대했다가 예편되었다. 그리고 미국에서는 미 육군의 최고 엘리트이며 차기 참모총장이나 나토군 사령관으로 유력했던 아들 워커 대장이 카터에게 반대를 했고 결국 예편되었다.

그뿐이 아니다. 아버지 워커 장군의 지프차를 운전하던 한국 운전병과 지프차와 부딪친 한국군 트럭 운전병을 이승만 대통령이 사형시키려 하자 미군 참모들이 적극 만류하여 사형을 면하게 하고 가벼운 징역형을 받게 한 사실을 아는 사람은 극히 드물다. 평택 미군 기지에는 워커 장군 동상이 건립되어 있다.

○ 〈이정웅 님의 글〉

웰링턴 장군과 가난한 퇴역 장교

—

위털루 전투에서 나폴레옹을 격파하고 훗날 영국 수상을 역임한 웰링턴 장군이 승전기념일에 참석했다. 이날 웰링턴 장군은 많은 손님 앞에서 다이아몬드 장식이 박혀 있는 자신의 담뱃갑을 자랑했다.

그런데 만찬장에서 담뱃갑을 분실하여 만찬장은 엉망이 되었다. 한 손님이 모든 사람의 포켓을 검사하자고 제의하자 모든 참가자가 동의를 했는데 나이가 지긋한 한 퇴역장교가 극구 반대를 하고 나섰다. 사람들이 의심 어린 눈초리로 그를 쳐다보았고, 포켓 검사를 강행하려고 했다. 그 순간 그 퇴역장교는 화를 벌컥 내었다.

"자, 이제 이 일은 없었던 것으로 합시다"라고 웰링턴 장군이 제안을 했지만, 그 퇴역장교는 뒤도 돌아보지 않은 채 나가버렸다. 참석한 사람들은 그를 의심했지만 그가 누구인지 아는 사람은 별로 없었다.

해가 바뀌어 다음 해에도 그 모임이 있었다. 웰링턴 장군은 작년 이후 한 번도 입어보지 않았던 제복을 꺼내 입고 무심코 호주머니에 손을 넣었다. 그런데 없어진 줄 알았던 담뱃갑이 그 주머니 안에 있는 것이 아닌가!

아연해진 웰링턴 장군은 급히 그 퇴역장교를 찾아 나섰다. 수소문해 보니 어느 초라한 다락방에 그 장교 가족들이 세를 들어 살고 있었고 장군은 직접 찾아가서 만났다.

"사실 나도 당신을 의심했었소. 진심으로 사과하오."

장군은 고개를 숙여 깊이 사과한 후, 궁금하게 여겼던 한 가지를 물어보았다.

"어째서 모두의 의견에 따르지 않고 억울한 의심을 받았소?"

그 퇴역장교는 얼굴을 붉히며 사실을 말했다.

"사실 그때 제 호주머니에는 먹다 남은 고기 조각과 빵 조각들이 들어 있었습니다. 집에서 아내와 애들이 굶고 있었거든요."

장군은 눈시울을 붉힌 채 아무 말도 하지 못했다.

○〈이경원 박사의 글〉

나에겐 꿈이 있다

—

마틴 루서 킹(Martin Luther King Jr) 목사는 1963년 8월 23일 노예해방 100주년을 기념하여 워싱턴에서 열린 평화대행진 집회 연설에서 "나에게는 꿈이 있습니다"라는 말로 인종차별 철폐와 각 인종 간의 공존이라는 고매한 사상과 미국 사회 흑백의 불평등을 호소하는 명연설을 했다.

"나에게는 꿈이 있습니다. 조지아주의 붉은 언덕에서 노예의 후손들과 노예 주인의 후손들이 형제처럼 손을 맞잡고 나란히 앉게 되는 꿈입니다."

"저에게는 꿈이 있습니다. 저의 자식들이 피부색이 아니라 인격을 기준으로 평가받는 나라에서 살게 되는 꿈입니다."

"저에게는 꿈이 있습니다. 앨라배마주에서도 흑인 어린이들이 백인 어린이들과 형제자매처럼 손을 마주 잡을 수 있는 날이 올 것이라는 꿈입니다."

1961년 6월 20일 케네디 대통령은 이렇게 말했다.

"미국 국민 여러분! 조국이 여러분을 위해 무엇을 할 수 있을 것인지를 묻지 말고, 여러분이 조국을 위해 무엇을 할 수 있는지 자문해 보십시오."

케네디 대통령의 취임연설과 함께 킹 목사의 '나의 꿈' 연설은 20세기 미국을 대표하는 명연설로 유명하다.

킹 목사는 폭력에 반대하는 비폭력 사상가였다. 그는 "슬픔과 증오가 가득 찬 잔을 들이키면서 자유를 향한 갈증을 해소하지 말라"라고 호소하면서 수준 높은 존엄성과 자유의 투쟁을 영원히 펼쳐나가자고 했다.

지금도 미국은 흑백의 분규가 끊임없이 일어나고 있지만 킹 목사의 용기 있는 행동으로, 민주주의를 누려보지 못한 대부분 흑인들의 삶이 50년 전에 비해 많이 바뀌었다.

우리는 '꿈'이라고 하면 원대하고 거대한 희망을 말한다. 그러나 킹 목사와 미국 흑인들의 꿈은 인종차별 없이 평등한 대우를 받고 적절한 임금을 받는 기본적인 생활을 충족시킬 수 있는 소박한 것이었다.

1986년부터 미국에서는 킹 목사의 생일 1월 15일에 가까운 세 번째 일요일을 '마틴 루서 킹'의 날로 정하고 국가 공휴일로 지정하고 있다.

○ 〈곧은 소리〉(김진한)

나는 아직 한쪽 다리가 남아 있다

—

1967년 6월 5일부터 10일까지 단 6일 만에 이스라엘군은 아랍의 연합군을 완벽하게 격파했다. 이른바 6일 전쟁이다. 이 전쟁의 승리로 이스라엘은 1967년 당시 불과 6일 만에 이스라엘 본토의 6배에 달하는 넓은 땅을 획득하는 기적의 승리를 거두었다. 물론 훌륭한 지휘관, 전략적 작전 및 전술의 우수한 계획과 실천 및 전투능력 때문이라는 것은 사실이다. 그렇지만 더 중요한 것은 국민의 필승신념이다. 여기 한 예를 소개한다.

6일 전쟁이 터지자 이스라엘의 하이파시에서 택시 운전을 하던 택시 기사는 전쟁 발발 소식을 듣고는, 자기가 소속된 부대로 가기 위하여 가까운 공영 주차장에 차를 세우고 평소 지급을 받아 가지고 다니던 철모, 야전침낭, 소총, 실탄 등을 차 트렁크에서 꺼낸 다음 '영업 끝'이라는 표지를 택시 앞뒤에 달고는 집에도 들르지 않고 곧장 전장으로 달려갔다.

부상을 당한 한 병사가 병상에 누워 있었다. 그 병사가 마취에서 깨어났을 때, 이미 그의 한쪽 다리는 절단되어 있었다. 복도에서 간호사의 구두 소리가 들렸다. 그는 "간호사!" 하고 소리를 질렀다. 간호사가 오자 병사는 간곡한 부탁을 했다.

"나는 싸우러 예루살렘으로 달려가야 하는데 나에게 더 싸울 수 있는 한쪽 다리가 남아 있다고 육군에 전해주세요."

전쟁이 터지자 미국 유학을 온 이스라엘 학생들은 모두 다 싸우려고 귀국했다.

결단

—

    1908년 삼류 잡지의 무명 기자였던 나폴레온 힐(Napoleon Hill)이 강철왕 카네기를 취재하는 행운을 얻었다. 그것도 무려 사흘 동안이나 카네기의 집에서 함께 지내며 집중 취재를 하게 되었다. 취재 마지막 날, 그는 카네기로부터 뜻밖의 제안을 받았다.

    "자네, 성공한 사람들의 성공 비결을 취재해서 책으로 출간해 볼 생각이 있나? 자네만 좋다면 앞으로 20년 동안 성공한 사람 500명을 직접 소개해 주겠네. 단 소개는 해줄 수 있지만 경제적인 지원은 한 푼도 할 수 없네. 어떤가? 한번 해볼 텐가?"

    뜻밖의 제안에 나폴레온 힐은 잠시 망설였다. 세계적인 명사들을 카네기를 통해 직접 소개를 받는 것은 엄청난 행운이었지만 20년에 걸친 길고 큰 작업이라 경제적인 부분을 무시할 수가 없었다. 하지만 그는 망설이지 않고 대답했다.

    "한번 해보겠습니다."

    카네기는 그의 대답에 미소를 지으며 말했다.

    "자네가 결단을 내리는데 정확히 29초가 걸렸네. 만약 1분을 넘겼으면 나는 이 일을 자네에게 맡기지 않았을 걸세."

    29초 만에 카네기 제안을 받아들인 나폴레온 힐은 20년 동안

507명의 명사들을 소개받아서 취재를 마쳤고, 그렇게 해서 탄생한 책이 40여 년 동안 5천만 부 이상 팔린《생각하라 그리고 부자가 되어라(Think and Grow Rich)》이다.

카네기는 나폴레온 힐을 만나기 전까지 무려 259명에게 똑같은 제안을 했다. 그중에 1분 안에 대답을 한 사람은 오직 한 사람, 나폴레온 힐뿐이었다. 신중하지만 빠른 결단으로 행운을 거머쥔 나폴레온 힐은 훗날 이렇게 말했다.

"우유부단이야말로 성공을 가로막는 최대의 적이며 성공하는 사람은 신속한 결단을 내리는 사람이다."

제5장

엄(嚴)이란

무엇인가

이승만 대통령과 리지웨이 대장

—

한국의 6·25 전쟁 때 이승만 대통령과 대한민국을 구한 지휘관으로 평가받고 있는 8군 사령관 리지웨이(Ridgeway) 대장이 전방 시찰을 가던 중에 소변이 급해서 길가의 한적한 곳에 차를 세우게 했다.

장군이 숲속으로 가서 소변을 보는데 당시 이승만 박사가 옆에 와서 같이 소변을 보았다. 죄송스러워하는 장군의 마음을 이해하고 같이 소변을 본 것이었다. 훗날 리지웨이 대장은 이승만 대통령에게 이런 말을 했다.

"제가 짐바브웨에서 부모와 같이 지낸 적이 있는데 그곳 속담 중에 '빨리 가기를 원하면 혼자 걷고, 멀리 가기를 원하면 함께 걸어라(If you want to go fast, you walk alone. If you want to go far, walk with another)'라는 속담이 있습니다. 제가 오늘부터 각하 곁에서 각하와 함께 있겠습니다."

그리고 리지웨이 장군은 이승만 대통령을 'Father(종교에서 하느님을 의미할 정도의 존칭)'라고 칭했으며 그 후 열심히 도왔다.

상대방을 배려하는 겸손, 그 겸손이 리지웨이 장군을 통해 한국 전쟁에 미국이 큰 힘을 발휘하게 만들었다.

타이타닉호의 침몰

—

우리는 타이타닉호 영화를 젊은이의 사랑 이야기로만 기억하고 있다. 그러나 여기에는 큰 교훈이 있다.

1912년 4월 14일, 영국에서 미국으로 처녀항해를 시작한 이 배는 당시로는 세계 최대의 호화 여객선이었다. 11층 높이의 4만 6천 톤 크기였고 수영장, 헬스장, 사우나, 도서관, 무도장이 있는 여객선으로, 가라앉을 수 없는 배라고 자부했다.

타이타닉호는 뉴욕으로 향하던 중 뉴펀들랜드(Newfoundland) 근해에서 큰 빙산과 측면으로 부딪치면서 구멍이 생겨 침몰했다. 1,500명 이상이 사망하는 사상 초유의 해상 재난사고였다.

왜 이런 끔찍한 사고가 났을까? 첫째도, 둘째도 다 사람 잘못으로 생긴 인재다. 즉, 승무원의 자만(自慢)이다. 크게 다음 일곱 가지의 자만을 들 수 있다.

① 전보를 송수신하는 통신사는 승객이 요청한 수백 통의 전보를 보내느라 '바다에 얼음 덩어리가 많으니 항해를 중지하라'는 중요한 전문을 보지 못했다.

② 선장은 자만심에 취해 대서양을 최단 시간에 횡단하는 신기

록을 수립하기 위해 22노트의 전속력으로 항진하게 했다. 자살행위다.

③ 큰 빙산에 부딪혀 치명적인 손상을 입고 SOS를 쳤는데 20마일 떨어져 있던 캘리포니아(Californian)호의 통신사는 잠이 들어 수신을 못했다.

④ 56마일 떨어져 있던 카르파티아(Carpathia)호가 조난신호를 수신했지만 타이타닉호까지 오는데 4시간이 걸려 얼음 속에서 살아남을 수 있는 기회조차 타이타닉을 외면했다.

⑤ 조난신호 로켓을 발사했으나 백색이었다. 백색은 축포이다. 적색인 조난신호 로켓트는 준비되어 있지도 않았다. 주변의 어떤 어선도 조난을 인지하지 못했다.

⑥ 승무원들은 비상시의 탈출 훈련이 전혀 되어 있지 않아 승객들의 탈출이 제대로 이루어지지 않았고, 공포와 혼란에 빠진 승객들은 아비규환 속에서 허둥거렸다.

⑦ 1985년 9월, 미국과 프랑스의 탐험대가 해저에서 두 동강이 난 타이타닉호를 찾았는데 충격적인 것은 나무로 된 부분은 전부 나무좀이 먹어버린 것을 알았다. 부실한 자재로 배를 만들었던 사람의 잘못, 즉 인재였다.

카네기 공대의 교훈

—

카네기 공대에서 조사한 졸업생의 진로에 대한 보고서에 인용된 내용이다. 카네기 공대생들이 졸업 후 사회에 진출한 기업에서 최정상에 오르지 못하고 하버드대학이나 예일대학 졸업생에게 밀려 엔지니어로서의 역할로만 회사 생활이 끝나는 것을 보고 그 원인을 조사하였다. 전 세계의 카네기 공대 졸업생이 있는 직장의 상사, 동료, 부하 직원과의 면담을 통해 얻은 그 답은 아주 간단했다.

학교에서 배운 기술과 실력이 졸업 후 사회생활을 하는 데 기여하는 비율은 15퍼센트였다. 85퍼센트는 다른 것이었다. 그것은 더불어 사는 능력이다. 이를 위해서는 세 가지를 잘해야 한다.

첫째가 '입 방문을 잘해야 한다'. 입으로는 그가 없을 때 그를 칭찬하고, 그가 있을 때는 그를 존경하고, 힘들 때는 그를 위로할 줄 알아야 한다.

둘째가 '손 방문을 잘해야 한다'. 손을 많이 써야 한다. 일을 잘하는 것은 물론 전화나 편지로 나의 따뜻한 마음을 전해야 한다.

셋째가 '발 방문을 잘해야 한다'. 자주 찾아보고 어울려야 한다. 내가 잘난 체하고, 주변과 어울리지 못하면 조직 속에서 배타당하고 성장하지 못한다.

흔히 "인정과 칭찬은 보은이 되어 돌아오고 비방과 험담은 비수(匕首)가 되어 돌아온다"라고 말한다. 카네기 연구소에서는 "원수는 물에 새기고 은혜는 돌에 새겨라"라는 격언을 만들었다. 섭섭했던 일은 잊어버리고, 나에게 도움을 준 것은 잊지 말고 갚을 줄 알아야 한다. 자만하면 실패하고 매사에 겸손해야 한다는 말이다.

스티브 잡스와 희극배우 찰리 채플린

—

애플 컴퓨터 매킨토시 회사의 사장이었던 스티브 잡스의 이야기이다. 스티브 잡스 사장이 스탠퍼드대학의 졸업식 연사로 초청되어 학생들에게 축사를 했다. 그는 과거 자기의 어려웠던 문제들을 극복한 것을 설명하면서 마지막으로 미국의 청년들에게 "미국이 앞으로 세계 강국을 유지하려면 'Stay Hungry, Stay Foolish' 하라"는 말로 끝을 맺었다.

'Stay Hungry'는 늘 배고픈 자의 자세로 야수가 먹이를 찾듯이 두 눈을 바로 뜨고 나아가지 않으면 굶어 죽는다는 의미이니 이는 자기 일에 대한 열정을 가지고 전진하지 않으면 아무것도 이룰 수 없다는 뜻이다.

'Stay Foolish'라는 말은 '크게 어리석게 살라'는 말로 현재의 지식과 기술에 만족하지 말고 새로운 기술 개발을 위해 매진하라는 뜻이며 자만하지 말고 전진하라는 재촉과 함께 겸손을 의미한다.

만년의 희극배우 찰리 채플린(Charlie Chaplin) 이야기다. 영국의 희극배우 찰리 채플린은 어릴 때 철공소에서 일을 했다. 하루는 철공소 사장이 빵을 사오라고 했다. 저녁에 빵 봉투를 연 사장은 자기가 좋아하는 포도주가 한 병 들어 있는 것을 발견했다.

왜 샀느냐고 묻는 사장에게 찰리 채플린은 "사장님은 일이 끝나면 언제나 포도주를 드시는데 포도주가 떨어진 것을 알고 사왔습니다"라고 대답하면서 철공소에서 일을 함으로써 빵이 해결된 것에 대한 감사의 표시를 포도주로 전했다.

반대로 사장이 시킨 심부름에 "왜 나를 시켜. 자기가 사다 먹지"라고 말할 수도 있다. 하지만 범사에 감사하는 사람, 즉 자기 일에 만족하며 포도주를 한 병 사는 마음과 겸손을 가진 사람이 상위 2퍼센트에 들어가고 부정적 사고방식의 사람은 하위 2퍼센트 안에 들어간다.

리 아이어코카

―

미국 자동차 산업의 귀재 리 아이어코카(Lee Iacocca)는 크게 성공한 사람이다. 그는 자기 자신에게는 엄격하고 청렴했다. 아이어코카는 늘 이런 말을 했다.

"항상 변화하라. 받을 수 있는 모든 교육은 다 받아라. 가만히 있지를 말고 무엇인가를 계속해라. 한곳에 머무르지 말고 계속 움직여라. 일을 만들어서 시간을 잘 활용해라. 무엇이 중요한지를 먼저 알아서 일의 우선순위를 정해라. 그다음은 열정이다. 자신이 가진 모든 것을 바쳐야 한다. 그런데 이를 달성하게 하는 것은 '절제와 청렴'이다. 내가 어떤 일을 하든지, 어디를 가든지 이 '절제와 청렴'이 나와 함께하지 않으면 반드시 실패한다."

아이어코카를 포드(Ford) 자동차에서 내쫓기 위해 오너인 포드 회장은 여러 수단을 동원했다. 포드 회장은 그의 약점을 찾기 위해 3년간 밀착 감시를 했다. 전화도 도청했고 퇴근 후에 사무실을 샅샅이 뒤지기도 했지만 단 하나의 약점도 찾아내지 못했다.

하청업체가 1,900개나 되어 부정의 소지가 많았으나 아이어코카는 깨끗했다. 수많은 딜러와 상담을 하고 유혹도 있었지만 뒷거래가 전혀 없었다. 그는 열심히 일했고 청렴했다. 그의 경영철학

첫 번째가 '청렴 지키기'였다.

그의 직속 상관인 로버트 맥나마라(존 F. 케네디 대통령 시절 국방장관)는 강조했다.

"기업의 사장이나 경영자는 교황보다도 더 가톨릭적이어야 한다."

즉, 절제를 할 줄 알아야 한다는 뜻이고 아이어코카는 이를 몸으로, 정신으로 실천했다. 언제나 자신감이 넘치고 풍부한 아이디어로 경쟁사를 앞질러 갔다.

선진국으로 가려면 우리 국민의 청렴도가 높아야 한다. 지도자들의 청렴은 개인을 넘어서 나라를 부강하게 만든다.

1970년 아이어코카는 포드 자동차의 회장에 취임했다. 그리고 1978년 7월 13일, 질투에 눈이 먼 포드사의 주인 헨리 포드 2세에 의해 축출되었다. 그는 포드에서 32년간 일했고 8년은 회장으로 있었다. 포드사를 그만둔 아이어코카는 쓰러져 가는 자동차 회사 크라이슬러의 회장에 취임하면서 자신의 연봉을 1달러만 받겠다고 선언했다.

그는 그동안 포드사에서 익힌 지혜와 담력, 경험을 바탕으로 크라이슬러의 개혁을 단행했다. 그리고 야심적으로 내놓은 소형차 K카의 프로젝트가 성공하여 기사회생하면서 크라이슬러는 마침내 GM, 포드에 이어 3대 자동차 회사가 되었다. 1983년 아이어코카는 액면가 8억 1300만 달러 수표를 상환 기간 일 년이나 앞당겨서 크라이슬러의 모든 채무를 은행에 상환했다.

그는 성공하고 싶다면 앞을 향해 매진하라고, 운이 따르지 않더라도 성공하고 싶다면 절대 절망하지 말라고 강조했다. 설령 하늘이 무너지더라도 말이다. 성공에는 전제가 있다. '절제와 청렴'이다.

○ 《정판교의 바보경》(정판교, 파라북스)

짝짝이 구두

—

미국의 제40대 대통령 로널드 레이건은 오래전 새 구두를 맞춰 준다는 숙모를 따라 기쁜 마음으로 구둣방에 갔다. 구두 수선공은 레이건의 발 치수를 잰 뒤 물었다.

"구두의 끝을 둥글게 해줄까, 아니면 각이 지게 해줄까?"

레이건은 쉽게 결정하지 못했다. 어떤 모양이 더 멋있을까 생각하며 망설이는 그에게 수선공은 구두 모양을 결정했느냐고 물었다.

아직도 어느 쪽이 좋은지 결정하지 못한 레이건은 두 가지 구두 모양이 다 멋질 것 같아 마음이 오락가락한다고 대답했다.

"그렇다면 일주일 후에 오너라. 내가 알아서 하마."

그 말에 레이건은 차라리 잘 되었다고 생각했다. 솜씨가 좋은 구두 수선공이 알아서 멋지게 만들어줄 것을 기대했다. 며칠 후 구두를 찾으러 간 레이건은 만들어놓은 구두를 보고 할 말을 잊었다. 한쪽은 둥글고 다른 한쪽은 끝이 뾰족한 짝짝이 구두였다. 당황해하는 레이건에게 구두 수선공이 말했다.

"너는 이번 일을 통해서 네 일을 다른 사람이 대신해서 결정할 수 없다는 것을 배우기를 바란다. 스스로 결정을 내리는 것은 참으로 중요하단다."

그 후 레이건은 이 일을 항상 머리에 두고 가끔 사람들에게 그 이야기를 들려주면서 이런 교훈을 남겼다.

"네가 결정해야 할 것을 남이 할 수 없다."

"나는 바로 그때 그곳에서 스스로 결정을 내리지 않으면 다른 누군가가 엉뚱한 결정을 해버릴 수도 있다는 사실을 깨달았다."

리더에게는 결정적인 시기에 피할 수 없는 결심의 시간, 용단의 시간이 닥칠 때가 있다. 그때를 위해서 항상 예측하고 준비하는 습관을 길러야 한다. 내가 해야 할 결정을 피하거나 미루지 마라. 정확한 예측과 철저한 준비는 당신을 최고로 만든다.

○〈이경원 박사의 글〉

이런 꼴통이 있습니다

—

미국 대선에서 2008년 공화당 후보로 확정된 존 매케인은 유명한 꼴통 정치인이다. 그의 조부와 부친은 모두 해군 4성 장군으로 대단한 명문가였다. 사관학교를 졸업하고 베트남전에 참전한 그는 1967년 월맹군 포로로 붙잡혔다.

두 팔과 다리가 부러진 상태에서 치료도 못 받고 방치되었던 매케인은 해군 장성의 아들이라는 사실이 알려져 겨우 살아났다. 그러나 자기를 먼저 석방해 주겠다는 적의 제의를 단호하게 거절했다. 그는 먼저 잡힌 포로부터 석방해야 한다고 주장했다. 그 후로 지옥 같은 포로 생활을 5년 반이나 견뎌냈다. 그런데 그의 아버지는 한술 더 떠서 자기 아들이 잡혀 있는 지역에 폭격을 명령했다.

매케인의 정치 스타일도 남다른 데가 있다. 그는 공화당이지만 진보적인 입장을 거침없이 밝혀 국민들의 폭넓은 지지를 받았다. 특히 정치자금 규제에 앞장섰고, 의원들의 각종 특혜를 비판하는 등 힘 있는 자들이 스스로 모범을 보일 것을 강조했다.

오래전에 그의 아들 제임스가 해병대 졸병으로 자원입대하여 이라크 최대 위험 지역인 안와르주에서 복무하다 돌아왔다는 사실이 밝혀져 화제가 되었다. 때가 대통령 선거철이라 공화당 후보로 나선 매케인으로서는 군인 졸병 출신의 아들 이야기가 유권자들에게 긍정적으로 나타날 것을 알면서도 입을 꾹 다물었다. 같은 부대원들조차 제임스가 매케인 가문의 막내아들이었다는 사실을 전혀 눈치채지 못했다.

머지않아 우리나라에도 자기 자신을 뽐내지 않는 남다른 사람이 한 명쯤은 나올 것을 기대한다.

주나라 문왕과 강태공

—

주(周)나라 문왕(文王)이 사냥을 나갔는데 그날따라 한 마리도 못 잡고 발길을 돌려야 했다. 실망한 문왕이 강가를 지나가는데 한 노인이 낚시를 하고 있었다. 문왕이 노인에게 말을 건넸다.

"낚시를 즐겨 하시나 봅니다."

그러자 노인이 대답했다.

"일을 함에 있어 군자는 뜻 얻음을 즐기고 소인은 이익 얻음을 즐깁니다. 낚시질하는 것도 이와 비슷하며 지금 저는 고기를 낚고 있는 것이 아닙니다."

한눈에 비범한 사람임을 알아챈 문왕이 다시 물었다.

"그렇다면 지금 낚시질하는 것이 정치의 무엇과 비슷한지 말해 줄 수 있소?"

노인이 다시 답했다.

"낚시에는 세 가지의 심오한 이치가 숨어 있습니다. 첫째는 미끼로써 고기를 낚는 것인데 이는 녹을 주어 인재를 취하는 것과 같은 이치입니다. 둘째는 좋은 먹이로써 더욱 큰 고기를 낚을 수 있는 법인데, 이는 인재에 녹을 많이 주면 줄수록 자신의 목숨을 아끼지 않는 충성스러운 신하가 나오는 이치와 같습니다. 마지막

으로 물고기는 종류에 따라 요리법이 다르듯 인재의 성품과 됨됨
이에 따라 벼슬을 달리 맡기는 이치와 같습니다."

그의 나이 72세에 처음 문왕을 만났으며 문왕은 그를 태공망(太
公望)이라 칭하고 나라의 스승인 국사로 봉했다. 그가 바로 세월을
낚던 '강태공(姜太公)'이었다.

한 가지의 충고도 그냥 넘기지 않고 잘 들으면 지혜를 얻을 수
있다. 들으면 지혜가 생기고 안 들으면 고집이 생긴다. 고집은 일
을 망친다. 지혜를 얻는 것, 즉 들을 줄 아는 것은 뭐든 이룰 수 있
는 초석을 마련했다는 뜻이다.

○〈이경원 박사의 글〉

건달의 가랑이 밑을 기어간 한신

—

중국에서 유방과 함께 천하를 통일했던 한신은 남다른 지략과 함께 사람을 포용할 줄 아는 인물이었다. 젊은 시절 푸줏간에서 일을 하던 한신에게 한 건달이 시비를 걸어왔다.

"푸줏간 칼을 찬 것을 보니 그럴듯한데 한판 붙어보자. 자, 덤벼라. 자신 없으면 내 가랑이 밑을 기어가라."

한신은 분노가 끓어올랐다. 죽든지 살든지 한칼에 해치워 버리고 싶었다. 그러나 한신은 참았다. 큰일을 이루겠다는 목표를 망가트릴 수 없었다. 그는 아무 말 없이 건달의 가랑이 밑을 기었다. 구경꾼들이 모두 한신을 비웃었다. 몇 년 후에 한신은 유방을 받들어 큰 공을 세우고 영주가 되어 그곳으로 금의환향하였다. 그리고 자신을 가랑이 사이로 기어가게 했던 그 건달을 찾았다.

"지난날 자네로부터 받은 굴욕이 오늘의 나를 만들어주었네."

한신은 그 건달을 자신의 휘하에서 일을 하게 하였다. 건달은 죽을 때까지 한신에게 충성했다. 분노를 참지 못하면, 큰일을 못 한다. 험담을 이기지 못하면, 역시 큰일을 못 한다. 눈앞의 분노와 험담이 강하게 만든다.

○〈극복해야 한다. 천 개의 눈〉

예루살렘을 점령한 모타 구르 대령

—

《손자병법》에 이런 말이 있다.

攻其武備 出其不意 공기무비 출기불의
공격을 하되 적이 준비하지 못한 곳을 공격하고
병력이 나아가되 뜻하지 않은 곳으로 나아가라

1967년 6월, 이스라엘과 아랍이 싸운 6일 전쟁에서 모타 구르(Motta Gur) 대령은 예루살렘을 점령하도록 명령을 받았다. 대령은 이스라엘 특수부대 여단장으로 반 트럭을 타고 예루살렘 시내로 돌진하여 치열한 근접전투를 했다. 그의 운전병은 벤 주르(Ben Zur) 군이었다. 불타는 적의 차량이 가로막고 있는 라이언 게이트(Lion Gate)에서 여단장은 운전병 벤 주르 군에게 명령했다.

"벤 주르, 계속 달려!"

탱크포로를 맞아 문이 반쯤 부서졌지만 벤 주르군은 계속 달렸다. 속력을 늦추면 적의 수류탄과 소총탄이 날아왔다. 불타는 차량을 피해 달렸고 부하들은 그를 따라 달렸다. 뒤에서 부하들이 자기를 따라오는지도 모른 채 계속 달렸다. 그의 부하들은 적을 찾는 것이 아니라 구르 대령이 앞에서 달리니까 그냥 따라서 달렸다.

"저기가 바로 예루살렘이다! 달려가자."

좌회전 시 불타는 오토바이가 또 앞을 가로막았다. 동시에 수류탄과 소총 사격을 받았다.

"벤 주르 군, 계속 달려라. 장애물을 그대로 통과하라! 계속 통과하라!"

너무 빨리 나타나 달리는 구르 대령 부대의 출현에 미처 적들은 방어 대책을 준비하지 못했다.

"나는 꼭 가야 한다. 그것이 내 길이다. 어떻게 장애물을 통과하는지는 벤 주르 군, 자네가 결정해라."

그들은 템플 마운트(Temple Mount)에 도착하였다. 근 2천 년 만에 거룩한 성을 손에 넣는 역사적인 순간이었다. 모타 구르 대령은 장군이 되었고 훗날 이스라엘군의 참모총장이 되었다.

사전에 예측을 잘해라

—

廟算勝者 묘산승자

사전 예측을 잘해야 이긴다

兵者詭道也 병자궤도야

용병은 속이는 것이다

로스차일드(Rothschild)가의 원조는 암셀 메이어 로스차일드
(Amschel Mayer Rothschild)이다. 그는 독일 프랑크푸르트에서 고물
상과 환전업으로 돈을 많이 벌었다. 당시는 전쟁이 많아 집안의
생존을 위해 5형제를 유럽 각국으로 분산시켰다.

형제간의 긴밀한 협조를 위하여 장남 암셀 메이어는 프랑크푸
르트에 남고 차남 살로몬 메이어는 오스트리아의 빈에, 삼남 나탄
메이어는 영국 런던에, 사남 카를 메이어는 이탈리아 나폴리에,
오남 제임스 메이어는 프랑스에서 살면서 사업을 하고 서로 긴밀
하게 연락했다.

1789년에 프랑스 혁명이 일어나서 사회가 혼란에 빠졌을 때, 나
폴레옹이 유럽을 석권하고 있었다. 1807년 10월 트라팔가 앞바다
에서 넬슨의 영국 함대와 프랑스 스페인 연합함대의 해전이 벌어

졌다. 이 전투에서 넬슨 제독은 전사했으나 영국이 대승하여 제해권을 확보했다. 유럽이 전부 나폴레옹에게 굴복했으나 오직 영국만 건재하여 나폴레옹에 저항을 계속했다. 영국은 해안을 봉쇄하고, 나폴레옹은 역으로 영국을 봉쇄하고 영국 상품 유입을 막았다.

영국은 웰링턴 장군을 유럽에 파견했고 로스차일드 가문은 삼남 나탄 메이어를 중심으로 형제들이 목숨을 걸고 군자금을 지원했다. 웰링턴의 60만 연합군과 나폴레옹의 36만 군대가 맞붙어 워털루에서 전투가 벌어졌다. 나탄 메이어는 미인계, 암호문, 비둘기 통신, 하부 조직원을 이용하여 군자금을 전달하고 정보를 입수했다. 나탄은 직접 워털루를 방문하여 웰링턴을 만나고 전황을 확인했다. 그리고 웰링턴의 승리를 확신했다.

이유는 웰링턴 장군의 자신감, 연합군의 전투 의지, 그리고 영국군은 충분히 훈련된 정규군인 반면 나폴레옹군은 급조된 민간인 국민군이었다. 나폴레옹 군대 장군들은 능력이 부족했고 유능한 참모장은 사망했고, 용감한 네이(Ney) 장군은 정신이상 증세가 왔고 왕년의 명장 뮤라, 마세나, 우디노 등은 전투 참가가 불가했다.

웰링턴을 만난 나탄은 정부(情婦)와 함께 오스땅뜨 항구로 밤새 마차를 달렸다. 폭풍우로 배가 없어서 그의 정부를 이용하여 벨기에의 백작 부인 소유인 배 한 척을 빌렸지만 선장이 항해를 거부했다.

나탄은 선장 주머니에 금화를 두둑이 넣어주고 이렇게 말했다.

"내가 오늘 런던에 도착하면 당신과 나는 세계의 돈을 지배하오. 잘못되면 물귀신이 될 수도 있지. 세계의 돈을 지배하는 것은 나에게 맡기시고 나는 당신에게 내 운명을 맡기오. 한번 해봅시다."

선장의 눈은 빛났고 그렇게 운명의 항해는 시작되었다.

다음 날 1815년 6월 18일 아침에 상륙하자마자 그는 곧장 런던의 증권거래소로 갔다. 증권가의 시선이 집중했다. 나탄의 초라하고 피곤하고 두려워하는 모습을 보고 워털루 전세의 불리함을 읽은 증권거래소는 주가가 폭락했다.

나탄은 폭락한 증권과 공채를 부하를 시켜 전부 사들였다. 정부에는 정반대로 워털루 전투의 승리의 자신감을 알렸다. 다음날 승전보가 전해지니 주가가 폭등했다. 그는 하루 사이에 5천만 파운드를 벌었고, 이것이 로스차일드 회사를 만드는 기초가 되었다.

뜻이 같으면 이긴다

—

1942년 4월 18일, 미 해군 항공모함 호넷(Hornet)호에서 둘리틀 (Doolittle) 대령이 지휘하는 16대의 B-25 폭격기가 태평양전쟁 최초로 적의 수도 동경을 공습했다. 미국과 연합국의 사기가 올라갔다. 항공사의 한 간부가 직원들에게 다음과 같은 연설을 했다.

"동경 공습의 성공은 B-25 폭격기를 만든 여러분의 노력 덕입니다. 우리의 헌신적인 노력이 없었으면 우리 공군의 위대한 동경 공습은 없었습니다."

그리고 며칠 사이에 생산고가 300퍼센트로 올라갔다. 뜻이 같으면 일하기가 좋고 즐겁고 신바람이 난다. 신나게 일하는 사람들은 이기지 못한다.

무모한 공격

—

장수가 분을 못 참고 부하를 개미같이 성벽에 달라붙어 오르게 하면 장병의 3분의 1이 죽는다. 백 번 싸워서 백 번 이기는 것은 좋지 않고, 싸우지 않고 이기는 것이 제일 좋은 것이다.

《손자병법》에 백전백승이 좋다는 말은 없다. 마키아벨리도 그의 《군주론》에서 이런 경고를 했다.

"하나의 변화는 훗날 보복을 위해서 이를 가는 일이 생긴다(One change must leave the toothing stone for next)."

1905년 1월 러일전쟁 시, 뤼순 공방전에서 일본군이 승리했으나 수많은 사상자가 발생했다. 일본 3군 사령관인 노기 마레스케(Maresuke Nogi) 대장은 뤼순항의 203고지 전투에서 136일간 육탄 공격을 감행했다.

러시아군은 견고한 진지를 준비하고 맥심 기관총을 사용하여 집중사격을 하고 폭탄을 굴려 내림으로써 고지로 돌격하는 일본군을 일일 수천 명씩 사살하였다. 초급장교인 두 아들과 3만 명의 일본군이 전사했다.

노기 대장의 고향 집에는 유가족들이 몰려왔다. 그들은 "내 자식을 살려내라! 내 남편을 살려 달라!"고 항의하였다. 두 아들을 잃은 장군 부인 시즈코 여사는 눈물로 사죄했다. 노기 장군은 귀국 시 아들의 유골을 갖고 귀국했다.

일본 대본영은 많은 군인을 죽게 한 노기 장군을 비판했다. 노기 장군은 죄인의 모습으로 왕 앞에서 전투복명서를 낭독한 후 국왕에게 단죄를 요청했다.

왕은 러시아군을 패배시킨 공을 인정하고 "내가 죽기 전에는 장군을 죽게 할 수 없다"라고 하면서 오히려 장군을 격려했다. 노기 대장은 그 후 군복을 벗고 7년간 한결같이 부하의 무덤에 참배하면서 사죄했다.

1912년 9월, 왕이 서거하자 조포 소리를 들으며 노기 대장 부부는 희생된 부하들을 생각하며 평생 지니고 있던 칼로 할복했다. 손자의 근본 사상은 전(全) 사상이다. 나라와 군이 온전한 상태에서 용병을 하는 것이 최상의 방법임을 강조했다.

혹한이 전투와 인간에 미치는 영향

—

천지숙득(天地孰得), 즉 '기상과 지형이 유리한가?'를 말한다. 기상과 지형은 전투에서 중요한 요소다. 기상과 지형이 불리하면 다음과 같은 문제가 발생한다.

① 호흡기 및 소화기 계통의 환자가 급증한다.
② 열량 부족 현상으로 체중이 6~10킬로그램(3~4일)씩 저하된다. 설탕, 초콜릿이 대량으로 필요하다.
③ 장비가 고장 나고 성능이 저하된다.
④ 발 보호가 전투의 성공을 보장한다.
⑤ 환자, 부상자 보호 대책이 강구되어야 한다.
⑥ 누비옷(한국전시 중공군 착용)은 큰 문제가 발생한다. 땀이 나지 않을 때는 따뜻하나 산을 오르내리다가 땀이 나거나 젖으면 갑자기 기온이 내려가는 야간에 몸이 얼어 움직이지도 못하고 체온 급강하의 원인이 되어 동사한다.
⑦ 인간의 무능화 현상이 발생한다. 침낭에 얼굴을 파묻고 지퍼를 잠그고 자면 호흡 시 입김이 얼어 적의 기습 시, 자크를 못 열고 적의 대검에 찔려 죽는다.

⑧ 불이 있는 곳으로 사람이 몰린다. 1982년 4~6월 사이에 영국과 아르헨티나 간에 있었던 포크랜드 전쟁 시, 동계 장비를 준비하지 못한 아르헨티나 군인들이 너무 추워서 야간에 진지를 비워두고 불이 있는 곳으로 모여들었다. 이 빈 곳을 이용하여 영국군 공수부대가 후방 깊숙이 침투하여 각 제대 후방 지휘부를 공격했고 영국군 승리로 끝났다.

⑨ 추운 겨울의 화생방 전투 시 각 작용제마다 다른 빙점에서 결빙하고 결빙된 입자가 따뜻해지면 녹을 때 맹독을 발휘한다.

⑩ 소총의 땀을 아는가? 온기가 있는 호 또는 막사 안에서는 총구에 물방울이 생기고 밖에서 보초 근무 시에는 물방울이 얼음이 되어 사격할 때 총기가 파열된다. 이때 물방울을 '땀'이라 한다.

⑪ 추가적으로 소총의 연발 사격이 불가하고 성능이 50퍼센트 감소한다. 모든 나사가 얼어서 돌아가지 않아 정비 시간이 많이 걸리고 사격 시 소총 약실 내 생긴 더운 습기가 얼어서 사격 불능 사태가 발생하고 수류탄이 불발하고 폭발이 지연되기도 한다. 박격포 및 포병 포는 포탄 파열이 안 되거나 사거리가 줄어 우군 진지에 낙하하거나 불발탄이 되기도 한다.

⑫ 동상 및 참호 족염이 많이 발생한다.

⑬ 설맹(snow blindness)이 발생한다. 눈에서 반사되는 적외선에 의해 발병되고 구름 낀 날 눈안개 시 많이 발생한다. 증상은 눈이 따갑고 눈물이 나고 시야가 흐려지고 통증이 온다. 모든 사물이 분홍색으로 보여 관측이 어렵고 선글라스 착용이 필수이다.

⑭ 사격 시 스모그 현상으로 총구의 열기가 수증기로 변하여 사격 위치가 노출되어 적의 사격을 받는다.

⑮ 히터를 틀면 일산화가스가 발생하여 산소 결핍증이 발생하면서 차량, 전차, 운전 시 전복 사고의 원인이 된다.

⑯ 전투 시는 패배한 곳만 무너지지만 사람의 체온이 유지가 안 되면 전부가 무너진다. 따라서 Buddy System(전우조, 2인제)을 운용하여야 한다. 서로 등을 맞대서 체온을 유지하고, 졸음과 피로 나태를 방지해야 한다. 포클랜드 전쟁 시, 영국군은 체온 유지용 플라스틱 우비형의 주머니를 준비하였고, 습기 방지용 플라스틱 깔판을 사용해서 체온 유지가 가능하게 했다. 아르헨티나 군대는 아무것도 준비하지 않아 밤이 되어 추워지면 전부 추워서 불가로 모였다. 아르헨티나가 패배한 원인이다.

기상으로 패한 일본 정벌

—

고려가 원(元)나라와 강화를 한 후에 원은 고려를 통해 일본으로 부터 조공을 받기를 원했고 고려는 왜구의 정벌이 필요했다.

제1차 원정은 충렬왕 원년(1274)에 했는데 고려의 김방경, 원의 홀돈(忽敦)과 900척의 함선, 4만 명이 출병해서 오늘날 마산 합포 (合浦)를 출발하여 북구주의 하까다 해안을 공격하기로 했으나 폭풍우를 만나 공격 한번 하지 못하고 함선과 병력을 모두 잃고 귀국했다.

제2차 원정은 충렬왕 7년에 15만의 병력과 4천 척의 배로 출동했다. 그러나 6월 더위에 역병이 유행하고 태풍을 만나 10만의 병력만 손실하고 귀국했다. 일본서는 이 폭풍을 신풍(神風)이라 부른다.

신풍 가미카제(Kamikaze)는 일본열도에 보통 8~9월 사이에 많이 온다. 원 나라와 고려 연합군의 일본 정벌은 두 번 다 6월에 있었는데 하늘이 내린 뜻밖의 태풍이 일본을 도왔다고 해서 가미카제라고 한다.

창을 든 파수병

—

뜨거운 화산재 속에서도 명령받은 위치를 이탈하지 않고 회의실 앞에서 차렷 자세로 창을 들고 경계 근무를 하다가 화산재에 묻혀 석고상이 된 병사가 있다. 이를 두고 군기(軍紀)의 정화(精華)라고 한다.

서기 79년 8월 24일, 이탈리아의 나폴리에서 6킬로미터 떨어진 폼페이의 베수비어스산이 폭발하여 18시간 동안 백 억 톤의 화산재와 암석이 하늘에서 쏟아져 로마 귀족의 휴양지였던 호화스러운 도시의 많은 사람이 죽거나 뜨거운 화산재에 묻혀서 석고가 되었다. 1549년 수로 공사 중에 유적이 발견되었고 꾸준히 발굴 작업을 하고 있어 폼페이 전체의 절반 정도가 발굴되었다고 한다.

사람이 공기를 마시고 살듯이 사회는 기강 속에서, 군대는 군기 속에서 산다. 사회는 자신과 사회의 안전과 이익을 위해 기강이 필요하고 군대는 최소한의 희생으로 목표 달성을 위해 군기가 중요하다. '군기의 정화'라고 하는 이 화산재 석고상이 우리에게 주는 교훈은 엄청나다.

강감찬 장군과 밥그릇

—

강감찬 장군은 고려의 명장으로 1018년 거란의 소 배압이 10만의 군사로 침입했을 때, 이를 물리쳤고 특히 철수하는 적을 귀주(龜州)에서 크게 격파하여 살아 돌아간 자가 수천에 불과했다고 한다.

강감찬 장군의 외모는 작고 못생겼다고 한다. 강감찬 장군의 귀주대첩은 을지문덕 장군의 살수대첩, 이순신 장군의 한산대첩과 더불어 3대 대첩(大捷)으로 불린다. 거란족과 싸워서 대승을 거두고 개선한 강감찬 장군을 당시 왕이었던 현종은 큰 연회를 베풀어 그의 노고를 치하했다. 그 자리에서 왕은 금화팔지(金花八枝)를 만들어 목에 걸어주는 극진한 환영을 하였다. 연회가 한창 무르익을 무렵, 장군은 슬며시 일어나 내시를 향해 따라오라고 눈짓을 보냈다.

강감찬 장군은 주위를 살피고 아무도 듣지 않는 것을 확인하고 내시에게 말했다.

"내가 조금 전에 밥을 먹으려고 밥주발을 열었더니 빈 그릇이구나. 아마도 너희들이 실수를 한 모양이야."

이 말을 듣는 순간 내시는 얼굴색이 노랗게 변했다. 벌 받을 게 분명했기 때문이다. 강감찬 장군의 반응은 의외로 차분했다.

"됐다. 걱정하지 말거라. 한 가지 묘안이 있으니 내가 시키는 대로 하거라."

장군은 내시의 귀에다 대고 나지막하게 말한 뒤 아무 일 없다는 듯이 어울렸다. 그때 내시가 장군에게 다가갔다.

"장군님, 진지가 식은 듯하오니 바꾸어 드리겠습니다."

내시는 빈 밥그릇을 들고 나오고 따뜻한 밥그릇을 올렸다.

부하의 실수를 너그럽게 받아들이는 아량을 가져야 한다. 부하의 실수를 덮어주지 않으면 부하는 믿고 따르지 않는다.

○《맛있는 인생》(국방부)

우크라이나 전쟁을 보면서

—

1950년부터 1970년 중반까지 한국전쟁과 베트남전쟁에 참전했던 미국의 많은 젊은이들이 사상하자 미국 사회에서 큰 문제가 되었다. 이 문제를 해결하기 위해 군사 전문가들이 "군대는 명령이 있어야 움직인다"라는 것에 착안하여 통신 방해와 정보 능력의 기술을 크게 발전시켰고 지금은 적의 움직임을 실시간으로 정확하게 볼 수 있게 되었다.

미국의 전략국제문제연구소(CSIS)는 북한 자강도 회중리에 건설된 북한의 대륙간탄도미사일(ICBM) 기지의 위성사진을 공개한 바있다. 왜 그랬을까? 이쪽의 정보능력을 보여주어 그들이 오판하지 않도록 더 이상의 무모한 짓을 하지 말라는 것이다.

첫째, 통신 방해를 한다. 유선 무선 통신이 불가하여 명령을 전달하지 못하고 지대공 미사일 전파까지도 완벽하게 방해를 한다. 비행기가 북한에 날아 들어가도 탐지를 못한다.

둘째, 미사일을 쏘는 공군의 능력, 즉 하와이, 괌, 미 태평양 7함대, 오키나와, 오산에 있는 미 공군 그리고 우리 공군의 능력을 합치면 세계 제일이다. 일 년에 두 번 연습을 한다. 북한에 김정은이 있는 곳을 공격하고 북한의 지휘 본부를 걸프전같이 다 부수는 연습일지도 모른다. 걸프전은 42일 전쟁 기간에 39일을 폭격했고 지상군은 단 3일 만에 전쟁을 끝냈다.

셋째, 위성사진의 화질이 깨끗하다. 북한의 대륙간탄도미사일 (ICBM) 기지는 여의도 두 배가 넘는 약 6제곱킬로미터에 자리했는데, 운용본부 보안시설, 지하시설, 지원시설 및 이동식 발사 차량과 이동식 거치대 등이 한눈에 보인다. 갱도 입구 12개도 정확히 보인다. 숨을 곳이 없다. 이 갱도들은 김일성 때부터 민간인 접근을 금지하고 '전국의 요새화'라는 4대 군사노선의 하나로 막대한 물자와 군인을 동원하여 만들었다.

지금은 위성사진을 보고 공격 연습을 한다. 갱도 입구까지 정확히 알고 있는 지금은 더 이상 비밀 기지가 아니다. 모든 미사일 기지를 한눈에 다 보고 있다.

넷째, 우리도 열심히 대응책을 마련했다. 세계 최고 수준의 지하 관통력을 가진 현무4 미사일은 북한의 최고 장점이라고 늘 자랑하던 '전 국토의 요새화'를 그냥 무덤으로 바꾸어놓는다. 최첨단 정찰기와 레이더가 비약적으로 발전했고 지하 폭탄도 파괴력이 엄청나서 그들이 자랑하던 갱도도 입구를 때리고 지하에서 터지면 다 무덤으로 변한다.

다섯째, 한쪽에 큰 바퀴를 11개나 단 ICBM 발사 차량은 각 갱도에 몇 개가 들어가 있는지 이미 다 파악하고 있다. 미사일 열차도 미사일이 너무 무거워서 콘크리트 침목을 한 곳만 갈 수 있는데,

어디서 나와 어디로 가는지를 다 보고 있다.

여섯째, 한미 조약은 한반도에서 전쟁이 나면 미군이 자동개입하게 되어 있다. 이 자동 개입이 전쟁 억제력이다. 우리나라 사람들은 북한이 미사일을 쏘고 겁을 주어도 사재기를 하지 않는다. 사회 혼란이 생기지 않는다.

채플린에서 처칠로

—

작곡가 차이콥스키와 소설가 도스토옙스키가 태어난 나라. 비옥한 곡창지대를 갖고 있어 '유럽의 빵 바구니'로 불리는 우크라이나의 젤렌스키(Zelensky) 대통령의 지도력이 국제사회의 관심을 받고 있다.

젤렌스키 대통령이 유럽의 의회에서 "삶이 죽음을 이길 것이며, 빛이 어둠을 이길 것이다"라면서 유럽 각국의 협력을 촉구하는 연설을 두고 사람들은 희극배우 찰리 채플린이 윈스턴 처칠로 변모했다고 평가했다.

미국이 젤렌스키 대통령에게 항공편을 제공할테니 망명할 것을 권유하자 그의 태도는 완강했다. 군복을 입고 나와 "나에게 지금 필요한 것은 도망갈 항공편이 아니라 더 많은 탄약입니다"라면서 각료와 함께 수도에 남아 끝까지 싸우겠다고 말했다. 이러한 젤렌스키의 결기에 찬 말 한마디에 전 세계는 감동했다. 우크라이나의 젊은이 13만 명이 자원입대했고 세계 각국에 흩어져 사는 우크라이나 젊은이들이 속속 귀국했다.

용감한 지도자에게는 용감한 국민이 있다. 러시아가 침공하기 전에는 그가 누군지도 몰랐지만 이제는 세계인이 응원하는 지도자이다.

얼마 전 아프가니스탄에서 미군이 철수한 직후 엄청난 달러를 가지고 가족과 함께 이웃 나라로 도주한 아프간 대통령의 모습, 미국이 20년 동안 도와준 나라가 단 이틀 만에 탈레반에 넘어가는 비참한 모습과는 너무나 대조적이다. 우리는 우크라이나 사태를 보면서 나라다운 나라를 보았고, 지도자다운 지도자를 보았고, 국민다운 국민을 보았다.

젤렌스키 같은 강인한 지도자를 우리 대한민국 국민은 기다리고 있다. 대통령이 되기 전 젤렌스키는 TV 코미디언이었다. 그는 유대인 부모 밑에서 태어난 1978년 생으로 현재 44살의 청년이다. 키이우 국립경제대학교를 졸업하고 경제학 학사와 법학 석사를 받았으며 아버지는 대학교수, 어머니는 공학도로 좋은 집안에서 태어났다.

그는 직접 드라마 〈인민의 종〉을 제작했는데, 교사가 대통령이 되어 부정부패에 저항하는 내용으로 전 국민이 시청할 정도의 인기를 얻어 주변의 권유로 대통령에 출마하여 당선되었다.

○ 〈희망의 속삭임〉(허연행)

동인과 서인 그리고 지금

―

임진왜란 직전, 조선은 도요토미 히데요시의 국서를 받았다. 중국을 치러갈 터이니 길을 빌려달라는 내용이었다. 그래서 정부는 황윤길과 김성일을 통신사로 임명하여 일본에 파견하였다.

1591년 봄에 귀국한 두 사람은 각각 보고하였다. 서인(西人) 황윤길은 '일본은 쳐들어온다'를 주장하고, 동인(東人) 김성일은 "그런 일본 침략의 정황은 전혀 발견하지 못했다"라고 보고하였다.

선조가 도요토미 히데요시의 인상을 물으니 서인인 황윤길은 "눈이 반짝반짝하여 담과 지략이 있어 보인다"라고 보고하였고, 동인 김성일은 "눈이 쥐와 같아 마땅히 두려워할 위인이 아니다"라고 서로 정반대 의견을 냈다. 그들은 '일본의 침략은 있다 없다'로 갑론을박의 논쟁을 벌였다.

나라의 운명을 책임질 신하가 애국은 없고 당인으로서만 발언을 했다. 사실 확인은 중요하지 않았고 나라의 안위보다는 당파의 주도권이 더 중요한 가치였다. 동인과 서인이 상대 당의 주장이 옳으면 따라가야 하는데 그럴 이유가 없었다. 이것이 조선 왕조 양반의 사대부가 지녔던 가치다. 다시는 이런 일이 없어야 한다.

국가와 애국이 모든 가치 결정의 기준이 되어야 한다. 동인, 서인의 당(黨)의 결정이 나라 걱정보다 먼저이니 훗날 일본의 7년간 침략 전쟁으로 전 국토는 황폐해지고 많은 백성이 일본으로 노예로 끌려갔으며 굶주림에 죽었다.

당시 조선에서 이루어지는 논쟁은 요즘 용어로 보면 권력투쟁이고 애국이 없는 당을 위한 말싸움이었다. 그것이 나라를 망치고 일본에게 국권을 빼앗기는 결과를 낳았다.

지금도 정치하는 사람들은 애국은 사라지고 말싸움으로 날이 샌다. 조선 왕조 때 당리당략을 앞세운 동인, 서인의 시대를 사는 것 같아 서글프다. 정직하고 애국하는 국가관으로 변해야 한다.

○《지금, 천천히 고종을 읽는 이유》(김용삼, 백년동안)

지도자가 알아야 할 한국의 지정학적 위치

—

제2차 세계대전이 끝나고 세계는 두 개로 나뉘었다. 대륙은 공산주의 국가, 태평양은 자유민주주의 국가가 되었다. 미국은 중국과 소련의 공산주의 국가가 태평양으로 남하하지 못하게 하는 전략을 구사해 왔다. 이런 점에서 일본과 한국의 지정학적 가치는 절대적이다.

반면, 중국은 태평양으로 나가려면 한국과 일본열도가 가로막혀 있어 제한을 받는다. 그래서 중국에게 북한은 중요한 나라다. 한국과 일본이 안보를 위한 미국의 완충지대라면 북한은 중국 안보를 위한 완충지대이다.

한국은 해양 세력과 대륙 세력 간의 중간 위치에서 대륙 세력의 해양 진출을 막기 위한 최전방 기지이다. 중국의 입장에서 한국이 미국과 일본 쪽으로 기울면 중국은 태평양 진출이 어려워진다. 미국과 중국의 경쟁에서 한반도의 가치는 국가 이익과 국가 사활이 걸린 중요한 요소다.

서해를 방어하지 못하면 중국의 태평양 진출을 허용하게 된다. 미군이 경기도 의정부에 있는 미 2사단과 용산 기지를 서해안의 평택 지역으로 옮긴 가장 핵심적인 이유가 중국을 봉쇄하려는 것이다.

또한 북한의 황해도 장산곶은 수원 이남에 상륙하여 서울을 포위하려는 의도로 고속 상륙정 부대가 배치되어 있다. 약 1개 연대 2천 명이 넘는 적이 동시에 고속상륙정으로 한두 시간 만에 서산, 평택 지역에 상륙해서 긴급히 동원되는 후방 예비사단들이 전방으로 전개하는 것을 차단하기 위해 만든 것이다. 대한민국 국가 존망을 위협하는 무서운 계획이다.

이를 막기 위한 대비책으로 서해 함대사령부는 평택 근처 해안지대에 배치되어 있고 한미연합으로 북한의 기습 상륙을 방어하고 서해를 장악하려는 전략적 목적도 있다.

미국은 한국이 중국 쪽으로 기우는 것을 용납하지 않고 미국 쪽으로 되돌리기 위해 서둘러 FTA를 체결했다. 중국 시진핑 주석 취임 후, 그가 북한을 제쳐두고 첫 단독 해외 방문지로 한국을 선택한 것도 한국을 미국과 일본으로부터 떼어놓아 중국 쪽으로 끌어오겠다는 뜻이었다.

중국도 우리에게 오라고 손짓하고 미국도 오라고 한다. "안보는 미국에게, 경제는 중국에게"라는 말이 나돌 정도이다. 이런 시점에서 우리가 어떻게 해야 안보와 경제, 두 마리 토끼를 잡을 수 있을까?

옛말에 "옛정 버리고 새 정 따라가면 망한다"라는 말이 있다. 미국은 옛정이고 중국은 새 정으로 풀이한다면 국익을 위해 어떤 선택을 해야 할지 매사에 신중해야 한다.

○《전환기 한반도의 딜레마와 선택》(장성민, 나남)

간첩은 다 잡아야 한다

—

미국 교포인 정신 나간 여자가 북한을 찬양하고 돌아다니고, 현직 국회의원이 폭력조직배를 조직하여 폭동을 계획하고, 얼마 전에는 여자 간첩이 군부대 장병에게 정신교육을 52회나 했다고 하니 놀라지 않을 수 없다. 서울시 공무원이 북에 정보를 넘겼다는 보도도 있었다. 대한민국이 간첩 천국이라는 유행어가 공공연히 돌아다니고 있다.

1982년 스위스에서 어학연수 중에 탈북한 김정일의 전처 성혜림의 조카 이한영씨는 〈북한 고위층 생활상〉 수기를 발표하여 배신자로 낙인이 찍혀 1997년 2월 그의 집 분당 아파트에서 2명의 괴한에게 권총으로 피살되었다.

기원전 13세기, 그리스의 아가멤논은 적국 트로이의 성 안으로 시논이라는 간첩 한 명을 들여보내 트로이 왕을 속여 그리스의 정예 병사들이 숨어 있는 목마를 트로이 성 안으로 들여가게 했다. 그날 밤 목마 안의 그리스 정예병과 성 밖 그리스 함대의 병사들이 함께 공격하여 술에 취한 트로이군을 대학살했다. 10년의 전쟁이 단 한 명의 간첩에 의해 트로이의 참패로 끝났다.

칭기즈 칸은 100킬로미터 전방까지 첩자를 보내 지형정찰은 물론 적의 내부에 전복, 공작, 교란, 선전, 협박과 위협을 가함으로 내부 분열을 조장했다. 공포를 조성하여, 싸우기도 전에 항복하게 만들어 모스크바와 부다페스트까지 대제국을 건설했다.

제2차 세계대전 시 독일은 간첩을 침투시켜서 포섭된 현지인의 안내를 받아 유언비어로 공포 분위기를 조성하고 통신선을 절단하거나 통화 내용을 도청하고 정보를 제공받았다. 포섭된 현지인은 연합군의 작전을 방해하고 공수 투하된 독일 병사에게 목표를 정확히 안내했다. 120명이 수비하던 에반-에마엘 요새는 간첩이 안내한 77명의 독일 공정 대원에게 불과 몇 시간 만에 점령당했다.

독일 공군은 간첩이 제공하는 정확한 정보로 폴란드군 사령부가 가는 곳마다 쫓아다니며 폭격을 감행했다. 결국 폴란드는 통신선의 마비로 부대를 통제하지 못해 제대로 싸우지도 못하고 망해 버렸다.

소련의 간첩 조르게는 일본에서 활동하면서 일본의 주요 전쟁터가 극동이 아니라 남방자원지대라는 정보를 타전했다. 처음에는 스탈린 수상도 믿지를 않았다. 그러나 시베리아의 극동군을 유럽 전선으로 과감히 전환하여 유럽전쟁 초기에 수세에 몰리던 소련군이 승리하는 데 결정적인 기여를 했다.

중동전에서 이스라엘의 승리는 정보기관인 모사드(Mossad)가 제공하는 정확한 정보로 작전을 수행했기 때문이다. 예를 들면 정보를 제공하던 이스라엘 간첩 엘리코웬은 시리아의 참모총장 조 카인 마지 대령과 고란 고원까지 여행하면서 이 지역의 정확한 군 배치, 장애물 지대, 포병 및 기계화 부대 운용 등의 군사정보를 본 국에 타전했다. 그리고 6일 전쟁 시 고란 고원 전투에서 정면공격 을 감행하는 이스라엘군에게 결정적인 통로를 제공했다.

요즈음 전쟁을 잊고 안락한 생활을 하면서 평화에 젖다 보니 간 첩이 얼마나 무서운 존재인지를 모르고 산다. 우리는 몰라도 너무 모른다. 북한은 정규군 약 100만, 예비병력 748만, 특수부대원 10 만이 넘는다. 거기다 핵과 미사일이 있다.

북의 대남 적화전략은 "북을 4대 군사노선, 즉 '전군의 간부화', '전 국토의 요새화', '전 인민의 무장화', '전 장비의 과학화'로 북을 혁명 기지화하여 혁명역량을 비축했다가 남쪽에 '혁명의 성숙기' 가 도래하면 단기 결전으로 적화통일을 달성한다"라고 되어 있다.

북이 북한을 혁명 기지화하는 것은 어쩔 수 없으나 대한민국에 혁명의 성숙기가 도래했다고 오판하는 것을 막아야 한다. 더 두 려운 것은 북의 공산당 일당이 대한민국은 내 손안에 있다고 오판 할 가능성이다. 위기가 닥쳤을 때 우리를 배신할 사람들은 간첩 이다. 이를 철저히 체포해야 한다. 이 길이 우리가 우리를 지키는 길이다.

제6장

그대, 내일의

리더에게

마지막 순간까지

———

　런던의 켄더베리 교회에 니콜라이 집사가 있었다. 17살에 교회를 관리하는 사찰 집사가 되어 평생 교회 청소와 심부름을 했다. 그는 교회를 자기 몸처럼 사랑하고 맡은 일에 헌신했다. 그는 시간에 맞춰 교회 종탑의 종을 치는 일도 했다. 그는 교회 종을 얼마나 정확하게 쳤는지 런던 시민들은 도리어 자기 시계를 니콜라이 집사의 종소리에 맞추었다고 한다.

　그가 교회 생활을 열심히 하면서 키운 두 아들은 케임브리지대학과 옥스퍼드대학교 교수가 되었다. 어느 날 두 아들이 아버지 니콜라이에게 말하였다.

　"아버지, 이제 그 일 그만 하세요."

　니콜라이는 단호히 말했다.

　"아니야, 나는 끝까지 이 일을 해야 해."

　그는 76살까지 종을 치며 교회를 사랑하고 관리하였다. 그가 노환으로 세상을 떠나게 되었을 때 가족들이 그의 임종을 보려고 모였다. 그런데 종 칠 시간이 되자 니콜라이가 옷을 챙겨 입더니 비틀거리며 밖으로 나가 종을 쳤다. 그는 얼마간 종을 치다가 종탑 아래서 숨을 거두었다.

이 이야기를 들은 엘리자베스 여왕은 감동을 받고 영국 왕실의 묘지를 그에게 내주었으며 그의 가족을 귀족으로 대우해 주었다. 모든 상가와 시민들은 그날 하루 일을 하지 않고 그의 죽음을 애도했다. 심지어 유흥주점도 문을 열지 않자 자연스럽게 그가 떠난 날이 런던의 공휴일이 되었다.

엘리자베스 여왕 시대에 수많은 성직자들이 죽었으나 황실의 묘지에 묻히지 못했다. 그러나 단지 하찮게 보이는 예배당 종지기가 황실 묘지에 묻히는 영광을 차지했고 사망한 날이 공휴일이 되는 명예도 함께 얻었다.

우리가 하는 일에 하찮은 것은 없다. 어떠한 일이든 진심으로 헌신하고 노력한다면 그 일은 세상에서 가장 고귀한 일이다. 주어진 일에 사명감을 갖고 죽기까지 하면 사람들은 물론 하늘도 감동시킨다. 행복의 비밀은 자신이 좋아하는 일을 하는 것이 아니라 자신의 하는 일을 좋아하는 것이다.

영국 감리교의 한 신학자는 성서 주해를 쓰기 위해 40년을 보냈다. 조지 벤크로프트(George Bancroft)는 미국의 역사가이자 정치가로 미국 역사를 쓰기 위해 26년을 보냈다. 아이작 뉴턴은 영국의 수학자이자 물리학자로 새벽 2시 전에는 침대에 든 적이 없다.

헤밍웨이는 미국의 저널리스트로 자신의 작품 《노인과 바다》 원고를 무려 80번이나 읽고 수정 보완했다. 청각 장애인인 베토벤은 한 곡을 쓰고 최소 12번은 고쳐 썼다. 프란츠 요제프 하이든 (Franz Joseph Haydn)은 오스트리아의 작곡가로 수많은 역경을 이기고 일생 동안 800곡 이상을 작곡했다.

미켈란젤로는 〈최후의 심판〉을 8년간의 고생 끝에 완성했다. 레오나르도 다빈치는 10년에 걸쳐 〈최후의 만찬〉을 완성했는데, 때로는 너무 열중해서 식사를 잊어버리기도 했다.

오스트리아의 작곡가 프란츠 페터 슈베르트(Franz Peter Schubert) 는 작품 수가 많기로 유명하다. 하루는 그가 가수 푀글의 반주를 하다가 갑자기 손을 멈추었다. "참, 좋은 곡이군. 이렇게 좋은 곡을 누가 작곡을 했지?"라고 말하자 푀글이 기가 막혔다. 그 곡은 바로 슈베르트가 불과 2주 전에 작곡한 곡이었다.

뉴턴은 어린 시절 수학 문제 풀기를 좋아했다. 뉴턴이 수학 문제를 푸는 동안 옆 친구가 도시락을 먹어버렸다. 문제를 다 푼 뉴턴이 도시락을 먹으려고 꺼내니 빈 도시락이었다. 뉴턴은 '참, 아까 점심을 먹었는데 또 먹으려 하는구나!' 하고 생각했다. 그러자 옆의 친구가 "이 멍청아, 도시락 내가 먹었어"라고 말했다. 뉴턴은 친구를 바라보며 말했다.

"어쩐지 배가 고프더라."

열정을 갖고 집중하지 않고는 되는 것이 없다.

애인이 선물한 대장 계급장

—

제2차 세계대전 당시 미국의 태평양 함대 사령관으로 미드웨이 해전에서 일본 함대를 격멸시킨 체스터 윌리엄 니미츠(Chester William Nimitz) 대장 이야기이다. 1905년 해군사관학교를 졸업하고 제1차 세계대전 시 미국의 대서양 잠수함 부대에 근무하면서 전투 경험을 쌓았으며, 1941년 12월 태평양 함대 사령관으로 승진하여 육군과 해군을 지휘했다.

그가 초년 장교 시절 항공모함에 근무할 때, 미국의 해군 최고 사령관이 방문하였는데 좁은 배 안을 다니다가 대장 계급장이 망가져서 사용할 수 없게 되었다. 참모들을 불러 대장 계급장이 있는지 확인했으나 함대에는 소장이 제일 높은 계급이라 구할 수가 없었다. 계급장도 없이 부대 행사를 치러야 할 판이었다. 사령관은 함 내 방송을 통해 공시하도록 지시했다.

"대장 계급장이 있는 장병이 있으면 함장실로 오라. 적절한 포상을 하겠다."

대장 계급장이 있으리라고는 아무도 기대하지 않았는데 방송이 나간 지 채 10분도 되지 않아 한 소위가 찾아 들어왔다.

"저는 니미츠 소위입니다. 방송을 듣고 대장 계급장을 갖고 왔습니다.”

“자네는 소위가 어떻게 대장 계급장을 갖고 있는가?”

“네, 제가 졸업하고 소위 임관할 때 애인이 선물로 주었습니다. 그래서 저도 꼭 해군 장군이 되려고 가슴에 품고 다닙니다.”

“허, 허. 훌륭한 애인을 두었구먼. 열심히 노력해서 해군 대장이 되게.”

그 뒤 니미츠는 헌신적인 노력으로 많은 공을 세웠고 마침내 대장으로 승진하였다. 그리고 니미츠 소위에게 대장 계급장을 선물한 애인은 니미츠 대장의 부인이 되었다.

링컨의 그릇

—

　어느 날, 링컨 대통령이 사무실을 나오면서 흙이 묻은 자기 구두를 닦았다. 옆의 친구가 "왜 대통령이 구두를 닦는가?"라고 질문했다. 그러자 링컨은 "내 구두를 내가 닦지, 누가 닦아! 미합중국 대통령이 거리에 나가 남의 손에 구두를 닦아야 한단 말인가"라고 대답했다.

　선거 기간에 더글라스 상원의원이 '두 개의 얼굴을 가진 남자'라고 링컨을 공격한 일화는 유명하다. 링컨은 "만일 내가 두 개의 얼굴을 가졌다면 이 못난 얼굴을 갖고 나왔겠습니까?"라고 답해 상대의 비난을 피했을 뿐 아니라 오히려 지지자를 많이 만들었다. 훌륭한 리더는 비난을 수용할 수 있는 포용력을 가져야 한다.

　병사의 편지를 대필해 준 링컨의 일화도 있다. 미국 남북전쟁이 한창일 때 링컨은 종종 부상당한 병사들이 입원해 있는 병원을 방문하여 위로했다. 링컨이 한 병사의 침상 곁으로 다가가서 물었다.

　"내가 당신을 위해 할 수 있는 일이 뭐 없겠소?"

　병사는 링컨을 알아보지 못하는 게 분명했다.

　"저의 어머니에게 편지 한 통만 써주시겠어요?"

펜과 종이가 준비되자 대통령은 정성스럽게 젊은이가 말하는 내용을 적어 내려갔다.

"보고 싶은 어머니! 저는 저의 임무를 다하던 중에 심한 부상을 당했습니다. 아무래도 회복되지 못할 것 같군요. 제가 먼저 떠나더라도 저 때문에 너무 슬퍼하지 마세요. 제가 나라를 위해 싸우다가 죽게 된 것을 가문의 영광으로 생각하세요. 동생 존과 메리에게도 저 대신 입 맞춰주시고요. 신께서 어머니와 아버지를 축복해 주시기를 빌겠어요."

병사는 기력이 떨어져서 더 이상 말을 이어갈 수 없었다. 그래서 링컨은 젊은이 대신 편지 말미에 서명을 하고 이렇게 덧붙였다.

'당신의 아들을 위해 에이브러햄 링컨이 이 편지를 대필했습니다.'

병사는 편지를 자기에게 보여 달라고 했다. 그는 마침내 편지를 대신 써준 사람이 누구인지 알고 깜짝 놀랐다.

병사가 물었다.

"당신이 정말로 대통령이신가요?"

링컨이 조용히 대답했다.

"그렇소. 내가 대통령이오."

링컨은 최고의 인품을 가진 사람이다. 미국의 25대 법무부 장관이었던 에드윈 스텐턴(Edwin Stanton)은 링컨의 정적(政敵)이었다.

그는 링컨에 대하여 아주 신랄한 비판을 퍼부었다. 심지어 대통령이 되려고 하는 사람에게 이런 말까지 했다.

"수염과 털이 많은 고릴라 대통령을 세울 바에야 아프리카에서 고릴라 한 마리를 데려오는 것이 좋지 않은가? 아프리카로 고릴라를 사러 가는 사람은 어리석은 사람이다. 일리노이주에 가면 좋은 고릴라가 한 마리 있다."

그러나 링컨은 자기에 대하여 그렇게 심한 비난과 모욕을 퍼부은 스텐턴이지만 그가 유능한 사람임을 인정하고 그를 국방장관에 임명하였다. 우리로서는 이해할 수 없는 일이다. 링컨이 총에 맞아 쓰러졌을 때, 그의 인격에 감복한 스텐턴은 링컨의 조용한 얼굴을 보며 다음과 같이 말하면서 눈물을 흘렸다.

"여기 누워 있는 분은 인간이 소유할 수 있는 최고의 인품을 가진 사람이다."

잊을 수 없는 경례

—

자니 휴즈(Johnny Hughes)는 제2차 세계대전 시 미국의 전투기 조종사였다. 어느 날 독일 상공에서 공중전을 하던 중 적탄에 맞아 추락하였다. 휴즈는 자기의 몸이 비행기에서 튀어나오자마자 낙하산을 펴는 실수를 했다. 자유낙하를 하다가 낙하산을 펴야 독일 전투기의 공격으로부터 생존 가능성이 높기 때문이다.

그런데 독일 전투기는 계속 자기의 주위를 도는 것이었다. 눈 앞에 어머니와 약혼자의 얼굴이 떠올랐다. 이제 곧 자기의 등으로 총알이 관통되어 피를 흘리며 낙하산에 매어 달린 모습도 떠올랐다.

그러나 총탄은 날아오지 않았다.

휴즈는 독일 비행기를 바라보았다. 태양을 뒤로한 전투기 속에 독일 조종사가 보였다. 그때 독일 전투기 조종사의 오른손이 헬멧으로 올라갔고, 그 조종사가 경례를 하면서 미소를 지었다. 그런 후, 독일 조종사는 쏜살같이 비행기를 몰고는 멀리 사라졌다.

자니 휴즈는 이렇게 말했다.

"언젠가는 이 독일 조종사를 만나서 생명을 살려준 은혜와 용기에 깊은 감사를 하고 싶었다. 그리고 오래도록 그 조종사의 미소와 경례를 잊지 못했다."

휴즈는 구조되어 본국으로 돌아왔고 나중에 두 사람은 만났다. 이런 배려와 용기가 세상 사람 모두에게 필요하다. 보은이 되어 돌아온다.

화가 났을 때는 결심하지 마라

—

칭기즈 칸이 전쟁에서 돌아와 그의 친구들과 사냥을 나갔다. 늘 데리고 다니던 매와 즐거운 마음으로 숲에서 사슴과 토끼를 쫓았다. 하루 종일 숲을 돌아다녔으나 아무런 소득 없이 집으로 향했다.

날이 무척 더웠고 목이 말랐던 그는 그 지역을 잘 알고 있어서 샘이 있는 곳으로 돌아가 물을 마시려고 홀로 말을 그곳으로 몰았다. 우기에는 비가 많아 냇물이 졸졸 흐르는데 비가 오지 않은 무더운 여름의 냇물은 바짝 말라 있었다. 그는 바위틈에서 솟아나는 샘을 찾아 올라갔다. 그러나 그 샘도 물이 말라 한두 방울씩 떨어졌다.

그는 배낭에서 은컵을 꺼내 물을 받았다. 물이 컵에 거의 차서 마시려는데, 평소 훈련을 시킨 사냥매가 '휘익' 하고 날아오더니 컵을 후려쳐서 땅에 떨어트렸다. 다시 물을 받아서 마시려는데 또 매가 날아오더니 컵을 후려쳤다.

화가 난 칭기즈 칸은 "이 버릇없는 놈, 다음에는 죽여버리겠다"라고 말하고 다시 컵으로 물을 받아 마시려는데 또 매가 휘익 날아오더니 컵을 치려고 해서 칼을 뽑아 매를 후려쳤고 매는 그 자리에서 피를 흘리고 죽었다.

결국 목이 마른 칭기즈 칸은 조금 위에 있는 바위 밑에 샘물이 고여 있는 곳을 알고 올라갔는데, 그 안에 치명적인 독사가 죽어 있었다.

"죽은 매가 내 생명을 구했구나. 내가 내 친구를 죽이다니 어떻게 해야 하나!"

그는 죽은 매를 배낭에 넣고 돌아와 정원 양지바른 곳에 묻었다. 그리고 자신에게 말했다.

"내가 오늘 큰 가르침을 배웠다. 화가 났을 때는 아무것도 결심하지 말아야 한다. 화가 났을 때는 아무것도 해서는 안 된다(I have learned great lesson today! Never to decide anything in anger! Never to do anything in anger!)."

화가 났을 때는 이성보다는 감정이 앞선다. 작은 것을 얻고 큰 것을 잃는 실수를 한다. 이성과 감정이 수평적 평형을 유지할 때, 그때 결심해라. 《손자병법》에서도 '장수는 화가 났을 때 적과 싸워서는 안 된다'라고 했다.

칭기즈 칸은 인내도 강조했다. 한신이 불량배의 가랑이를 기어들어 가는 굴욕을 감수한 처신, 복수를 위해 와신상담(臥薪嘗膽)하며 적의 마부가 되는 모욕을 참아낸 춘추전국시대 후기 월나라의 임금 구천(句踐)의 인내를 배워야 한다. 칭기즈 칸은 기회가 있을 때마다 자식과 참모들에게 인내를 강조했다.

"약할 때는 참고 양보하며 힘을 길러라. 나의 힘이 약할 때는 기꺼이 양보하고 마음이 맞지 않더라도 참고 양보해야 한다. 자기 날개를 강하게 단련시키면 그때는 바람이 불고 비가 와도 막을 자가 없다. 약할 때는 기다려라. 새도 날개가 단련된 후에 난다."

○《칭기스칸에 관한 모든 지식:칭기스칸이즘》(구종서, 살림)

몽골인과 말

—

　유목민들은 인간과 똑같이 가축을 가족으로 생각한다. 몽골고원은 일반적인 평지라고 해도 높이가 해발 1500미터다. 평지인 지금의 수도 울란바토르의 경우 여름은 영상 섭씨 38도, 겨울에는 영하 섭씨 42도까지 내려간다. 이런 척박한 지역에서 살아가려면 기르는 동물을 가족처럼 생각해야만 한다.

　울란바토르 근교의 톨아이막에 가면 말 동상이 하나 서 있다. 고향을 잊지 못하는 영리한 말을 기리는 동상이다. 베트남전쟁이 시작된 1961년, 월맹과 동맹국이던 몽골이 월맹을 도우려고 말 1만 마리를 기차에 태워 보냈다. 하지만 베트남의 고온 다습한 기후를 버티지 못한 숫놈 한 마리가 중국 대륙을 가로지른 철길을 따라 고향 마을까지 되돌아왔다. 가족이나 다름없는 말을 학대했다는 여론이 들끓자 울란바토르시는 그 말을 사들여 암말 열 마리와 함께 초원에 풀어주었다.

　이 일화는 유목 사회에서 말과 인간의 내적인 결속이 얼마나 단단한지를 알게 해준다. 몽골고원의 말들은 유목민들과 함께 스스로 살아남으려고 더 넓은 푸른 초지 확보를 위해 혼연일체가 되어 함께 싸웠다.

베네수엘라로부터 배운다

—

베네수엘라는 남미 대륙의 북쪽 끝자리의 바다를 끼고 있는 아름다운 나라다. 수도는 카라카스이고 스페인어를 사용한다. 천연자원인 석유 매장량이 많은 데다 하늘이 내린 천혜의 아름다운 자연으로 모두가 부러워하는 나라였다. 이런 나라가 사회주의를 선택하고 매장된 기름을 펑펑 쓰다가 지금은 세계에서 가장 가난하고 고통받는 나라가 되었다.

이곳에서 사람들은 여기저기 쓰레기통을 뒤지며 먹을 것을 찾고, 여유가 있는 사람들은 자기 나라를 탈출하고 있다. 차베스가 시작한 사회주의 정책으로 내리막길을 걷다가 차베스가 암으로 죽자 후계자가 된 마두로 시대인 지금은 아예 최빈국이 되었다.

인구는 급격히 줄었다. 전체 국민의 2퍼센트가 남미의 다른 나라로 탈출했고 남아 있는 사람들도 서로 불신하고 사회가 불안해지면서 무장 갱단이 지배하는 나라가 되었다. 한때 기름 값은 0.01원을 자랑했다. 너무 싸서 주유소도 대부분 문을 닫았고 기름이 있는 주유소가 0.1퍼센트 정도였다고 한다.

공동으로 생산하여 공동으로 분배해서 잘사는 사람도 없고 못사는 사람도 없이 모두가 평등하게 사는 나라를 만든다는 것이 사회주의가 추구하는 지상낙원이다. 그곳에는 개인의 능력과 경쟁이 없다. 그것이 나라를 망가트린다.

개개인이 열심히 노력해서 최고의 결과가 나와야 하는데 열심히 하든, 하지 않든 똑같이 분배를 하니 열심히 할 사람이 없다. 공동 분배는 사회주의 몰락의 가장 큰 이유이다. 경쟁 없는 사회는 발전이 없다.

○〈하영진 님의 글〉

알렉산더대왕의 지휘통솔, 솔선수범

—

　10월 1일은 국군의 날이다. 35년 동안 군 생활을 한 사람으로서 후배들을 위해 다음의 이야기를 들려주고 싶다. 성공한 사람들 중에 어느 누구도 자신의 힘으로만 성공한 사람은 없다. 많은 사람이 도와주어야 한다. 상사, 동료, 부하 등등 자기 주변의 사람들이다.

　철강왕 앤드루 카네기의 묘비에는 이렇게 쓰여 있다.

　"여기 자기보다 현명한 사람을 잘 쓸 줄 아는 방법을 아는 사람이 잠들어 있다."

　다시 말해서 한 사람의 성공에는 다른 사람의 도움이 반드시 포함되어 있다는 것이다. 주위의 사람이 나를 믿고 내가 필요할 때 그들이 도와주어야 한다. 이것이 리더십의 핵심이다.

　알렉산더대왕은 부하들이 자기를 믿고 자기를 따르고 자기를 도와주도록 부단히 노력했다. 그는 항상 선두에서 진두지휘를 했다.

　그는 생애 총 부상을 8번 입었는데 4번은 경상이고 3번은 중상이며 1번은 치명상을 입었다. 모두 진두지휘하는 중에 당한 부상이었다. B.C. 332년 가을 가자(Gaza) 지역의 전투에서 투석기를 통해 날아온 돌에 맞아 중상을 입었고, B.C. 329년 아프가니스탄 북쪽 작사르테스(Jaxartes)강의 고산족과의 전투에서는 오른쪽 다리에 화살을 맞고 뼈가 으스러지는 중상을 입었고, 같은 해 키로폴리스(Cyropolis) 공성전에서는 날아온 돌에 맞아 머리와 목에 중상을 입었고 물탄(Multan) 공성전에서는 습격대를 편성하여 성안으로 돌진해 들어가 싸우다가 적의 화살이 폐를 뚫는 중상을 입었으나 기적적으로 살아났다.

그는 또한 관대(寬大)하고 모범적인 부대지휘를 했다. 결혼한 병사는 휴가를 보내 가족과 함께 보내게 했다. 장군들, 심지어는 잡힌 적장도 빚을 갚아주고 봉급 정지 처분을 받은 병사들에게는 돈을 풀어 해결해 주고 부하의 급식을 확실히 보장했다.

또한 부상자는 아군이나 적군을 가리지 않고 충분한 치료를 받게 했으며 자기가 부상을 당해 걷기 힘들어했을 때도 부상병을 찾아가 일일이 상처를 살폈다. 또한 전사자는 적과 부하를 가리지 않고 깨끗한 복장으로 갈아입혀 엄숙한 장례식을 치러주었다. 이러한 일은 그때까지 한 번도 없었던 일로, 부하와 심지어는 적에게까지 큰 감동을 주었다.

알렉산더대왕은 자신의 부상을 부대 사기 진작에 이용하여 위기를 호기로 전환시켰다. 그는 인도에서 폴루스(Polus) 전투 시 부상으로 피를 많이 흘렸다. 치명상이 아닌데도 불구하고 그가 죽었다는 소문이 퍼졌다. 순식간에 군대의 사기가 저하되고 부하들은 전의를 상실하여 공포에 떨었다. 전투하다가 패하면 고국으로 돌아갈 수 없다면서 탄식을 했다.

그때 알렉산더대왕은 화려한 옷을 입고 배를 타고 손을 흔들며 부하들 앞에 나타났다. 그들은 함성을 지르며 서로 부둥켜안고 환희와 안도의 눈물을 흘렸다. 부상을 이용하여 떨어져 있던 부하들의 사기를 오히려 진작시켰다. 이러한 알렉산더대왕의 부활은 위기를 호기로 역전시키는 최고의 슬기를 보여준 것이었다.

또한 그는 패장(敗將)에게 관대하였다. 이수스 전투에서 아시아에서 가장 아름답다는 다리우스의 왕비와 형제 및 왕실 가족이 포로로 잡혔다. 그들은 천막에서 공포에 떨고 있었다. 그러나 알렉산더대왕은 다리우스 왕이 살아 있다는 것을 알려주고 왕족과 공주의 지위를 누리게 해주었다.

인도 원정에서도 히다스페스 전투 후 포로로 잡힌 인도왕 포루스(Porus)가 자기를 왕으로 대해줄 것을 요구하자 알렉산더대왕은 바로 그의 권위를 회복시켜 주고 영토를 돌려주었다. 그리고 이해와 신뢰로 우정을 다해 나갈 것을 약속했다. 적은 자기들의 왕보다 알렉산더대왕을 더 존경했다.

공포와 한강교 폭파

—

1950년 6월 28일 02시 30분경, 수많은 서울 시민의 피난민 대열과 차량들이 다리 위에 늘어서 있을 때, 한강교는 거대한 폭음과 함께 폭파되었다. 4천여 명의 피난민과 차량이 뒤엉켜 있을 때 다리가 폭파되어 민간인 500~800명과 차량이 불기둥과 함께 시커먼 강물 속으로 떨어졌다.

폭파 6시간 후에 북괴군이 한강에 당도했다. 너무 빠른 폭파였다. 서울을 방어하던 국군은 그 시간에도 선전을 계속하고 있었고, 강북에는 아직도 전투력이 건재한 국군 5만 명 정도가 선전을 하고 있었으나 한강 폭파와 함께 퇴로가 차단되니 지휘 체계가 붕괴되고 집단 탈출이 발생했다. 그 결과 많은 병사들이 피난민 속으로 사라졌다.

왜 그랬을까? 미아리 전선을 극복하기 어려웠던 적은 홍릉으로 전차 2대를 우회시켰다. 청량리 동대문 쪽으로 가면서 기관총을 쏘아댔다. 미아리를 우회한 적 전차가 돈암동, 창경궁 쪽으로 밀려오자 서울이 적의 전차부대에 유린되었다고 판단한 육군본부가 공포에 휘말렸다.

국군 장교로 또는 민간인으로 위장한 북괴군 침투부대원이 서울로 잠입하여 "빨리 피난을 가라", "서울에 곧 북괴군이 쳐들어 온다"라며 유언비어를 퍼트렸다. 극도로 긴장한 육군본부는 신중한 판단을 못 하고 한강교를 조기에 폭파했다. 공포에 휘말린 군 지휘계통의 판단 실수였다.

창조는 점을 연결하는 것이다

—

컴퓨터 선구자인 스티브 잡스의 성공 비결은 자기 주변에 존재하는 많은 점을 연결하는 데 최선을 다한 것이다. 이는 평범한 진리다. 점이란 바로 사람이다. 사람이 기술이고 자본이고 능력이다.

내가 연대장을 마치고 모교 고려대학교 학군단장으로 전임되어 사단장님께 인사하러 들렀을 때 그분의 말씀이 지금도 가슴에 남아 있다.

"서 대령은 장군이 될 수 있는 경력과 여러 요소들을 갖추고 있네. 오늘부터 하루 다섯 번 정도 전화나 편지로 지금까지 같이 근무했던 상사나 동료, 부하들에게 안부를 전하게."

나는 그 뜻이 무엇인지, 무엇을 말씀하시는지 바로 알아들었다. 상사나 동료, 부하들과 안부를 주고받으라는 것은 바로 잡스가 이야기하는 '점의 연결'이고, 창조였다.

당시 부천에서 근무할 때 6·25 전쟁 참전 용사로 압록강까지 진격한 전투 경력이 있는 고등학교 교감 선생님이 정년 퇴임을 앞두고 자서전을 냈다는 소식을 들었다. 그 책을 구해 읽어보니 압록강까지 진격하면서 있었던 엄청난 기록들이 생생하게 씌어 있었다. 우리 전사에서는 볼 수 없는 훌륭한 교훈이었다.

우리가 군 교육기관에서나 전사 책에서 배운 것은 계획을 수립하고 그 계획을 실천하는 과정에서 발생하는 문제에 대한 조치가 전부였는데 수많은 문제들이 예기치 않은 시간과 장소에서 발생한다는 것을 그 책에서 알았다. 북진 시, 우리가 놓쳤던 심각한 문제들이 그 책에 적나라하게 제시되어 있었고, 특히 대민 관계에서 발생하는 중요한 요소들이 많았다. 북진하면서 생겨나는 적의 만행과 약탈, 학살 및 성폭력에 관한 내용이었다.

그 책을 여러 권 구해서 상사들에게 편지와 함께 소포로 보냈다. 그리고 그 편지에 이런 글을 썼다.

"이 책에서 많은 교훈을 얻었고 기회가 온다면 북진의 선두에서 평양을 점령하고 압록강까지 진격하고 싶습니다."

몇 분이 회답을 보냈는데 베트남전 전투 경험을 글로 정리해서 군사 잡지에 기고도 하고 책으로 발간하면 좋겠다고 하셨다. 그래서 틈틈이 기록해 두었던 베트남전 전투 경험을 후배들이 꼭 알아야겠다는 사명감으로 정리해서 나온 책이 《전투감각》이다. 이 책은 육군의 필독서가 되었고 국방부 진중문고가 되는 영광도 얻었다.

주변의 많은 점을 연결해야 거기서 나를 위한 창조가 탄생한다. 사람들은 대개 남이 내게 다가오기를 기다린다. 그러나 오기를 기다리지 말고 내가 먼저 다가가야 점들을 연결할 수 있고, 창조가 이루어진다.

지휘관이 중요한 이유

—

본래 군대는 처음부터 끝까지 사람을 다루는 곳이다. 장비도, 규정도 아니다. 따라서 장교는 물론 특히 지휘관은 사람을 잘 다루어야 한다. 언제든지 생명을 던질 자세와 각오가 되도록 본인은 물론 부하도 준비시켜야 한다.

서양의 군대 격언에 "나쁜 부대란 없다. 단지 나쁜 지휘관이 있을 뿐이다(There are no bad troops, there are only bad leaders)"라는 말이 있고 동양에서는 '용장지하 불무약졸(勇將之下 不無弱卒)'이라는 말이 있다.

동서양을 불문하고 지휘관이 갖춰야 할 정신자세를 강조한 것이다. 사실 부대를 보면 그 부대 지휘관을 알 수 있다. 부대는 그 지휘관의 거울이요, 반사체다.

두 건축기사에게 똑같은 양질의 자재를 주고 건물을 짓게 해도 같은 건물을 지을 수 없듯이 같은 조건의 두 부대가 발휘하는 전투력도 전혀 다르게 나타나는 것은 지휘관의 능력과 통솔력 차이 때문이다.

과거 일본군 통수강령에 "전승은 장수가 승리를 믿는 데서 비롯하고 패전은 패배를 자인하는 순간 생긴다"라고 강조했다.

전투에서 최후의 결판을 내는 것은 지휘관이다. 리더십의 대상은 장병이다. 장병들의 마음을 움직이는 지휘관의 요소는 부하에 대한 정성이다. 사람에게 정성을 들여야 한다. 상관과 동료에게 정성을 다한 사람은 위기가 닥치면 정성을 드린 만큼 같이 목숨 걸고 뛰어든다.

충천한 사기로 승리한 바스통 전투

—

1942년 12월 16일, 25만의 독일군은 연합군의 공격을 저지하기 위해 최후의 도박을 감행하고 있었다. 연합군은 패튼 장군의 3군 예하에 있는 101 공수사단을 투입했다. 12월 19일, 독일은 47사단을 선두로 바스통(Bastogne)이라는 교통의 요충지에 공격을 감행했고, 바스통에 배치되어 있던 연합군 101 공수사단이 독일군에게 포위당했다.

일기가 불순하고 추운 날씨에 공중보급마저 되지 않아 미군이 고전하고 있었다. 20일 밤에는 서쪽을 방어하던 사단 의무대 전원이 포로가 되었다. 사단의 행정 및 지원부대가 전투에 배치되었다. 지하실과 성당에는 부상당한 시민과 병사들로 초만원을 이루었다. 사단 의무대가 전부 독일군에게 포로가 되어서 민간인 신부와 수녀들이 부상병을 치료했다.

12월 21일, 독일군의 항복권유단이 미군사령부를 방문하여 "항복이냐 전멸이냐? 2시간 이내에 결정하라"라고 겁을 주었다.

사단장은 도시 중심에 즐비하게 누워 있는 부상병을 방문했다. '항복을 하여 미국 젊은이의 생명을 구할 것인가? 아니면 다 죽을 각오로 싸울 것인가?'를 결심해야 했다. 부상병들은 "우리 때문에 항복해서는 안 된다"라고 소리쳤다. 부상병의 전의에 힘을 얻은 사단장은 정식 예를 갖추고 세계에서 제일 짧은 답을 썼다.

독일군 사령관 귀하에게,
Nuts.
_미군 사단장 매콜리프(McAuliffe) 장군

'Nuts'의 뜻을 묻는 독일군 장교에게 누군가가 '병신 같은 자식 이라는 뜻'이라고 알려주었다. 미군은 하루에 17번의 공격을 격퇴했다. 부상병도 다 싸웠다. 탄약이 바닥나자 부상병과 전사자들의 총으로 싸웠다. 그것도 바닥이 나자 전사한 독일군 총도 수거하여 사용했다. 12월 25일부터 기상이 좋아지고 공중보급이 되면서 전선이 호전되어 갔다.

12월 26일, 독일군 포위망을 뚫고 들어가던 에이브럼스 중령이 포위망에서 외곽 진지를 지키고 있던 101 공수사단의 공병 소위와 만났다. 역사적인 순간이었다.

대대장은 상처 난 얼굴을 붕대로 감고 왼쪽 눈만 뜨고서 선두 전차를 몰고 달려가 소위를 만났다. 미국의 영웅이 탄생했다. 그는 훗날 대장으로 진급하였고 그의 이름을 따서 생산된 전차의 이름을 '에이브럼스' 전차라 했다.

바스통 전투를 기념하기 위하여 바스통 지역에는 전쟁박물관이 있다. 독일 병사와 미군 병사가 육박전을 하다가 둘 다 전사하였다. 전사자가 있는 바로 그 자리에 건물을 짓고 지역에서 수집한 자료들을 모아놓았다. 지금도 그 자리에는 그때 전사한 두 명의 병사가 전투복을 입고 배낭을 멘 채 누워 있다.

패튼 장군의 정확한 예측

—

장교, 특히 장군은 전장을 정확히 예측할 줄 알아야 한다. 그리고 예측한 대로 철저히 준비해야 한다. 예측과 준비가 부정확하거나 충분하지 못하면 승리할 수 없다.

101 공수사단이 독일군에게 포위되어 고전 중일 때 연합군 사령관인 아이젠하워는 타개할 방법을 모색하기 위하여 회의를 소집했다. 이 작전 회의에 참석하는 3군 사령관 패튼 장군은 아이젠하워 사령관이 소집한 회의의 목적을 정확히 파악하고는, 출발 전에 참모장에게 전체 부대의 연료와 탄약을 거두어서 한 기갑여단에 집중시킬 것을 지시했다.

패튼 장군은 3군의 부대 전부가 동시에 공세를 취하기에는 연료와 탄약이 부족했지만 부족한 가운데 조금씩 거두어서 작은 부대에 집중시키면 그 작은 부대는 전투를 할 수 있다고 판단했다. 어려운 상황에서 내린 판단이었다.

회의 시, 아이젠하워 장군이 독일군에게 포위된 101 공수사단을 걱정하자 패튼 장군은 거침없이 "지금 즉시 공격할 수 있다"라고 호언하였다. 다른 장군들은 패튼 장군의 호언을 비웃었다. 그러나 이미 준비가 완료된 패튼은 아이젠하워 장군의 승낙을 받아

즉시 1개 여단이 공격했다.

당시 양 진영의 상황은 모두 지쳐 있었고 연료나 탄약이 다 바닥난 상태였다. 이런 경우에는 취약한 곳을 찾아 집중 공격하면 무너지기 마련이다. 특히 포위부대는 병력이 포위망을 구축하느라 넓은 전장에 분산되어 있어서 적의 취약점이 있는 어느 한 곳을 집중 돌파하면 쉽게 무너진다.

군사적인 혜안이 충분한 패튼은 그것을 이미 읽고 포위부대인 독일군의 약점을 파악하고 있었다. 아이젠하워 사령관의 회의 소집 때 미리 준비했던 패튼 장군의 전술은 많은 미군을 포위망에서 구출하였다. 영웅의 탄생을 기다리고 있던 미국과 연합국에 군사적 지략이 뛰어난 천재가 탄생했다.

이 계획을 준비한 패튼 장군은 전쟁이 끝나고 귀국해서 교통사고로 애석하게 순직하셨고 돌격을 주도한 대대장 에이브럼스 중령은 대장까지 승진하였다.

군의 편제를 보면 별이 4개인 대장이 지휘하는 군 밑에는 별이 3개인 중장이 지휘하는 2개 내지, 5개의 군단이 있고 이 군단 밑에는 별이 2개인 소장이 지휘하는 사단이 2~5개 있다. 1개 사단이 약 1만 명이다. 따라서 군은 최소한 10만 명 이상의 병력으로 구성된다.

사단 밑에는 별이 하나인 준장 또는 대령이 지휘하는 여단 또는 연대 3개가 있고 그 밑에는 중령이 지휘하는 대대 3~4개가 있다.

101 공수사단이 포위되었던 그 포위망을 뚫기 위해서는 군 전체가 필요한 것이 아니라 송곳이나 못같이 한곳에 집중하여 뚫고 들어가 포위된 101 공수사단과 연결하는 작전을 수행하는 것이 효과적이다. 이때는 1개 여단, 즉 1천여 명의 전투력으로도 충분하다. 왜냐하면 전차는 도로나 평지로만 갈 수 있기 때문에 넓은 전쟁터가 필요하지 않다.

처음 돌파를 맡은 부대는 독일군의 포위망을 뚫는 데 탄약과 연료를 다 소진하였다. 더 이상 달릴 수가 없다. 그때 뒤따라 후속하던 부대가 전진 한계에 도달한 돌파부대를 초월하여 공격한다. 원래 최초에 투입된 부대가 더 전투력도 좋고 우수했으나 적의 포위망을 뚫는 데 전투력을 소진하여 다른 부대를 전진시킬 수밖에 없다. 이 역사적인 독일군 포위망 돌파 전투는 전사적인 차원에서 후세에 교훈으로 남긴 가르침이 되었다.

패튼 장군같이 전장을 예측하고 예측된 대로 준비하는 능력이 뛰어나야 한다. 또한 피아가 지친 상태에서 전체 부대의 공격을 준비하기 위해서는 탄약과 연료 및 신병 보충에 여러 날이 필요하나, 적의 포위망을 뚫고 들어가는 송곳 찌르기 형태의 작전을 위해서는 작은 규모의 부대도 가능하고 탄약과 연료 및 인원 보충도 같은 여러 예하 부대서 거둬 보충하면 되므로 하루 정도로도 가능하다.

이 결심이 적에게 포위되어 괴멸되기 직전의 위기에서 101 공수 사단을 구출한 위대한 결심이다. 이 돌파부대를 지휘하고 궤멸되기 직전의 위기에서 101 공수사단을 구출한 사람이 에이브럼스 중령이었다.

그때 대대장 에이브럼스 중령과 전차 승무원이 나눈 교신 내용이다.

승무원이 말했다.

"대대장님. 항복해야 할 것 같습니다. 완전히 포위되었습니다. 이러다간 전멸하겠는데요."

에이브럼스 중령이 답했다.

"우리가 적에게 포위된 것이 아니라, 우리가 적진 중앙으로 스스로 들어간 거야. 오! 아주 좋군. 이제 주변이 전부 적이니 신경 쓰지 말고 신나게 갈겨버려!"

패튼 장군은 에이브럼스 중령을 이렇게 기억했다.

"나는 미 육군 최고의 탱크 사령관이라고 불리지만, 내겐 동료 한 명이 있습니다. 에이브럼스. 그는 세계 챔피언입니다(I'm supposed to be the best tank commander in the Army, but I have one peer - Abrams. He's the world champion)."

전쟁 원칙 중에서 '목표의 원칙'

—

모든 군사작전의 목표는 명확해야 하고 결정적이며 달성 가능해야 한다. 전쟁에서 최종 군사작전의 목표는 적의 싸우려는 의지를 파괴하는 것이다. 목표는 명확하고, 결정적이어야 하고, 달성 가능해야 한다.

이 전쟁 원칙을 베트남전을 중심으로 풀어보자. 베트남전에서 미국은 베트남 전역에 흩어져 있는 게릴라인 베트콩을 목표로 전쟁을 수행하였고 적의 수도인 하노이는 공군기로 가끔 폭격만 했고 지상군이 공격하지 않았다.

농촌에 흩어져 있는 베트콩, 도시에 숨어 있는 베트콩, 밀림에 은거해 있는 게릴라 베트콩을 향해 미국의 막강한 전투력인 팬텀 전투기, 전차, 장갑차, 엄청난 포병 화력, 무장 헬기들이 생쥐 같은 게릴라를 쫓아다녔다.

베트콩 게릴라의 전투 장비는 중공제 AK소총에 수류탄이 전부다. 상대가 되지 않는 열악한 게릴라와 싸워 매 전투마다 미군이 이겼다. 상대가 되지 않는 적과 싸워서 이기는 것은 의미가 없다. 게릴라는 결정적인 목표가 아니었다.

전쟁 원칙 중에서 '지휘통일의 원칙'

—

목표 달성을 위해 지휘와 노력의 통합이 이루어져야 한다. 여러 형태의 전쟁에서 목표를 향해 전투력을 집중하기 위해서는 군사력을 운영하면서 지휘와 노력의 통일이 요구된다.

지휘통일의 원칙은 모든 전투부대들을 한 사람의 책임 있는 지휘관 밑에 두는 것을 의미한다. 통합된 목표를 달성하기 위해서는 모든 전투부대를 지휘하는 권위를 갖춘 단일 지휘관을 필요로 한다.

한국전쟁에서는 유엔군이 단일 지휘체제에 있었다. 당시 상황이 급박해지자 이승만 대통령은 미군 최고사령부가 한국군까지 작전지휘를 할 수 있도록 조치했다.

제2차 세계대전 시 유럽에는 몽고메리 원수가 이끄는 영국군, 드골 장군이 이끄는 프랑스군, 패튼 장군이 이끄는 미군, 주코프 장군이 이끄는 소련군이 있었다. 이를 통합해서 지휘하는 유럽연합군 사령관은 아이젠하워 대장이었다.

반면 베트남전은 지휘통일을 하지 못함으로써 전쟁의 원칙 중 하나인 이 원칙을 위배했다. 단일 지휘관에 의한 지휘가 아니라 미군, 한국군, 월남군 등의 연합군은 단일화가 된 지휘체제 대신

협동 및 협조라는 새로운 원칙이 상호 이해와 친선을 통하여 각국 및 각 제대에서 활용되었다.

각국 지휘관들은 다른 군과의 마찰과 충돌을 피하도록 많은 노력을 했으나 전투력 운용이나 작전 수행 면에서는 크게 효율성이 떨어졌다. 한 사람의 지휘관이 전체를 지휘할 때는 예하부대에서 발생하는 긴급한 전투 상황이 신속하게 보고되고 전달도 빠르고 협조도 신속하게 이루어진다. 명령이 하달되면 국가 간의 협조는 물론 군사작전 진행이 신속하게 이루어진다.

군의 지휘통일이 이루어지지 않고 국가별로 지휘관이 따로 임명되었을 때는 아무리 협조를 강조하더라도 자국의 이익과 안전을 먼저 생각하게 되어 있다. 쉬운 것은 내가 하고 어렵고 힘든 일은 다른 사람이 해주기를 바라는 인간의 기본 심리는 전쟁터에서는 더욱 확실히 나타난다.

전투 시, 지휘통일을 이루지 못해 발생하는 비효율성은 단기간 작전에는 문제점이 없으나 수년간 계속되는 장기전에는 국가 간의 사소한 갈등과 불협화음이 누적되어 나쁜 방향으로 영향을 미치게 된다.

미군과 월남군, 한국군 등의 연합군이 공동의 적과 싸우면서 아무리 긴밀한 협조를 한다고 하더라도 자국의 이익이 우선이다 보니 단일 지휘체제의 부재로 부적절한 결정과 지연, 전투력 및 자원의 낭비 등을 초래하였고 다른 군과의 감정적인 대립까지 야기되었다.

지휘통일이 안된 베트남전은 비효율적인 전투력 낭비였다. 일사불란하게 움직이는 월맹군과 비교할 때, 연합군의 전투력은 강했지만 지휘하는 측면에서는 절대적으로 비효율적이었다고 평가한다.

세상을 구하는 리더십

—

君命有所不受 군명유소불수

군주의 명령이 있어도 받아들일 수 없는 명령이 있다.

_《손자병법》

군인은 상사의 명령에 절대복종해야 한다. 그러나 손자의 말대로 받아들일 수 없는 경우가 세계 전쟁사에 많이 있었다. 영웅이 될 수도 있고 반역자가 될 수도 있는 결단이다.

제2차 세계대전 당시 파리를 점령하고 있던 독일군은 연합군 총사령관인 아이젠하워 장군이 지휘하는 연합군이 1944년 6월 노르망디 상륙작전에 성공하고 파리 입성이 가까워오자 퇴각할 수밖에 없는 처지가 되었다.

그때 파리 주둔 독일군 사령관이 디트리히 폰 콜티츠(Dietrich Von Choltitz) 장군이었다. 그는 대소전(對蘇戰)에 참가하여 세바스토플 전투 승리로 1942년 소장에서 중장으로 진급하고 1944년 이탈리아 전투에서 승리하고 8월 7일 대장으로 진급하여 파리 주둔 독일군 사령관으로 부임했다.

패전을 눈앞에 둔 히틀러는 프랑스 사람들의 자존심과도 같은 파리를 초토화하려고 콜티츠 장군에게 파리에서 후퇴할 때 도시의 모든 기념물과 주요 건물을 하나도 남김없이 폭파하라고 명령했다.

1944년 8월 23일, 히틀러가 직접 전화를 걸어 "파리는 불타고 있는가?"라고 물었을 때 콜티츠는 "불타고 있다"라고 허위 보고를 했다. 파리의 아름다운 풍경과 수많은 유적을 한순간에 잿더미로 만들어버릴 생각을 하니 인류와 역사에 씻을 수 없는 죄를 짓는 것 같아 콜티츠는 도저히 명령을 내릴 수 없었다.

그는 자신의 마음속에서 들려오는 양심의 소리를 듣고 있었다. 그것은 도시를 파괴하지 말라고 하는 세미한 하늘의 음성이었다. 결국 그는 히틀러의 지시를 따르지 않기로 결심하고 마지막으로 아내에게 전화를 걸어 "여보, 양심과 소신에 따라 행동했을 뿐이오"라고 말했다. 콜티츠는 자신의 결정을 단 한 번도 후회하지 않았다.

제2차 세계대전이 종전되고 21년이 흐른 1966년 여름, 콜티츠가 독일의 바덴바덴에서 눈을 감았을 때 그의 무덤 앞에는 파리를 구하기 위해 힘썼던 그의 노력에 감사하며 꽃을 바치려는 파리 시민들의 발길이 줄을 이었다.

우리나라에도 독일의 콜티츠 장군에 못지않은 위대한 업적을 남긴 공군의 김영환 장군이 있다. 6·25 전쟁 동안 우리 공군 조종사들은 T-6 훈련기와 F-51 무스탱 전투기로 8600여 쏘티를 출격해 공산군을 격퇴하는 혁혁한 공을 세웠다.

이때 하마터면 합천 해인사가 소실될 뻔했으나 김영환 장군의 결단으로 화를 면할 수 있었다. 장군께서는 서울의 경기고등학교와 일본의 간사이대학교 법학을 전공하고 1948년 공군에 입대하여 공군 창설의 주역으로 활동했고 6·25 전쟁 시에는 공을 많이 세워 을지무공훈장을 받았다. 강릉 전진기지 사령관과 10 전투비행단의 초대 단장을 역임했으나 34세로 순직하셨다.

장군께서는 1951년 8월 지리산 일대의 빨치산 잔당 토벌 명령을 받았을 때, 당시 작전권을 가진 미 공군으로부터 해인사를 폭격하라는 명령을 받았다. 그러나 천년 고찰이면서 우리 국보인 팔만대장경이 보존되어 있는 해인사를 폭격할 수 없었다.

영화 〈빨간 마후라〉의 주인공이기도 한 김영환 장군은 명령 불복종에 따른 즉결처분을 각오하면서 우리 문화유산을 지키기로 결심했고, 폭탄을 해인사 뒷산에 투하했다. 절체절명의 위기에서 김영환 장군의 기지로 우리 국보인 팔만대장경이 보존될 수 있었다. 불교계에서는 2002년 해인사에 '김영환(1921~1954) 장군 팔만대장경 수호 공적비'를 세웠다.

김영환 장군은 명령 불복종에 대한 문책 당시 해인사를 폭격하지 않은 이유를 이렇게 밝혔다.

"해인사에는 700년을 내려온 우리 민족정신이 어린 문화재가 있습니다. 프랑스 정부는 제2차 세계대전 때 파리를 살리기 위해 프랑스 전체를 나치에게 넘겼고 미국이 일본 문화재를 살리려고 교토에 원폭 투하를 하지 않았던 것을 상기해 주시기 바랍니다."

전쟁은 인류 역사와 함께 있어 왔지만 위대한 인류 문화유산은 역사의식을 가진 훌륭한 영웅들에 의해 보존될 수 있었다.

이처럼 참으로 어려운 결단의 순간에 서게 될 때, 눈앞에 닥친 자신의 개인적인 이익을 좇지 않고 먼 미래를 내다보며 올바른 선택할 수 있도록 늘 깨어 있으면서 자신의 신념과 가치를 실천에 옮길 수 있는 진정한 지성을 갖춘 리더가 되어야 할 것이다.

○〈최명상 박사의 글〉

얼굴에는 희망을 보여라

—

노동자 출신의 작가 에드워드 호퍼(Edward Hopper)는 실업자로 우울한 나날을 보내고 있었다. 아침마다 LA시에서 운용하는 무료 직업소개소에 나가 일자리를 구해보았지만 쉽지 않았다. 이따금 어떤 이들이 나타나 "잔디 깎을 사람이요! 이삿짐 운반할 사람이요!"라고 소리치고는 500여 명 가운데 한두 명을 골라갔다.

호퍼는 그 상황을 지켜보며 '도대체 저들은 이 많은 사람들 가운데 일꾼을 뽑는 기준이 뭘까? 그걸 알면 일자리 구하기가 한결 쉬울텐데'라고 생각했다.

그때 문득 이런 생각이 들었다.

'맞아. 내가 만일 일자리가 다급한 사람같이 보이면 뽑히지 않을 거야. 오히려 행복해 보이는 사람을 뽑을 거야.'

다음 날 호퍼는 말끔한 복장을 하고 미소를 짓고 행복한 모습으로 앉아 있었다. 이윽고 한 사내가 들어와 일감을 이야기하며 주위를 둘러보았다. 그리고는 이내 많은 사람 속에 앉아 있는 호퍼를 가리키며 소리를 질렀다.

"저기 가운데 웃고 있는 사람."

그날 이후 호퍼는 계속 일자리를 구할 수 있었다.

유대인 수용소에서

—

제2차 세계대전 때 나치 독일의 유대인 수용소에서 실제로 있었던 일이다. 매일 아침이면 그날 가스실로 보내질 유대인을 골라냈다. 독일군 포로수용소 간부는 가스실로 보내질 사람을 고를 때, 죽어가는 모습을 하고 두려움에 떨면서 초췌한 몰골의 사람을 먼저 골라갔다. 아침에 배급되는 한 컵의 물로 양치질을 하고 얼굴을 닦고 숨겨놓은 유리 조각으로 말끔하게 면도를 한 유대인은 고르지 않았다고 한다. 독일군 병사에게도 양심은 있었다. 삶을 포기한 얼굴을 골라서 가스실로 보내는 것이 독일군에게도 위안이 되었다고 한다.

중대장으로 나갈 후배들과 함께

—

전남 장성에 있는 육군보병학교 고등군사반 대위급 장교들이 동료의 결혼식에 참석차 서울로 올라오면서 시간을 내어 '중대장의 전투와 부대지휘'를 중심으로 나의 경험을 통한 강의를 요청했다. 나는 쾌히 승낙했다. 담당 교관인 소령 인솔하에 두 사람의 여군도 참석한 가운데 보람 있는 시간을 가졌다. 그 시간에 특히 강조한 것은 다음과 같다.

첫째, 부하에게 정성을 다하라. 마키아벨리 《군주론》의 리더십의 첫 번째 조건이다. 부하에게 정성을 다하지 않으면 되는 것이 없다. 부대지휘의 대상은 병사의 마음이니 마음을 움직일 수 있는 것은 지극한 정성이다. 기본에 충실한 전투 준비를 늘 해야 한다. 어렵게 생각하지 마라. 부딪히면 모두 죽기 살기로 싸운다.

둘째, 중대장의 전투는 어떤 것이 핵심인가? 포를 잘 활용해야 한다. 중대장이 책임져야 할 전투는 소총전투가 아니고 포병을 포함한 곡사화기 전투다. 박격포 및 지원포병을 활용하여 공격과 방어 시, 적과 부딪치기 전에 적을 완벽하게 제압하는 능력을 갖추어야 한다. 관측거리에 있는 적을 제압하는 것이 중대장 책임이다. 더 먼 곳에 있는 적은 상급 부대장 몫이다. 적이 어디 있는

지 잘 파악하고 먼저 곡사화기로 제압하는 것이 중대장이 할 일이다. 그리고 소대장 전투, 병사의 전투를 잘 가르치고 확인하고 또 확인하고 감독해야 한다. 자동적으로 움직이게 반복 연습하여 몸에 배게 해야만 한다. 행동이 없는 입으로만 안다고 하는 대답을 믿으면 안 되고 내 눈으로 확인해야 한다.

셋째, 소대장 전투는 기관총 전투다. 소대장은 기관총을 잘 쏘면 된다. 특히 초기전투 방어 시 잘 보이는 곳에 자리를 잡고 최저 표척사를 잘하면 된다. 사전에 연습을 많이 한 기관총 앞에 적은 다 쓰러진다.

넷째, 병사들 전투는 크레모아를 잘 운용해야 한다. 격발기에 연결된 크레모아가 설치되어 있는 위치를 알아야 적이 오면 정확하게 격발기를 누를 수 있다. 적이 우측에서 오는데 엉뚱하게 다른 곳을 향해 크레모아를 터트리는 경우가 많이 발생한다. 이를 방지하기 위해서 한꺼번에 터트리는 방법도 강구한다. 말은 쉬우나 실제로는 참으로 어렵다.

수류탄 전투에서는 제2 안전핀을 제거하고 던져야 한다. 다 알면서도 제1 안전핀만 제거하고 던지는 경우가 수시로 발생한다. 베트남전에서도 대 침투작전에서 제2 안전핀을 제거하지 않아 수류탄이 터지지 않는 경우가 발생했다. 내가 대대장 시절, 어느 포병부대에서 간첩과 교전이 있어 밤새 수류탄을 던졌다. 그런데 하나도 터지지 않았다. 제1 안전핀은 뽑고 제2 안전핀을 제거하지 않고 던졌기 때문이다.

제일 중요한 것은 전투다. 이겨야 한다. 적이 내 앞에 오기 전에 다 사살해야 한다. 반드시 좌측 손에 V자 홈을 만들어 그 위에 총을 올려놓고 사격해야 한다. 흔들림을 방지하기 위하여 땅 위에 고정시키고 사격하면 흙먼지가 튀어 총기 고장이 발생한다. 칼퀴도 고장이 잦으니 미리 자주 갈아야 한다. 비가 올 때는 가스와 물기가 범벅이 되어 총기 고장이 쉽게 발생한다. 꼭 명심할 일이다. 적은 100미터 이내 내 코앞에서 착검을 하고 내게로 달려오는데, 내 소총이 고장이 난다면 나는 적의 칼에 찔려죽는다.

소총병 소총전투는 100미터 이내 전투다. 더 멀면 보이지도 않는다. 총기 고장은 죽음이다. 적의 칼에 찔려 죽는 자기 모습을 상상하며 끊임없이 준비해야 한다. 비참한 죽음을 당하지 않으려면 열심히 연습하고 총기 수입과 고장 때 사용하는 '꼬질대'를 잘 챙겨서 늘 가지고 다녀야 한다. 기능 고장의 대부분은 칼퀴가 약실에 낀 탄피를 못 물어내는 경우가 대부분이기 때문이다.

베트남에서 월맹군과 격전이 있은 후 조사해 보니, 미 해병대 전사자의 90퍼센트 이상이 M16 소총이 고장 나 있었다고 한다. 틀림없이 칼퀴가 탄피를 못 물어내거나 바닷가 모래 먼지가 약실로 튀어 들어가거나 흙먼지와 가스가 범벅이 돼서 총기 고장이 났을 것이다. 적의 칼에 찔려 죽지 않으려면 시간 있을 때마다 총을 잘 닦고 관리를 해서 훈련시키고 관리를 하는 것이 중대장 책임이다.

튀니지의 재스민 운동과 카다피 몰락

—

요즘 북한의 핵 문제 해결을 위해 전 세계가 노력한다. 미국이 처음부터 강조했던 '리비아 CVID(Complete, verifiable, irreversible, dismantlement)'식 핵 해결 방법을 북한이 거절했다. 북한은 왜 거절했을까? 북한은 무엇을 두려워할까? 이를 이해하기 위해서는 튀니지에서 시작한 '재스민(Jasmine)' 운동을 이해해야 한다.

2010년 12월 17일, 튀니지 수도 튀니스에서 남쪽으로 300킬로미터에 위치한 시디 부지드라는 곳에서 26세의 모하메드 부아지지가 과일 장사를 하다가 과일 판매 허가증이 없다는 이유로 경찰관에게 과일과 채소, 저울을 빼앗기고 두들겨 맞기까지 했다.

분노한 이 청년은 그날 11시 30분에 휘발유를 몸에 뿌리고 분신자살을 시도했다. 그의 사촌이 이 분신 광경을 촬영하여 페이스북에 올리면서 전 세계로 퍼져나갔다. 시위가 시작되고 점점 커지면서 통제가 불가능해지자 대통령인 튀니지 제인 엘아비디네 벤 알리 대통령이 신변의 위협을 느끼고 사우디아라비아로 도망갔다. 1987년 이후, 24년간의 대통령을 중심으로 한 독재가 끝이 났다.

재스민이 튀니지 나라의 꽃이라 언론에서 이 운동을 '재스민 운동'이라 이름 붙였다. 이 운동은 이집트와 리비아로 번져나가 이

집트에서는 무바라크 정권이 무너지고 리비아의 카다피는 시민들에게 맞아 죽었다.

리비아는 1961년 사막에서 석유가 쏟아져 나오면서 살기 힘들었던 나라가 잘 사는 나라로 바뀌었다. 그러나 부(富)의 분배가 공정하게 되지 않자 빈부의 격차가 심해지면서 국왕과 그 주변 집권자에 대한 백성들의 원성이 높아져갔다.

카다피는 28살 육군 중위 때, 동료 장교들과 수도 트리폴리를 공격하여 쿠데타를 일으켜 정권을 탈취했다. 튀르키예를 순방 중이던 국왕 이드리스 1세는 튀르키예로 망명하고 카다피는 '국가평의회 의장'이 되어 정권을 장악했다.

카다피는 석유로 번 달러를 가지고 제3세계 비동맹 운동에 적극 참여하여 앙골라, 모잠비크, 짐바브웨의, 우간다, 말리 등 아프리카 여러 나라를 지원하면서 인기가 꽤 높았다. 그러나 국내에서는 철저한 독재를 하고, 인권 탄압과 테러를 자행하고 핵실험을 하여 국제적 비난을 받았다.

유럽, 미국, 이스라엘에 각종 범죄를 저질렀고 강경 테러를 주도했다. 테러 단체 IRA(Irish Republican Army)를 지원하고, 1988년 크리스마스 때 스코틀랜드 로커피 상공에서 여객기를 폭파하여 270명을 사망하게 한 팬 암 103편 폭파에 카다피가 지원했다. 테러 용의자 인도를 거부하고 미국의 레이건 대통령을 '미친개'라고 비난했다.

화가 난 미국이 리비아를 공습했고 카다피 관저는 쑥대밭이 되었다. 그때 그의 양녀가 폭격으로 죽었다. 그 후 러시아와는 가깝게 지냈고 미국으로부터 경제제재를 당했다.

1986년, 미국 내 리비아 자산이 동결되고, 원유 수출이 꽉 막히자 돈이 말라버린 카다피가 먼저 핵 포기 의사를 밝혔다. 2003년 3월 영국의 비밀정보국 MI6을 통해 핵 포기 의사가 미국에 전달되고, 그 후 영국의 토니 블레어 수상의 중재로 미국과 리비아 핵 폐기 협상이 시작되었다.

리비아는 미국에 핵에 관한 전부를 공개하고, 카다피는 핵과 화학무기 완전 포기를 선언하고 '포괄적 핵 실험 금지(CTBT)'에 가입하고, 2004년 IAEA 사찰을 받고, 검증을 거쳐 핵 개발 장비 25톤을 미국 테네시주 오크리지 연구소로 옮겼다. 그해 5월에 국교가 정상화되고 양국의 대사관이 개설되었다.

2011년 1월, 튀니지에서 일어난 재스민 운동이 리비아로 불같이 번져갔다. 초기의 작은 시위는 갑자기 불타올라 카다피 고향인 시드레 지역만 제외하고 리비아 전역으로 확산되자 카다피는 전투기와 전차로 무차별 사격을 했다. 처음의 작은 시위는 강경 진압으로 평정됐으나 그것이 급격히 내전으로 번져나갔다.

나토의 공습을 받고 수도 트리폴리시가 성난 시민에 의해 함락되자 8월 21일 카다피는 측근들과 탈출하여 고향으로 달아났다. 카다피의 은신처가 폭격을 맞자 그는 시드레에서 공습을 피해 하수구에 숨었다가 과도정부 병사에게 붙잡혔고 살려달라고 애원했다.

42년간의 리비아 통치자 카다피는 비참한 최후를 맞이했다. 성난 군중이 호송차에서 카다피를 끌어내려 머리채를 쥐어뜯고 바닥에 쓰러뜨렸다. 주먹으로 펀치를 날리고 구둣발로 짓밟았다. 관자놀이와 복부에 총을 맞고 숨졌다.

북한은 리비아식의 핵 문제 해결을 거부하고 있다. 카다피 같은 처참한 말로를 두려워하고 튀니지에서 불어온 재스민 운동이 시민혁명으로 발전했듯이 북한 백성들의 혁명을 두려워하는 것이다.

당신의 낙하산은 누가 준비해 주나요

—

찰스 플럼(Charlie Plumb)은 미 전투기 조종사로 베트남전에 참전했다. 75번째로 출격했을 때, 전투기가 적의 지대공 미사일에 맞아 격추를 당했다. 플럼은 낙하산으로 탈출을 했으나 포로가 되어 월맹군 감옥에서 6년을 보냈다. 그러나 그는 그 힘든 시련을 이겨내고 살아왔다. 그리고 그때의 경험을 토대로 여러 가지 교훈을 도출하여 많은 강의를 했다.

플럼과 그의 아내가 식당에서 식사를 하던 어느 날, 다른 테이블에 있던 한 남자가 다가와 말을 건넸다.

"당신은 베트남전쟁 때 미 항공모함 키티호크(Kitty Hawk)함에서 전투기를 조종하던 플럼이시군요. 적의 사격을 받고 추락하셨었지요?"

"아니 세상에 당신이 어떻게 그걸 알지요?"

플럼이 묻자 그 남자가 말했다.

"내가 당신 낙하산을 접었습니다."

플럼은 놀라움과 감사함으로 숨이 막힐 지경이었다.

그 남자는 다가와 손을 내밀며 말했다.

"나는 당신의 격추 소식을 듣고 내가 접은 낙하산이 잘 펴졌을 것이라고 믿었습니다."

플럼은 말했다.

"예, 맞습니다. 그 낙하산이 잘 펴졌습니다. 그렇지 않았다면 제가 오늘 여기에 없었겠지요."

플럼은 키티호크호에서 보았던 수병들, 하얀 모자, 옷의 장식, 나팔바지 등 해군 제복을 입은 그들의 모습을 계속 떠올리며 잠을 못 잤다. 플럼은 그 수병이 항공모함의 제일 아래층 바닥, 사방이 꽉 막힌 곳에서 긴 나무 테이블 옆에 서서 낙하산 줄을 정리하는 모습을 그려 보았다. 그 수병들은 알지도 못하는 조종사들의 운명의 순간을 그들의 손에 쥐고 한 겹, 한 겹 낙하산 천을 접으며 오랜 시간을 보냈을 것이다.

플럼은 깨달았다.

'나 혼자서 한 일이 아니었다. 누군가가 내가 짊어지고 뛸 낙하산을 준비하고 있었다.'

그리고는 "자기는 전투기 조종사이고 너는 해군의 수병이라는 이유로 좋은 아침"이라는 인사도 한번 하지 않았던 옛날이 부끄러웠다.

내가 격추를 당했을 때, 내 낙하산을 누군가가 준비해 주었듯이 나도 남을 위한 낙하산을 준비해 주어야 한다.

○ 〈허일회 장군의 글〉

세계를 가른 책 두 권

—

내가 대학을 다니던 1960년대, 서양사를 가르치던 교수님은 책 두 권이 자기 삶에 미친 영향을 이야기하면서 꼭 읽어보라고 권하셨다. 1776년에 쓴 애덤 스미스의 《국부론》과 1867년에 쓴 카를 마르크스의 《자본론》이다.

이 두 권의 책은 세계를 두 개로 갈라놓았다. 국부론을 경영전략으로 선택한 나라는 부유한 나라가 되었고 자본론을 경영전략으로 선택한 나라는 가난한 독재 나라가 되었다.

사회주의는 생산수단의 개인 소유를 배격했다. 기업의 국유화가 발생하고 잘사는 사람도 없고 못사는 사람도 없는, 공동으로 생산해서 다 같이 나누어 갖고 아주 공평하고 평등한 행복한 나라로 가는 것이 목표다.

공동으로 생산해서 똑같이 나누는 배급으로 살아가고 배급이 우선이어서 누구도 열심히 일하지 않는다. 그래서 국가적으로 선전선동이 많아지고 일하는 현장에서는 항상 서로 감시한다.

사람들은 의욕이 사라지고 자기 소유가 아니고 국가 소유라 알뜰하게 가꾸고 땀 흘려 일하지 않는다. 창의력과 상상력이 다 사라지고 개인의 능력이 무시된 사회가 되고, 사회 전체가 배급으로 줄 때만 기다리는 피동적 사회가 된다.

우리나라는 애덤 스미스의 국부론을 따라 자유민주주의를 선택했기 때문에 경제 대국이 되었고 세계가 인정하는 IT 강국이 되었다.

책이 부자를 만든다

———

세계적인 선박왕 아리스토텔레스 오나시스(Aristotle Onassis)
가 보유한 유조선과 화물선의 선단은 웬만한 국가의 해군보다 더
큰 규모였다. 그는 전 미국 대통령 케네디 대통령의 부인 재클린
과 1968년 재혼한 바람둥이로 알고 있지만 그에게서는 배울 것이
많다.

그는 대학교도 나오지 않았고, 돈도 없었고 키도 작았다. 17세
였던 1923년 그가 그리스를 떠나 부에노스아이레스에 도착할 당
시 그는 아르헨티나 말을 할 줄도 몰랐고, 가진 것이라고는 겨
우 몇 개월의 집 월세를 얻을 수 있는 돈이 전부였다. 그러나 8년
동안 담배 장사를 하여 25세가 되었을 때 100만 달러의 돈을 모
았다. 1932년에는 캐나다 회사로부터 6척의 화물선을 12만 달러
에 인수했다.

어떻게 해서 그는 선박왕이 되었을까? 여러 가지 요인 중 하나
는 독서다. 그는 독서광으로, 성공 스토리 책을 즐겨 읽었다. 스토
리 주인공의 성공 방법을 연구하고 그대로 실천했다.

또 그는 어려운 시절에도 부자들이 모이는 레스토랑을 찾아다
녔다. 음식을 먹기보다는 성공한 사람들이 어떻게 말하고 어떻게

행동하는지를 관찰했다. 오나시스는 성공한 부자의 행로를 따라가면 그들처럼 될 수 있다고 생각했고 그들이 자신들만의 성공 노하우를 틀림없이 가지고 있다고 믿었기 때문에 그들의 행동을 철저히 연구하고 그대로 실천에 옮겼다.

오나시스는 성공한 사람들의 가르침은 성공한 경험에서 우러나온 살아 있는 교훈이며, 그대로 따라 하면 성공한다고 믿었다. 좋은 책을 읽는 것은 성공의 조건이다.

○《어려울수록 기본에 미쳐라》(강상구, 원앤원북스)

히틀러와 미국 전략사무국의 여성화 작전

—

히틀러는 1889년 4월 20일 오스트리아에서 세관의 아들로 태어나 제1차 세계대전 때 하사관으로 참전했다. 1919년에는 단 75마르크로 40명의 당원과 함께 노동당을 창당했다. 제1차 세계대전 후 베르사유 조약에 불만을 품은 국민들이 그의 광적인 열변과 제스처를 열렬히 환영했다. 성병 환자인 히틀러는 모젤 박사가 28가지 약을 넣어 제조한 환약을 1936년부터 복용했다.

이 정보를 알게 된, 미국 전략사무국(OSS)이 도노반 대령을 중심으로 하여 히틀러의 여성화 계획을 추진했다. 1942년 총통 관저의 소작인을 매수하여 히틀러가 먹는 채소에 여성화 호르몬을 물에 타서 주었다. 히틀러가 채식을 늘 즐겨 먹어, 남성적 요소와 여성적 호르몬인 환약이 체내에서 섞일 때 파멸적 성격으로 나타나는 것을 기대했다.

실제로 효과가 나타났다. 히틀러는 왼쪽 다리와 팔을 떨고 두통, 위통, 인후통으로 고생하고, 폐거벽(閉居癖)으로 야전 침대에서만 자고, 잔인해지고, 사람을 의심하고 부하 만나기를 두려워하게 되었다. 그는 불안 증세로 늘 서 있고, 여기저기 작은 일에 간섭하기를 좋아하고, 자신이 군의 하사관 출신인 것에 상당한 콤플렉스가 있어 장군들을 면박 주고 구박하는 것을 즐겼다.

　1943년 7월 20일 슈타우펜베르크(Stauffenberg) 대령의 시한폭탄 공격을 받은 히틀러는 관련자 4,980명을 죽이고, 주모자 비츨레벤(Witzleben) 원수 등 7명에 대해 "놈들을 가축 잡듯이 죽여라"라고 지시하여, 온몸의 가죽을 벗겨 죽였다. 병적으로 사람을 의심하여 "내 주위에는 온통 거짓말하는 사람들만 있어. 나는 사람보다 개가 더 좋아"라고 말하며 약으로 허물어졌다.

　이상한 짓은 비참한 현실로 나타났다. 구데리안(Guderian) 장군은 해임되고, 자이츨러(Zeitzler) 참모총장은 말대꾸하다가 해임되고, 할더(Halder) 장군은 강제수용소로 보내졌고, 로멜 장군은 독약으로 독살했다. 마지막에는 히틀러, 그도 애인과 함께 자살했다.

덩샤오핑의 24자 전략

—

덩샤오핑의 24자 전략은 중국 공산당이 따라야 하는 훈령이고 유언이다.

첫째, 냉정관찰(冷靜觀察)이다. 냉정히 관찰해라. 정부가 한번 결정하면 변경이 어렵다. 변경할 때는 많은 노력과 예산과 시간이 낭비된다. 사전에 충분히 검토하고 확신이 있을 때 결심하되 서두르지 마라.

둘째는 온주진각(穩住陳脚)이다. 평온할 온(穩), 살 주(住), 베풀 진(陳), 다리 각(脚). '조용한 가운데 서서히 실력을 쌓고, 다리를 펴서 내 뜻을 편다'는 뜻이다. 나라를 부강하게 만들고 힘을 키워서 앞으로 나가야 한다.

셋째는 침착응부(沈着應付)이다. 어렵고 복잡한 일이 닥치더라도 서두르지 말고 침착하게 대응하라.

넷째는 도광양회(韜光養晦)이다. 감추다 도(韜), 빛 광(光), 기를 양(養), 어두운 회(晦). 빛을 감추고 그늘 속에서 힘을 키운다는 뜻이니, 우리의 역량이나 능력을 모두 드러내지 말고 음지에 숨어서 힘을 키우고 때를 기다려야 한다.

위(魏)나라와 오(吳)나라를 능가할 수 있는 실력을 갖출 때까지는 빛을 드러내지 말고 오직 힘을 기르는 데 모든 노력을 해야 한다고 유비를 설득한 제갈공명의 전략이 바로 도광양회였다. 도광(韜光)은 빛을 감춘다는 뜻으로 자기 능력과 실력을 드러내지 않고 충분히 갖출 때까지 나를 낮추고 감춘다는 뜻이다.

신장이 157센티미터였던 단신의 거인 덩샤오핑은 "중국은 앞으로 100년은 도광양회를 국가영도의 지침으로 삼으라"라는 유훈을 남겼다.

다섯째가 선우수졸(善于守拙)이다. 조용히 있고 낮은 자세를 유지하라는 말이다. 그늘에서 양지를 보고 때가 올 때까지 기다려야 한다.

여섯째가 절부당두(絶不當頭)이다. 절부(絶不, 절대로 하지 마라), 당두(當頭, 우두머리가 되다). 우두머리가 나서서 설치지 마라. 실력을 키워서 우두머리가 될 때까지는 머리를 내밀지 마라. 실력이 모자라는데 나서면 부러지고 다친다.

지정학적으로 대륙과 해양, 양대 세력의 중간에 있는 우리나라가 국가안보에 관한 중대한 결정을 할 때, 덩샤오핑의 24자 전략, 즉 나를 드러내지 않고 숨어서 내 실력을 키우는 중국의 전략을 참고하기 바란다.

자유와 황금의 차이

—

국토가 넓다고 부강한 나라가 아니고 자원이 많다고 부자 나라가 되는 것은 아니다. 부강한 나라, 건강한 사회를 만드는 것은 사람이다. 그 사람들이 평소 어떤 생각을 하는가, 삶의 가치관을 어디에 두는가, 추구하는 목표는 무엇인가 등 미래를 창조하려는 노력이 바람직한 비전을 제시할 때 그 나라는 밝은 미래를 열어간다.

좋은 본보기가 남미와 북미다. 17세기 남미와 북미의 개척은 유럽 사람들에 의해서 시작되었다. 그런데 오늘날 남미와 북미는 어떻게 변했는가? 남미는 가난하고 부패하고 후진국이 되었고 북미는 세계 제일의 선진국이 되었다.

무엇이 둘을 다르게 만들었을까? 남미로 간 사람들은 유럽의 남쪽 나라 포투갈 스페인 등 라틴족(Latin) 계열이고 북미로 간 사람들은 영국, 노르웨이 등 앵글로 색슨족(Anglo Saxon)이었다. 남미로 간 사람들은 황금(Gold)과 은(Silver)을 찾아갔다. 많은 황금과 은을 캐서 부를 쌓았다. 북미로 간 사람들은 자유(Freedom)를 찾아갔다.

자유를 찾아 북미로 간 사람들은 자유의 신념을 지켜 나라를 부강하게 만들었다. 참된 자유는 방종(放縱)을 경계하고 미래를 준비하고 스스로 질서를 지키고 사회규범을 준수할 때 가능하다. 북미 사람들은 그걸 실천했고 세계 최대의 강대국이 되었다.

남미는 어떠한가? 남미의 스페인 포르투갈 사람들은 바다를 건너온 목적이 돈이다. 황금과 은을 본 지도자급 인사들이 자기 것을 챙기기 바빴고 부정부패와 방종이 나라를 망쳤다.

방종의 대표적 나라가 베네수엘라다. 석유 대국으로 돈이 엄청나게 들어왔지만 나라가 부패했고 경제가 마비되어 8만 퍼센트의 물가상승으로 화폐가 휴지가 되었다. 이를 잡기 위해 0을 다섯 개나 뺀 화폐개혁을 했지만 경제 악화로 국민들의 탈출이 이어졌고, 지금까지 탈출한 사람이 230만 명을 넘었으나 지금도 주변국으로 난민의 행렬이 이어지고 있다.

부정부패가 만들어낸 비극이다. 질서와 사회규범을 철저하게 지키는 국민의식이 있었으면 절대 방종으로 가지 않는다. 나라 지도자급 인사들이 모범을 보이지 못하면 서민들은 사회질서도 지키지 않고 방종으로 간다. 정권욕에 눈이 멀어 민심을 얻으려고 퍼주기를 하면 사람들은 일을 하지 않아도 나라에서 다 해준다고 생각하기 때문에 경제는 어려워지고 국민들은 허탈과 방종에 빠진다. 공짜 점심은 없는 것이다.

○〈김진홍 님의 글〉

편견과 판단과 실천

—

독일의 작가 요한 괴테는 베토벤을 무척 싫어했다. 그의 음악을 듣는 것은 물론 그의 얘기를 듣는 것조차 싫어했다. 베토벤 사후 1803년 어느 날, 작곡가 야코프 루트비히 펠릭스 멘델스존바르톨디(Jakob Ludwig Felix Mendelssohn-Bartholdy)는 괴테가 있는 바이마르에 갔다. 21세의 청년이었던 그는 80세가 넘은 괴테의 부름으로 그의 집을 방문했다.

베토벤을 좋아했던 멘델스존은 괴테가 베토벤을 싫어한다는 것을 알았다. 그리고 괴테가 베토벤을 싫어한 채 세상을 떠난다면 불행한 일이라 생각하고 이렇게 말했다.

"제가 치는 베토벤 곡을 한번 들어보시고 베토벤을 다시 한번 생각해 보십시오."

멘델스존은 베토벤의 교향곡 제5번 '운명'의 제1악장을 치기 시작했다. 이 세상에서 서로 이해하지 못했던 두 사람의 천재 괴테와 베토벤을 위해 그는 정성껏 피아노를 쳤다. 괴테는 귀를 기울이고 듣고 있었는데, 그의 눈은 줄곧 방의 한 곳에 정지되어 있었다.

"괴테도 이젠 베토벤이 좋다는 것을 알게 되었나 보다"라고 생

각하며 멘델스존이 곡을 다 마치고 일어났을 때, 괴테의 첫마디는
이랬다.

"끔찍한 곡이다. 정말 끔찍한 곡이야."

사람이 한번 편견에 사로잡히면 좀처럼 벗어나지 못한다. 편견
은 남을 배려하지 않는 자기중심적 사고이다. 그래서 편견으로부
터 파생되는 실수는 의외로 심각하다.

우리에게는 어떤 편견이 있을까? 매년 독일에서 재미있는 발
표가 나온다. 괴팅겐대학과 국제투명성위원회가 공동으로 내놓
는 '세계 국가 청렴도' 조사에서 대상 85개국 중에 한국은 43위를
했다. 아시아에서 싱가포르가 7위, 홍콩 16위, 일본 25위, 말레이
시아와 대만이 29위로 우리보다 앞이다. 우리는 단일민족이라는
자부심과 유교 사상이 오래전부터 내려오고 있고, 서양의 '합리'라
는 것보다 '의리와 정'을 중요시하는 고유문화도 있다.

의리와 정을 돈으로 나타내는 관습이 있어온 것이 사실이다. 과
거 군에 있을 때나 대사로 있을 때 필요한 곳에 사용하기를 바라
면서 현금을 주고 가는 경우가 있었다. 공직 생활을 하는 사람들
과 관련 사업체의 사람들이 의리와 정으로 현금을 주고받는 관습
이 아직도 남아 있는 경우가 있다. 이런 관행들이 이제는 없어져
야 한다. 우리가 갖고 있는 편견이 올바른 길로, 남을 배려하는 길
로 갈 수 있어야 한다.

일반적으로 우리는 동남아 나라들이 가난하다는 편견을 가지

고 있어서 한국으로 돈을 벌러 온 동남아인들을 지하철이나 길에서 마주칠 때마다 작은 연민을 느낀다. 그러나 내가 여행 중에 만난 필리핀 가족들은 아주 엘리트였고 여성에 대한 비하와 성폭행이 거의 매일같이 일어나는 인도에서는 교육을 받은 남자들은 절대 여성들을 비하하지 않는다고 한다. 그러므로 우리가 다른 나라 사람들을 만날 때는 평소에 갖고 있는 편견을 버리고 상대를 똑같은 인격 대 인격으로 마주해야 한다.

일본 개화기의 계몽 사상가 후쿠자와 유키치의 "사람 위에 사람 없고, 사람 밑에 사람 없다"라는 말처럼 우리 모두는 편견을 버리고 살아야 한다.

젊었을 때 나는 성격이 꽤 급한 편이었다. 그런데 나이 들면서 조금씩 변하였고 지금은 상당히 느리고 느긋하다. 그리고 언제부터인가 내 생각과 판단이 늘 옳지만은 않고, 또 편견이 될 수 있다는 것을 알았다. 내 생각이 편견이 되지 않으려면 많이 생각하고 상대편 입장을 많이 이해해야 한다.

그러나 일단 결심이 서면 행동은 빠르고 저돌적이다. 실천이 능력이다. 베트남에서 맹호부대 중대장을 할 때였다. 밀림 속 적진을 침투할 때 적과 맞닥뜨리면, 우리 병사들의 총 쏘는 것이 적보다 늦어서 적으로부터 먼저 총을 맞았다. 연습할 때 표적이 나타나면 일단 엎드리고 총을 표적에 겨냥해서 방아쇠를 당기는 훈련을 했기 때문이다.

생각을 많이 했다. 어떻게 하면 적보다 먼저 쏘고 먼저 적을 제압할 수 있을까? 의외로 답은 간단했다. 적을 만나면 정확하지 않더라도 먼저 쏘고 엎드려라. 사격을 받은 적은 쏠 생각을 못 하고 엎드리고 숨는다.

그래서 바로 사격장으로 나가 훈련을 시켰다. 밀림 속에서의 전투는 10미터 이내 전투다. 10미터 이상 거리는 잘 보이지도 않는다. 나는 사람 크기의 F 표적을 근거리인 50미터 이내에 놓고 사격훈련을 시켰다. 앞에 총 자세로 걸어가다가 중대장의 '쏴' 하는 명령에 따라 쏘고 엎드리고, 쏘고 엎드렸다. 장병들의 무릎과 발꿈치에 굳은살이 박힐 때까지 훈련시켰다.

"죽기 싫으면 연습해라."

그 후, 우리 중대에서는 '땅' 하는 한 발의 총소리에 적이 한 명 쓰러졌다. 두 발도 필요 없다. 첫발 한 발이 중요하다. '땅' 하고 총소리가 나면 적도 엎드리고 숨는다. 그래서 첫발이 아주 중요하다. 첫발 한 발의 중요성은 우리 중대의 전통이 되어 후배들에게 계속되었다.

'돌다리도 두드려 보고 건너라'는 속담이 있다. 생각을 할 때는 신중해라. 그러나 일단 결정을 하면 실천에 과감해라. 문제가 있고 중요한 일일수록 과감하게 행동해라. 아주 바보스럽다고 생각을 하겠지만 이긴 사람의 방법이다.

○《전투감각》(서경석, 샘터사)

어떻게 스위스는 잘사는 나라가 되었나

—

스위스는 용병들의 삯전으로 공업화를 시작했다. 요즘 들어와서는 아름다운 자연으로 유명한 관광지가 되었지만, 본래는 자원도 없고 험난한 산악 지대여서 살기가 어려웠다. 국토의 4분의 3 이상이 산악 지대이고 그나마 농경에 맞는 중서부의 고원지대는 알프스산 그늘진 곳에 있어서 겨울이 길고 안개가 늘 끼어 차가운 습기로 농사 짓기에 부적당한 곳이었다. 자연은 인간을 제약하나 인간은 자연을 극복한다.

스위스는 경작 면적에 비해 인구가 많아서 인력 수출에서 그 답을 찾았고, 젊은이를 외국의 용병으로 내보냈다. 험준한 지형과 산악에서 자체 방위를 하는 전통 속에서 자란 스위스 남성들은 옛날부터 무용(武勇)이 널리 알려져 있었다. 14~15세기 스위스는 당시 강대국인 오스트리아, 프랑스와 싸워서 이겼고 주변 국가들은 서로 화친을 맺고 용병 지원을 요청해 왔다.

그리하여 16세기, 17세기를 거쳐서 프랑스, 오스트리아, 바티칸을 필두로 독일과 이탈리아 제후들, 영국, 네덜란드, 스웨덴 같은 먼 나라에까지 스위스의 장정들이 용병으로 나갔다.

17세기 프랑스의 루이 14세는 스위스 친위대를 갖고 있었는데, 당시 재무부 장관이 왕이 스위스 용병 때문에 재정을 너무 많이 쓴다고 불평을 하면서 "만일 폐하와 선왕들이 스위스 용병들에게 준 돈을 다 모으면 파리에서 바젤까지 금화로 포장할 수 있을 것입니다"라고 하자 스툽파(Stuppa)라는 이름의 스위스 용병대장은 화가 나서 "폐하, 만약 스위스 병정들이 폐하와 선왕을 위해 흘린 피를 다 모으면 족히 바젤에서 파리까지 운하를 만들 수 있습니다"라고 반박했다고 한다.

프랑스혁명 당시 최후까지 왕궁을 지켜준 것도 스위스 용병 친위대였다. 요즈음 바티칸의 성 베드로 성당을 방문하는 사람들은 15세기 미켈란젤로가 고안한 오색 무늬의 제복을 입은 스위스 근위대가 성당 문 앞에 근엄하게 서 있는 모습을 볼 수 있다. 어떤 전쟁에서는 스위스 용병끼리 적으로 만나 싸우는 일까지 있었다고 한다.

스위스는 곡식을 심을 밭은 적지만 초지는 많다. 그래서 그 초지에서 소를 키우던 목동이 청년이 되고 자라서 병정이 되어 외국 용병으로 나가서 돈을 벌어들이고 부모들은 목장에서 나는 우유를 가공하여 치즈와 초콜릿을 만들어 제품의 대부분을 국외로 수출했다.

처음에는 농산물의 가공과 제품화에 힘을 쏟았고, 다음에는 추운 겨울이 다섯 달 이상 지속되는 긴 농한기의 유휴 노동력을 이용하여 공업화를 하기로 했다. 이때 스위스 사람들이 착수한 것이 추운 겨울에 따듯한 실내에서 할 수 있는 가내수공업이었고, 이것이 직조와 시계 제작이었다. 스위스의 가내수공업은 자연을 극복하는 수단으로 시작된 것이다.

험난한 자연의 제약을 받았던 스위스 사람들이 수모를 무릅쓰고 피를 팔아 벌어들인 용병들의 월급을 모아서 공업화의 초석을 깔았다면, 사정은 다르지만 우리나라도 청년들의 실업 문제 해소와 외화 획득을 위해 1963년부터 독일에 간 광부와 간호사들의 피와 땀의 결실인 달러와 베트남전 전쟁터에서 생명의 위험을 무릅쓰고 싸운 파월 장병들이 보낸 돈과 중동에 파견된 근로자들이 보낸 돈으로 우리나라 중공업의 기틀을 마련했음은 누구도 부인하지 못한다.

ㅇ 《작은 나라가 사는 길: 스위스의 경우》(이한빈, 열화당 영혼도서관)

엎드려!

—

1976년 6월 7일, 이스라엘 텔아비브에서 파리로 향하던 에어프랑스 항공기가 팔레스타인 테러리스트에게 납치되었다. 248명의 승객이 탔고, 항로를 변경해 아프리카 우간다의 엔테베 공항에 착륙했다.

테러리스트들은 인질을 풀어주는 대가로 이스라엘에 억류 중인 팔레스타인 테러리스트 40명과 전 세계에 흩어져 억류 중인 테러리스트 13명을 석방해 줄 것을 요구했다. 그들은 이스라엘 사람이 아닌 인질 148명은 석방했고 엔테베 공항에는 이스라엘 국적인 94명과 에어프랑스 승무원 12명만 남았다.

이스라엘 정부는 테러리스트의 요구를 거절했다. 이스라엘의 최정예부대인 사이렛 매트칼(Sayeret Matkal) 부대가 맡아 작전 이름을 '엔테베 구출 작전(Operation Entebbe)'으로 명명했다. 총 책임자는 조나단 네타냐후(Joanathan Netanyahu) 중령이었다.

훗날 이스라엘의 총리가 된 베냐민 네타냐후가 중령의 동생이고 부친은 벤시온 네타냐후라는 역사학자로 코넬대학교에서 역사학 교수를 역임했다.

C-130 수송기 6대에 특수부대의 의무·정보·통신팀이 함께 타고

이디 아민(Idi Amin)이 평소 타고 다니는 벤츠를 그대로 본을 딴 차를 만들어 검문을 통과하게 했다. 엔테베 공항에는 이스라엘에 잡혀 투옥되어 있는 테러범을 싣고 간다고 거짓말을 하고 착륙 허가를 받았다. 철저한 속임수였다. 이스라엘 특공대는 106명의 인질 가운데 사망한 세 명을 뺀 나머지 인질들을 모두 구출했다.

이스라엘 특수부대는 엔테베 공항 내부에 들어서자마자 '히브리어'로 '엎드려'를 크게 소리 질렀다. 그 소리를 알아듣고 엎드린 사람은 살았고, 못 알아듣고 멀뚱멀뚱 쳐다보던 사람들을 향해 그대로 총을 쐈다. 참으로 놀라운 발상이다.

인질범 7명과 우간다군 30명이 순간적으로 사살되었다. 이 작전의 총 책임자인 네타냐후 중령이 특공대원 중 유일하게 총에 맞아 사망했다. 인질로 잡힌 사람들 중에 그 자리에 엎드린 사람들은 살았고, 놀라서 벌떡 일어난 사람 세 명이 특공대 총에 맞아 유감스럽게 사망했다. 이 작전은 단 105초 만에 끝이 났다.

그날 참여했던 특공대원 중 한 사람이 대장 조나단 네타냐후(1946~1976)를 이렇게 기억했다.

"항상 대원들을 앞장서서 팀을 이끌었던 그대로 그는 먼저 갔고, 먼저 쏘고, 명예롭게 먼저 죽음을 맞이했다(He always went at first, and he died at first!)."

그의 죽음은 우리에게 많은 것을 가르친다. 그는 하버드대학에서 물리학 공부를 하고 사랑하는 여인과 행복한 생활을 할 수 있었는데도, 조국을 위해 전장으로 나갔다. 그것이 우리에게 가르치는 교훈이 무엇일까? 바로 조국이다. 조국이 위기에 처했을 때 엘리트층이 마땅히 해야 하는 모범인 것이다. 너무도 분명한 가르침이다.

○ 〈엘리트의 모범〉

좋은 선배가 있어서 행복합니다

—

입사한 지 1년쯤 되었을 때 과장 때문에 일하기가 너무 힘들어서 매일같이 퇴사를 생각하고 있었다. 이 과장님이 모자라는 사람이라면 차라리 나았다. 모든 계획이나 일을 부하 직원들도 자기처럼 할 수 있어야 한다는 굳은 믿음과 고집 때문에 아랫사람이 죽어 나갈 판이었다.

한창 피곤에 찌들어 있던 나는 큰 실수를 저질렀다. 우리가 하청을 주는 공장에 신제품 샘플 제작을 의뢰했는데, 1,000개만 하면 되는 것을 실수로 10,000개로 적어 보냈다. '0'을 하나 더 적은 것이었다. 1,000개와 10,000개는 그 차이가 열 배는 크다.

몇 번의 확인 절차를 거쳐야 하는데, 늘 하는 일이라 가볍게 생각하고, 대충 넘어간 것이 화근이었다. 이 실수를 알지도 못한 채 시간이 지나갔고 이 실수를 알았을 때는 하청회사에서 이미 3,000개의 제품을 제작한 후였다.

이 제품의 개당 출고 가격은 8만 원, 실수로 더 많이 생산한 2천 개면 1억 6천만 원이나 된다. 나는 아무 말도 않고 그냥 도망쳐 버렸다. 그때는 어떤 생각도 나지 않았다.

며칠이 지나고 과장님이 집에 와서 집 안에 숨어 있던 나를 멱 살 잡고 끌고 나와 찜질방과 여관을 전전하며 전국을 돌아다니면서 판매처를 확보했다. 고작 3일 만에 2천 개의 신제품을 깨끗이 팔아 치웠으니 나로서는 상상도 못한 일이었다.

회사로 돌아온 후 더 놀라운 일이 벌어졌다. 사장님이 사무실로 오시더니 회사에 낸 과장님의 사표를 돌려주셨다. 과장님이 이 일을 해결하지 못하면 그만두겠다며 자신의 사표를 사장님에게 주고 나와 함께 나선 것이었다. 나는 눈물을 흘리며 연신 감사하다고 말씀드렸는데, 과장님은 담담하게 이렇게 말씀을 하셨다.

"해결할 수 있다고 판단해서 사표까지 낸 거다. 특별히 널 위해 그런 것은 아니다. 정 고맙거든 나중에 네 후임이 실수를 했을 때, 너도 사표를 던질 각오로 그 일을 해결해라."

이런 과장님을 나는 존경하고, 존경할 수 있는 사람이 내 곁에 있다는 것은 크나큰 축복이다.

부하를 만나는 신임 소위 후배들에게

—

학교에서 생도나 후보생 과정을 거치고 교육을 받은 소대장은 처음 만난 소대원들을 어떻게 대하느냐가 중요하다. 인생에서 새 출발은 평생을 좌우한다. 처음 부하를 만나고, 동료를 새로 만나고, 명령에 복종하는 상관을 모시는 자리이다.

부하를 어떻게 대해야 할까? 군 규정을 준수하고 부하에게 정성을 들여야 한다. 전쟁의 신이라 불렸던 나폴레옹은 "부하는 부려먹는 대상이 아니라 존중하는 대상이다"라고 했고 세종대왕 때 유명한 정승이었던 황희는 "내가 종을 대접해야 종이 나를 대접한다"라고 했다.

내가 부하를 존중해야 부하도 나를 존중한다. 소대장은 항상 모범을 보이고 부하들과 생사고락을 같이해야 한다. 내가 사단장을 할 때 어느 분대장이 편지를 보냈는데, 자기 분대가 진지공사를 하는 중에 비가 많이 왔고 밥 차가 오지 못해 분대원이 밥을 못 먹었다고 했다.

그래서 자기가 아래 동네에 내려가서 분대원에게 줄 빵을 사가지고 오는데, 소대장이 빵과 콜라를 사서 혼자 먹고 오는 것을 보았다며, 이런 소대장이 없도록 장교교육을 철저하게 시켜달라는 것이었다. 이렇게 자기밖에 모르는 소대장은 장교가 아니다. 빵한 조각도 같이 먹어라. 아니면 같이 굶어라.

다음은, 직속상관 상사를 만나면 명령에 복종하고 최선을 다해라. 누가 나를 늘 보고 있다. 부대 내에서 불평하지 마라. 군이나 사회나 어느 조직이나 근무 능력을 적는 평정을 쓴다. 불평하는 사람을 좋게 평가하지는 않는다.

내가 베트남에서 소대장을 할 때, 어느 날 대대장님이 우리 중대에 와서 뒷산 푸캇산에 월맹 정규군 1개 연대가 있다는 첩보가 있다며 그 첩보가 사실이지 아닌지 확인해 보라고 했다. 누군가 장거리 정찰을 나가야 하는데 대대 소대장 중에서 서 중위가 영어도 곧잘 하니 나가라는 말씀이셨다. 당시는 장거리 정찰을 나가면 위급 시에 미군 포와 헬기 지원을 받아야 하므로 영어를 할 줄 알아야 했다.

나는 아프다는 핑계를 댈까 생각도 들었으나 순간적으로 이런 대답이 나왔다.

"많은 소대장 중에 저를 선택하신 것을 영광으로 생각하고 다녀오겠습니다."

그 대답을 대대장님은 오래도록 잊지 않으셨다.

나는 장거리 정찰을 성공적으로 마치고 복귀했다. 그 후 대대장님은 사단장으로 나가시고, 훗날 사단장님 요청으로 나는 육군대학 교육을 마치고 그 전방 사단의 임진강 군사분계선 대대장으로 나갔다.

몇 개월 같이 근무한 후, 사단장님이 떠나시면서 나의 GOP 대대를 방문하셨다. 그러면서 하시는 말씀이 "월남에서 서 중위에게 진 빚을 갚고 간다"였다. 나는 그 말씀의 뜻이 무엇인지를 미처 알아듣지 못했다.

얼마 후 사단 인사처에 근무하는 후배가 와서 사단장님이 중령 중에서 나를 평정 A를 주고 가셨다고 한다. 원래는 사단의 많은 중령 가운데 25퍼센트만 상을 줄 수 있어서, 갓 대대장을 온 나는 평정 A를 받기가 참 어려운 상황이었다. 그 평가는 나의 진급에 결정적 요소였다.

군대나 사회나 다 동료가 있다. 선배, 후배도 같이 사는 데는 의리를 지키고 협조하면서 경쟁한다. 이들 사이에 가장 중요한 것은 '신의', '의리'를 지키는 일이다. 신의와 의리는 가장 간명하고 기본적인 삶의 원칙이며 증거가 없는 믿음이다.

경쟁을 하면서 적을 만들지 말아야 한다. 선택받은 사람에게는 축하해 주고, 떨어진 사람한테는 위로해 주는 그런 인정이 오고 가야 한다. 늘 말을 조심하고 평생 험담을 하지 마라. 그 험담은 돌고 돌아 본인에게 다 돌아가고 나중에는 적이 된다. 결국 그 험담은 비수가 돼서 나중에 내 목을 친다.

우크라이나와 소련

—

같은 뿌리를 둔 우크라이나와 러시아는 왜 이렇게 적대 관계가 되었을까? 한민족이 고구려, 신라, 백제로 나누어졌듯이 러시아, 우크라이나, 벨라루스는 키이우 공국이라는 같은 뿌리에서 갈라진 나라이다.

키이우 공국의 수도 키이우는 현재 우크라이나의 수도이다. 같은 뿌리의 나라여서 이 세 개 나라의 언어는 따로 공부하지 않아도 서로 의사소통이 될 정도로 유사하다고 한다. 그런데 어쩌다가 이렇게 적대적인 관계가 되었을까? 그 이유는 1932년부터 1933년까지 우크라이나에서 발생한 홀로도모르(Holodomor, '아사'라는 뜻이다)라고 하는 대기근 사건이다.

우크라이나는 세계 3대 곡창지대 중에 하나이다. 우크라이나 땅은 흑토이며 뭘 심어도 잘 자라는 기름진 땅이다. 그런데, 공산혁명 후 스탈린이 부농(富農)을 전부 처형했다. 그들의 가죽을 벗겨서 비누로 만들었다. 부농이 가진 땅을 다 몰수하고 집단농장 체제로 바꾸어 운영하였다. 집단농장마다 생산량을 할당했다.

그러나 농장 생산량은 완전히 줄어들었다. 농사짓는 부농을 다 처형했으니 농사법을 잘 몰라 농사를 망쳤다. 또한 열심히 해도 자기 것이 안 되는데 누가 열심히 하겠는가. 러시아는 농산물이 줄어들어도 과도한 목표량을 수탈해 갔다. 그래서 세계 3위 곡창지대에서 굶어서 죽는 사람이 생겨났다. 1933년 어느 날, 단 하루에 2만 8천 명이 굶어 죽었다. 집단농장의 인구가 굶어 죽는 사람 때문에 3분의 1로 쪼그라들었다.

그런데 더 놀라운 사실은 당시에 러시아는 연 천만 명의 인구가 먹을 수 있는 여분의 식량을 가지고 있었다고 한다. 러시아는 식량을 가지고 있었음에도 불구하고 우크라이나 사람들을 굶겨 죽였다. 500만에서 천만 명이 굶어 죽었다.

우크라이나 사람들은 이 굶은 대기근을 '홀로도모르'라고 부르고, 매년 곡식 낟알을 뿌리며 원혼을 달랜다고 한다. 상황이 이렇다 보니 우크라이나 사람들의 러시아와 공산당에 대한 반감은 대단하다.

그들은 독일군이 제2차 세계대전 때 우크라이나 지역으로 쳐들어오자 해방군이라고 오히려 환영했다고 한다. 독일이 유대인만 죽인 것이 아니고 러시아 민족인 슬라브인도 많이 죽였다. 독일군에게 협조를 한 사람들이 우크라이나 사람들이라고 러시아 사람들은 주장하고 있다.

최근에 우크라이나의 돈바스 지역은 왜 화약고가 되었을까? 우크라이나 우측 돈바스 지역은 러시아어를 사용하는 친 러시아인들이 많이 산다.

그런데 우크라이나에 서방 정권이 들어서면서 러시아어 사용을 금지했고 우크라이나어만 사용하도록 했다. 또 우크라이나가 나토 가입을 결정하자 친 러시아파는 반발을 하였고, 돈바스 지역을 중심으로 독립을 선포하였다. 그래서 우크라이나에서는 정부군과 독립을 선포한 돈바스 지역과 내전이 발생했다. 이들 분쟁 지역은 민스크 협정으로 휴전을 했다.

그런데 푸틴이 돈바스의 제2 자치구(도네츠크와 루한스크)를 독립국으로 인정했다. 푸틴은 돈바스 지역을 독립국으로 인정함으로써 우크라이나로부터 크림반도에 이어서 돈바스 지역까지 빼앗았다. 따라서 우크라이나와 러시아의 갈등의 주요 원인을 제공한 것은 공산주의였다. 공산주의는 파라다이스를 약속했지만 실제는 원한과 분노 그리고 질투심을 부추겨 지옥을 만들었다.

지옥으로 가는 길은 언제나 정의로 포장되어 있다. 동맹이 없는 우크라이나를 보면서 힘이 없으면 평화도 없다는 것을 알 수 있다. 우크라이나 사람들은 평화를 원하고 전쟁을 원치 않는다. 아무리 소리쳐도 소용이 없다. 우크라이나 단독으로는 러시아에 대항할 힘이 없으니 그들은 나토에 가입하려고 몸부림치고 있다.

1953년 10월 1일 체결한 '한미상호방위조약'이 거의 70년이 지나는 지금 대한민국은 평화와 번영을 이루고 있다. 과거 노무현 대통령이 당선되고 '자주국방'을 하겠다면서 미국에 특사를 보내 '미군 철수'라는 말을 했다. 당시 미국 국방장관은 도널드 럼즈펠

드(Donald Rumsfeld)였다. 그는 의미 있는 말로 답변했다.

"자주국방, 그것 참 좋은 말입니다. 하지만 우리 미국도 자주국방을 다 하지 못해서 여러 나라와 동맹을 맺었습니다."

동맹을 맺고 그 관계를 유지하는 것이 나라의 힘이다.

○《나쁜 전쟁 더 나쁜 전쟁》(노병천, 양서각)

그대, 내일의 리더에게

1판 1쇄 인쇄 2024년 1월 19일
1판 1쇄 발행 2024년 1월 30일

지은이 서경석
펴낸이 김성구

책임편집 김지용
콘텐츠본부 고혁 조은아 김초록 이은주 이영민
디자인 산타클로스
마케팅부 송영우 김나연 김지희 김하은
제작 어찬
관리 김지원 안웅기

펴낸곳 (주)샘터사
등록 2001년 10월 15일 제1-2923호
주소 서울시 종로구 창경궁로35길 26 2층 (03076)
전화 1877-8941
팩스 02-3672-1873
이메일 book@isamtoh.com
홈페이지 www.isamtoh.com

ISBN 978-89-464-2264-3 03300

· 값은 뒤표지에 있습니다.
· 잘못 만들어진 책은 구입처에서 교환해 드립니다.

샘터 1% 나눔실천
샘터는 모든 책 인세의 1%를 '샘물통장' 기금으로 조성하여 매년 소외된 이웃에게 기부하고 있습니다.
2022년까지 약 1억 원을 기부하였으며, 앞으로도 샘터는 책을 통해 1% 나눔실천을 계속할 것입니다.